媒体国际传播博弈

Media International Communication Competition

郭金峰 / 著

世界知识出版社

图书在版编目（CIP）数据

媒体国际传播博弈 / 郭金峰著 .-- 北京：世界知识出版社，2023.5

ISBN 978-7-5012-6536-7

Ⅰ. ①媒… Ⅱ. ①郭… Ⅲ. ①传播学—研究 Ⅳ. ①G206

中国版本图书馆CIP数据核字（2022）第065528号

书　　名	媒体国际传播博弈 Meiti Guoji Chuanbo Boyi
作　　者	郭金峰
责任编辑	蒋少荣　张怿丹
责任出版	赵　玥
责任校对	张　琨
出版发行	世界知识出版社
地址邮编	北京市东城区干面胡同51号（100010）
网　　址	www.ishizhi.cn
电　　话	010-65233645（市场部）
经　　销	新华书店
印　　刷	北京虎彩文化传播有限公司
开本印张	787毫米×1092毫米　1/16　17⅝印张
字　　数	320千字
版次印次	2023年5月第一版　2023年5月第一次印刷
标准书号	ISBN 978-7-5012-6536-7
定　　价	98.00元

序 言

媒体国际传播能力建设作为当今世界各国争夺国际话语权和提升国家“软实力”的重要手段之一，在国际格局中发挥着越来越重要的作用。从某种意义上来说，国际传播甚至可以被看作国际社会国家之间政治斗争的一种手段。国际传播领域是看不到硝烟的战场，一个国家可以通过本国大众媒介的国际传播能力，对外发动舆论战、宣传战和信息战，对他国民众进行思想渗透和舆论宣传，进而达到自己的政治目的。

冷战结束后，美国成为世界上唯一的超级大国，如何维持美国在世界格局中的霸权地位，成为美国精英层面关注的重点话题。在这一背景下，约瑟夫·奈“软实力”理论应运而生。奈认为“软实力”是通过吸引力而非靠强硬手段或利益引诱的方法去影响别人，来达到所想要达到目的的能力，吸引力主要来自文化、价值观和外交政策。进入21世纪以来，面对美国世界影响力逐步下降、外部挑战日益增加、新兴国家日益崛起的背景，为了缓解美国所面临的优势不足的危机，苏珊尼·诺瑟、奈等人在如何践行软实力的基础上又提出了“巧实力”概念,“巧实力”概念不仅强调军事力量的重要性，还注重在国际社会的吸引力和影响力。奈认为“巧实力”是“硬实力”和“软实力”的结合体，具有灵活性和综合性的特点，要选择运用来实现目的和利益的最大化。“巧实力”理论是美国外交战略的重要指导思想，是美国领导世界的最新有效方法和手段。近年来，随着新兴国家的不断崛起，西方媒体和学界又提出了一个专门描述中国和俄罗斯等所谓威权国家力量形态的新概念——“锐实力”。该概念具有极强烈的价值判断和意识形态色彩，是在当前国际格局深刻调整、国际力量对比深刻变化的时代背景下提出的，是西方国家在国际关系中话语霸权的深刻体现。

面对西方国家“软实力”理论的出现，苏联解体之初继承了苏联衣钵的俄罗斯一时忙于应对国内外各种错综复杂的局面，并没有对该理论给予关注和重视。进入21世纪以来，随着俄罗斯综合国力的逐步提升、国内外局势的稳定，面对西方国家的步步紧逼，俄罗斯开始关注并积极应用“软实力”，树立良好的国际形象，提升国际影响力，维护国家安全和利益。俄罗斯在使用“软实力”资源和工具以及制定“软实力”政策等方面具有自己独特的风格和方式。把军事、经济和科技力量的影响力也视为一种有限的“软实力”资源，依靠政府主导和推动实施国家“软实力”战略是其“软实力”政策的重要特色。俄罗斯更强调的是使用“软实力”资源和工具的功能性和影响力，以西方国家为主要防御和针对目标，以及坚持国家控制和主权至上原则，并将利用“软实力”资源和工具影响社会舆论和干涉主权国家内政归为非法使用“软实力”的行为。俄罗斯认为任何国家都有权利选择自己的发展模式和方向，应当尊重主权国家的独立性和选择权。在“软实力”的实施过程中，俄罗斯虽然推广自己的文化和价值观，但是尊重他国的意愿，采取一种与他国共处但却不谋求同化他国的方式。

以美国为首的西方国家并没有因为冷战的结束而放弃对俄罗斯的排挤和打压，在西方媒体报道中的俄罗斯国际形象以负面为主，俄罗斯国际形象被严重扭曲。有些关于俄罗斯的问题甚至被西方媒体大加炒作，成为外国势力干预俄罗斯内部事务的借口，严重威胁俄罗斯的国家利益和国家安全。进入21世纪以来，俄罗斯为了应对北约和欧盟的地缘政治扩张和“颜色革命”的威胁，摆脱在国际舆论市场的失声现象和被动局面，打破苏联解体以来形成的“西强东弱”“欧美主导”的国际传播格局，成立了全新外宣媒体平台。经过数十年发展，以RT电视台为代表的俄罗斯外宣媒体赢得了广泛的西方受众市场，打破了欧美国家主流媒体对国际传播格局的垄断，对西方既有的新闻传播格局产生了强烈冲击，直接打破了西方主流媒体对世界新闻信息的垄断地位，引起了西方国家的强烈不满和反击。在2014年乌克兰危机、叙利亚冲突以及2016年美国总统大选事件中，美俄双方充分运用以媒体战、舆论战为先锋的混合战略，展开了全方位的博弈。在其中，俄罗斯RT电视台表现突出，成绩斐然，不仅在国际社会充分表达了俄罗斯的立场和声音，同时也有力地维护了俄罗斯的国家利益。正是由于俄罗斯外宣媒体的迅速崛起并打破了西方世界对国际舆论格局的垄断，美俄双方各自修订和出台了关于管理境外媒体的相关措施和法案，媒体国际传播博弈演变成了国家之间的博弈。

非常高兴看到郭金峰博士的专著《媒体国际传播博弈》一书出版，这是他近几年来在自身工作实践中以及通过跟踪研究取得的成果。郭金峰博士本科、硕士都在俄罗斯留学，对俄罗斯有着比较深入的了解和认识，回国后做博士和博士后研究，始终关注着俄罗斯国际传播领域的动向。作为他的博士生导师，我非常欣慰地见证了他的学术成长。此书从国际关系专业的“软实力”概念入手，详细梳理了美俄两国对于这一概念的理解，并通过对美俄两国媒体国际传播博弈的方法和手段以及实际案例的研究，详尽论证了媒体国际传播的本质和未来发展方向，全面梳理和总结了美俄之间围绕媒体国际传播展开的博弈和较量，深刻揭示了媒体国际传播博弈的实质，有助于人们辨别未来媒体国际传播博弈发展的路径，对于广大受众具有重要的启示和借鉴意义，也可给学术界、政策界和社会各界提供参考。

王帆　外交学院院长

目 录

导　论

在当今全球化信息化高速发展的时代，各个国家同世界的交往越来越紧密，国际政治的运行和发展受到各国媒体的影响越来越明显。传播媒介作为传播主体与受众沟通的桥梁和纽带，越来越受到各国政府的重视。一个国家的国际传播能力既是衡量这个国家“软实力”的重要指标，同时也是一个国家综合国力的重要组成部分。一个国家的媒体国际传播能力作为一种“软实力”资源，在国际社会体现的不仅仅是信息的传播力，更重要的是使一个国家的观点、文化、价值观以及政治体制在国际社会上得到更多的支持和认同，塑造该国国际形象，扩大国家影响力，维护国家利益的途径。

二战后，以美国为代表的西方国家凭借其强大的“硬实力”，建立了以西方国家媒体为主导的“盎格鲁–撒克逊”国际传播体系，在国际社会形成西方话语霸权，而非西方国家则明显处于从属和弱势话语地位。西方一些媒体凭借强大的国际传播能力，主导世界舆论，成为西方国家干涉别国内政的急先锋。一些非西方国家，由于国际传播能力不足，丧失了国际话语权，导致有关这些国家的虚假信息横飞，国家形象被妖魔化，国际处境孤立，严重影响这些国家政局稳定和社会发展。因此，在这种非对称、非平等的国际传播格局中，国际传播博弈成为世界各国之间竞争和斗争的重要表现形式之一。

近年来，随着经济社会条件的逐步好转，俄罗斯充分应用基于自身各种优势的“软实力”工具和资源，维护国家安全和利益，进一步提升国际影响力。尤其是通过积极打造外宣媒体，不仅在国际社会及时发声，表达俄罗斯的立场和观点，同时也打破了由西方国家和媒体一直垄断国际传播的局面，有效地捍卫了俄罗斯在国际社会的话语权和国家利益。在国内外学术研究领域，“软实力”视域下国际传播能力建设研究是一个相对比较新的课题，尤其是俄罗斯同以美国为首的西方国家在国际传播领域的博弈也是近几年国际政治和国际传播领域关注的热点话题。跟踪分析和研究俄罗斯外宣媒体的国际传播能力建设与运用，具有较强的学术价值和实践意义。一方面可以充实学科研究，为俄罗斯问题研究提供新的视角和切入点，另一方面对于我国的国际传播能力建设也具有较强的理论价值和借鉴意义。本书在“软实力”理论视域下，通过梳理普京就任俄罗斯总统以来俄罗斯传媒格局的变化，总结分析了以RT电视台为代表的俄罗斯外宣媒体成功的原因，并通过对美俄两国媒体在国际传播领域现实案例以及在管理境外媒体方面的方法和手段的分析，研究美俄两国在国际传播领域博弈的实质。该研究对于我国应对当前国际传播格局现实环境和提升我国媒体国际传播能力具有重要的现实意义。

在当今全球化信息化时代，媒体国际传播能力已经和军事、信息、外交、科技等紧密结合，成为维护和拓展国家利益的重要手段。随着新媒体技术的不断发展、媒体融合的不断深入，各国媒体国际传播博弈已经成为世界各国争夺国际话语权，维护国家形象和国家利益的重要手段，甚至在某种程度上直接影响了国际政治格局的进程。加强国际传播能力建设成为各国争夺国际话语权和提升国家“软实力”的重要手段。国际传播博弈也成为国际政治和国际传播领域研究的热门课题。随着信息化和全球化时代的到来，媒体国际传播能力已经成为和平时期国际社会舆论和意识形态竞争的重要手段。从某种意义上来说，国际传播甚至被看作国家和民族之间政治斗争的一种手段。

世界各国纷纷把媒体国际传播能力建设作为国家重要的战略予以支持，在国际社会及时传递本国声音，表达本国立场，加强本国在国际社会的话语权和影响力，维护本国国家形象和国家安全。进入21世纪以来，俄罗斯为了摆脱在国际舆论市场的失声现象和被动局面，打破苏联解体以来形成的“西强东弱”“欧美主导”的国际传播格局，成立了全新的英语电视频道RT电视台。经过数十年发展，RT电视台赢得了广泛的西方受众市场，打破了欧美国家主流媒体对国际传播格局的垄断，已经成为继半岛电视台以后，在国际社会最具影响力的非西方国家媒体之一。由于以RT电视台为代表的俄罗斯外宣媒体对欧美国家传播的成功实践对西方既有的新闻传播格局产生了强烈冲击，直接威胁了西方主流媒体对世界新闻信息的垄断地位，西方国家感到强烈不满并采取了一系列反制措施。2016年12月23日，时任美国总统奥巴马签署了《反宣传法案》。根据该法案，美国国防部将在2017年获得额外预算，专门建立一个反宣传中心，对抗外国对美国的宣传。该法案的目的是提升美国和盟国的整体防卫战略，反制来自俄罗斯、中国和其他国家的“政治宣传”，并且防止海外盟国变成其他国家的傀儡，帮助盟国获得“更加真实”的信息，保护盟国民众免受“宣传洗脑”。该法案的目的是创造一种“能打赢思想战的更全面、更积极的方式”。[①] 由此可见，西方国家所谓的言论自由并非是无条件、无止境的。

国际传播领域是一个看不到硝烟的战场，一个国家可以通过本国大众媒介的国际传播能力，对外发动舆论战、宣传战和信息战，对他国民众进行思想引导和舆论宣传，进而达到自身的政治目的，发生在中亚地区国家的“颜色革命”和中东地区的“阿拉伯之春”已经充分证明了这一点。因此，全面分析美俄两国在国际传播领域的竞争和博弈，可以看清西方国家倡导的所谓新闻自由背后隐藏的真实目的和意图，并对进一步提升我国外宣媒体国际传播能力和竞争力以及应对新形势下国际传播博弈格局具有重要的借鉴意义。

本书立足于国际政治科学，涉及国际关系和传播学学科，力求以“软实力”理论、国际关系理论、国际传播理论等理论为基础，综合应用案例分析法、比较研究法、文献分析法等多角度分析的方法，充分利用中、英、俄文相关资料，从跨学科和多维视角分析俄罗斯大众传媒格局现状以及外宣媒体的成功经验，通过对现实案例的分析总结出俄美双方媒体在国际传播领域博弈的方法和手段，为我国对外传播工作以及外宣媒体国际传播能力建设提供借鉴和经验。

本书共分为四章。

第一章梳理了西方和俄罗斯的“软实力”概念和理论体系，归纳出双方对该理论在认知上的异同。

第二章梳理了新媒体时代国际传播的相关理论，分析了媒体国际传播与国家“软实力”之间的关系，总结了俄罗斯大众传媒格局和国际传播现状，归纳出俄罗斯外宣媒体成功的经验。

第三章通过分析在2014年乌克兰危机、叙利亚危机以及2016年美国总统大选事件中美俄双方媒体国际传播博弈，梳理了美俄双方由媒体国际传播博

① 吕景胜:《美国反外国宣传法带给我们什么启示》,《世界社会主义研究》2017年第6期。

弈升级的对境外媒体的行政和法律管理手段，总结出美俄媒体国际传播博弈的实质。

第四章分析了我国目前面临的国际传播格局现状和西方媒体在国际传播格局中的优势，总结出美俄媒体国际传播博弈对我国的影响和启示。

本书的创新点包括选题创新、内容创新和角度创新三点。

第一，选题创新。根据作者研究，有关美俄两国媒体在国际传播领域博弈的研究报告和专著很少，美俄两国的专家学者以及研究机构也大都站在自己国家的立场看待问题。其研究很难做到客观中立。

第二，内容创新。本书将通过对大量的案例、政府文件以及其他文件资料的分析研究，总结分析出美俄两国在国际传播领域博弈的方式和手段。无论是相关资料的应用，还是文章的内容观点都有所创新。

第三，角度创新。本书在俄罗斯“软实力”视域下，通过对美俄国际传播博弈案例以及美俄两国对境外媒体政策的对比分析，总结出美俄两国国际传播博弈的实质，丰富了美俄关系的研究。

本书的难点在于一方面案例材料和论证材料使用不足。由于查找英语和俄语的案例材料有些困难，所以在一些细节上会显得材料支撑有些不足。另一方面，美俄双方在某些事件上的观点和表述相悖，本身就是一种斗争和博弈，所以在表述相关事实的过程当中，作者也仅仅可以对看到的相关材料进行客观陈述和分析，难免还有一些不为人知的细节和背景不为作者掌握。

第一章　西方和俄罗斯“软实力”理论的形成与发展

第一节　西方“软实力”和“巧实力”理论的解读

一个国家的经济、军事和科技实力被称为“硬实力”，它是一个国家实力的基础和源泉，通常是指一种看得见摸得着的物质力量。其主要包括六个方面的要素：一是人口，包括人口的规模、结构、增长速度等；二是地理要素，包含领土面积、领海、地形等；三是自然资源，包括土地、矿产、海洋面积等；四是经济发展水平，经济实力是一个国家综合国力的基础和核心；五是军事力量，这是国家力量的外在表现形式和象征，是维护一个国家安全和利益的基本保障；六是科技力量，这是一个国家进步和发展的重要支撑。在现阶段国际社会中，“硬实力”通常指强大的力量或高压手段。“软实力”指的是为了影响他人而凭借文化、价值观、政治制度以及国家形象的影响力和吸引力形成的能力。它包括七个方面的内容和要素：其一是文化所带来的吸引力和感染力；其二是意识形态的吸引力和政治价值观的吸引力；其三是外交政策所体现的道德性和合法性；其四是国家间关系处理所体现的亲和力；其五是国家发展路径的吸引力和体制模式的吸引力；其六是国际规范、国际标准和国际机制的引导、制定以及控制的能力；其七是一个国家的国际形象被国际舆论欣赏和认可。

运用“硬实力”是强迫别国接纳或听从他们不想做的事情，其一般都是使用胁迫、威胁和利诱的方法。“硬实力”所使用的方式是直接而明确的，它迫使其他国家非自愿地接受。一个国家的文化价值观和其政治制度的影响力以及吸引力可以被称为“软实力”。它通常被用来吸引和劝服其他国家自愿接纳和承认。它是通过间接和隐性的方法来取得结果，而不是通过直接的物质刺激。“硬实力”和“软实力”被约瑟夫·奈（Joseph Nye）认为是相得益彰的，因为它们都是用影响他人的行为来完成自己目标的能力。行为的性质和资源的实际程度是两者的区别。具有支配性力量的是“硬实力”，“软实力”则有种吸引性的、同化性的力量。

一、西方“软实力”概念的出现和形成

在20世纪80年代末，约瑟夫·奈创造了“软实力”（Soft Power）一词，后来他的著作《美国注定领导世界？美国权力性质的变迁》在1990年出版，书中首次提出了“软实力”的概念。同年，他在美国《外交政策》杂志上发表文章《软实力》，“软实力”的概念因此诞生。

约瑟夫·奈又在1999年发表了《软实力的挑战》一文，称“软实力”是用吸引的而非强制性的方式来达到预期效果。这是对“软实力”概念的再次明确界定，奈认为它是一国文化与意识形态的吸引力。奈在文章中重点分析了“软实力”，指出“软实力”主要是指吸引力，而不是强迫。他强调在信息化时代，在一个国家综合国力的构成中，“软实力”起着非常大的作用，相比经济、军事、科技等“硬实力”来说，“软实力”拥有不可取代的作用。

在2004年出版的《软力量：世界政坛成功之道》（英文版2004年出版）一书中，奈对“软实力”给出了更完整的界说，他认为“软实力”是一个国家促使其他国家自愿根据自己的想法行事的能力，而不是通过军事胁迫、经济压力，或者物质的诱惑来实现。“软实力”代表着拥有所期望成果的能力、通过影响他人的行为从而办成事情的能力。这是它的另一种解释。总的概括就是“软实力”是影响他人行为达成自己愿望的能力。奈明确表示，“软实力”不是指使用“胡萝卜”或“大棒”，而是要使自身产生吸引力和影响力，从而影响其他人能够自愿地根据自己的想法办事，或者说，“软实力”强调的是打造他人的喜好。奈认为，吸引能力是“软实力”的一个重要特征，原因是吸引力会产生默许。“有时我们用不着发号施令就能影响他人的行为而得到预期的结果。如果你相信我的目的是合法合理的，我就能说服你为我做事，而不用威胁或者诱惑的手段。要达到预期的效果，不用施加过多有形的力量是有

可能的。”[①] 国家的文化、价值观和对外政策是形成这种吸引力的原因。根据奈的构想，从根本上改善美国在其他国家人民心中的形象，可以通过提高“软实力”做到。在国际社会上，美国会因为形象越来越好而缔结更多联盟或获得更多盟友，得到更多其他国家的政治支持，更能拥有安全可靠的环境。所以，奈写得非常清楚：“国家的‘软实力’主要来自三种资源：文化、政治价值观及外交政策。”[②]

奈的文章《软实力的再思考》在2006年发表，代表着“软实力”理论的最终形成。奈在文章中进一步阐述了什么是“软实力”及其在现代社会中的作用等相关问题。奈认为“实力是通过影响他人而获得期望结果的能力”。[③] 在奈看来，“硬实力”就是我们所说的，能让他人转变立场的军事和经济实力，“硬实力”可以通过“引诱（‘胡萝卜’）或者威胁（‘大棒’）得以实现”，[④] 重点说的是一个国家的经济、军事和科技实力。它是一个国家综合国力的根基，是一个国家的主导力量。“软实力”与“硬实力”相对应，指的是“通过吸引力而非靠强硬手段或利益引诱的方法去影响别人，来达到所想要达到的目的的能力”。[⑤] 奈又指出，“国家的‘软实力’主要来自三种资源：文化、政治价值观及外交政策的吸引力”。[⑥] 国家通过其文化、政治价值观或外交政策（即国家“软实力”）在国际社会中吸引或影响别国，使其在国际社会中的主张和维护国家利益的行动被其他国家所了解和承认。“软实力”也是可以计算出来的。有可能产生一个国家“软实力”的文化和外交资源，人们可以衡量和比较；随着时间的推移，一个国家的吸引力可以通过民意调查得以量化。但他也认为，“软实力”不能像“硬实力”那样精确衡量，所以衡量“软实力”的方法相对灵活。

奈认为，“软实力”相比“硬实力”更具有文明性和持久性，但是两者之间不是非此即彼的关系，两者之间是没有矛盾的。“‘硬实力’和‘软实力’

① 约瑟夫·奈：《软力量：世界政坛成功之道》，吴晓辉、钱程译，东方出版社，2005，第2页。
② 约瑟夫·奈：《硬权力与软权力》，门洪华译，北京大学出版社，2005，第11页。
③ Joseph S. Nye Jr, “The Future of American Power,” *Foreign Affairs*, November/December (2010): 1-6.
④ 约瑟夫·奈：《软力量：世界政坛成功之道》，第5页。
⑤ 于盈：《约瑟夫·奈：从“软实力”到“巧实力”》，《南风窗》2009年第13期。
⑥ 约瑟夫·奈：《软力量：世界政坛成功之道》，第11页。

有时相互扶持，有时相互干扰。”[①] 此外，他还指出，“软实力”绝不是强国的专利，国际社会中的任何一个国家，无论其是否具有强大的综合国力和“硬实力”，都可以运用自身的“软实力”来提升自己的国际地位和国际影响力。

二、“巧实力”理论的形成

“巧实力”概念实际上是对美国传统外交战略的继承和发展。随着新兴国家的崛起和美国在国际社会中影响力的下降，美国主要有来自两个方面的挑战：一是中国、印度等新兴发展中国家“硬实力”和“软实力”日益增强，对美国及其主导的世界秩序形成强大的挑战；二是美国在金融危机后，经济受到重创，一时无法恢复到之前的水平，世界经济领导地位受到挑战。美国学者面对美国影响力的下降，开始回归到传统的美国外交战略中探寻出路。“巧实力”思想的倡导者约瑟夫·奈等人认为，这种局面出现的主要原因是小布什政府推行的“单边主义”使美国在经济和政治上处于非常孤立的地位。他们还认为，中东和平、伊拉克、阿富汗、伊朗的问题不能单靠“硬实力”来解决，而要为了更好地利用“巧实力”把“硬实力”和“软实力”结合起来。奈认为，把外交技能定为外交的重点，更多地加入外交资源，使得到的国际援助变多，这是“巧实力”能给美国外交带来的变化。他想达到的目标是消除小布什政府“单边主义”的恶果，重新构建美国针对所要面对的挑战在全球范围内的影响力。他指出：“在冷战中，我们综合了我们的‘硬实力’和‘软实力’而成就了一种‘巧实力’。我们好像已经忘记了这个经验。现在该是我们正视美国‘软实力’急剧衰落的事实而重新成就一种‘巧实力’的时候了。”[②] 看得出，奈思想从“软实力”到“巧实力”的新进展的最主要思想来源是他作为美国政府的“智囊”在思考美国的外交政策和决策，而不只是来源于他作为一个学者对自己思想的反复审视、反思和创新。

美国学者苏珊尼·诺瑟在2004年《外交》杂志上提出“巧实力”思想。她指出，应用外交、经济、文化、军事、政治、法律等多种手段保护国家利益的能力就是“巧实力”，它包括所有可用的“软实力”和“硬实力”。“巧实

---

① 约瑟夫·奈：《软力量：世界政坛成功之道》，第24页。

② Joseph S. Nye Jr, “Squandering the U.S, ‘Soft Power’ Edge,” *International Educator*, January/February (2007): 4-6.

力”是“硬实力”和“软实力”相结合的整体战略，它不是“硬实力”，也不是“软实力”。“巧实力”中的“巧”主要在于灵活地运用各种综合手段应对各种具体情况，用综合的方法和手段应对复杂的现实挑战。约瑟夫·奈2006年1月在《外交政策》杂志上发表文章《重新思考软实力》，文章指出，“一个国家单独依靠‘硬实力’或‘软实力’都是不合理的，将它们有效结合起来可以称作‘巧实力’”，[①] 并重点说了“巧实力”的重要性。奈在同年5月发表文章《拉姆斯菲尔德与巧实力》，公开称：国防部长拉姆斯菲尔德过分强调军事实力的“硬实力”，忽视“软实力”；欧洲国家忽视“硬实力”而过于重视“软实力”，这种趋势也是不正确的。美国战略与国际研究中心2006年成立了常设机构“巧实力委员会”。该委员会由时任参众两院议员、前政府官员、退役将领和商界精英组成，着力于探讨“巧实力”战略。该委员会联合主席由美国前副国务卿理查德·L.阿米蒂奇和约瑟夫·奈共同担任。阿米蒂奇和奈于2007年11月发表了一份研究报告，题为《一个更灵巧、更安全的美国》，详细解释了“巧实力”战略。报告表示：由于“巧实力”战略的正确运用，美国在国际格局中的优势得以延续和维持，美国新政府在对外政策方面构建了一个能够应对全球挑战的框架，使美国成为一个更加强大的世界领导者。有必要利用“巧实力”战略来使美国摆脱目前面临的困难，转变美国对外政策，恢复其全球领导地位。美国智库卡托研究所高级研究员泰德·卡彭特在2008年3月出版了《巧实力：美国的务实外交政策》一书；2008年4月24日，阿米蒂奇和奈在美国参议院外交关系委员会就“巧实力”战略发表了声明——《实施巧实力：为国家安全改革设定议程》，表明“巧实力”战略已经开始得到美国政治保守势力以及美国政界和军界的认同并在他们中间达成共识。美国想重塑其作为世界大国的形象，希望利用这一战略。美国国务卿希拉里·克林顿于2009年1月在参议院外交关系委员会重申了自己的“巧实力”战略构想，其主旨内容是：小布什的新保守主义外交政策，即强调“硬实力”的激进单边主义战略，除了严重损害美国的国家实力，还影响了美国的国际形象。美国的外交政策必须改变。小布什政府过度依赖军事力量的外

① Joseph S. Nye Jr, “Think Again: Soft Power Foreign Policy,” March 1, 2006, http://yaleglobal/yale edu/content/think-again-soft-power, accessed October 22, 2009.

交政策的情况应该有所改变，美国应全方位运用“软实力”和“硬实力”战略，更有效地维护美国国家利益，恢复美国在世界上的领导权。奈在2009年7月发表了一篇文章《硬实力与软实力的巧妙结合》，叙述了他对“巧实力”的深刻理解和看法。在他看来，如果能把“硬实力”和“软实力”在不同的情况下结合并运用，就能得到“巧实力”，最有效地形成领导力。“巧实力”就是“针对不同的具体情况，灵活地、平衡地将各种手段综合运用，以相对应的方法应对复杂的现实挑战”。[①]

奈从“领导力”概念入手，在《灵巧领导力》一书中阐述了“巧实力”概念。奈在“软实力”和“硬实力”的基础上提出“领导力”的概念，探讨了三者——“软实力”和“硬实力”与“领导力”的关系。在他看来，有效地实施领导需要有“环境智慧”，“环境智慧是一种直觉性的判断技巧，领导者利用这种技巧将策略和目标相匹配，根据不断变化的环境制定聪明的战略”。[②] 它要求人们根据事物的发展变化决定自己的实施策略，认为根据不同的环境和追随者的具体需求，领导者自己的领导策略也需要调整。所以，运用环境智慧需要各种不同的政治技能。何时何地选择哪种领导方式，要了解不同的政治群体、不同利益相关者的看法和优势，需要领导者把握文化环境、权力资源配置、群众需求、危机与时间紧迫性、信息流动五大要素，有效掌握环境智慧。“软实力”与“硬实力”在环境智能实践中有效结合奈的“巧实力”，形成合力。有三种基本方法可以实现“巧实力”：政治压力、购买力和吸引力。“硬实力”中有政治压力和购买力，而“软实力”则是通过吸引达到预期效果的一种力量。如果可以在别的国家找到代言人，塑造他们的喜好，那么就可以省下很多钱在“胡萝卜”和“大棒”上。“软实力”与“硬实力”不能被代替。所以需要采用结合“硬实力”和“软实力”的机智战略。但是奈认为如何组合以及组合的比例是多少需要根据具体的环境来判定。

在美国世界影响力逐渐下降、外部挑战逐渐增加、新兴市场国家逐渐崛起的背景下，“巧实力”概念和思想被提出来。归纳了传统外交战略经验的“巧实力”，其宗旨是缓解美国优势不足的危机。此法“对症下药”，具有较为强

① 甘藏春、方正辉、胡必亮：《约瑟夫·奈谈“巧实力”》，《对外传播》2009年第3期。

② 约瑟夫·奈：《灵巧领导力》，李达飞译，中信出版社，2009，第47页。

大的针对性和现实性。约瑟夫·奈认为，一个国家成熟的战略不是单独使用“硬实力”和“软实力”，是使“硬实力”和“软实力”相结合。美国领导世界的有效方法和手段是“巧实力”，它不仅强调军事力量的重要性，还注重在国际社会的吸引力和影响力。如果外交政策单纯依靠“硬实力”，就只能片面地实现其目标，产生的效果有可能适得其反。过度使用武力和经济制裁等“硬实力”，除了无助于外交，还会危害国家形象和自己的利益。其实最有效的外交战略就是“软实力”与“硬实力”相结合的“巧实力”。将“软实力”和“硬实力”战略相结合形成“巧实力”，需要通过“环境智慧”。这是一种巧妙的综合战略，正如奈所说的，再次投资全球福利（提供需要的但自己无法获取的东西给世界各国政府和人民）使得美国变成世界大国。军事和经济实力的补给通过对“软实力”的更多投资得以实现，美国就可以重建应对一些全球严峻挑战时所需的体系。“巧实力”就是这样。简单地将“硬实力”和“软实力”叠加并不是“巧实力”。“巧实力”是二者相互渗透、统一，是“硬实力”和“软实力”的灵活结合。对“硬实力”和“软实力”进行选择运用时必须根据不同的情况以达到目的和实现利益的最大化。“巧实力”的独特性是“巧”字，其关键在于决策者要软硬兼顾，灵活运用能支配的一切政策工具，掌握平衡好“硬实力”与“软实力”，将“巧实力”的作用更好地发挥出来。一个国家可以增加对“软实力”的投资，以补充其经济和军事实力，并形成该国应对全球挑战所需的政策框架。

“巧实力”作为一种综合应用“硬实力”和“软实力”的手段，具有灵活性和全面性的特点。“巧实力”指将“硬实力”和“软实力”巧妙结合在一起应用的能力，可使二者互相补充和影响。约瑟夫·奈指出，在国际社会中，有些目的只有通过“硬实力”才能实现，而像提升民主和人权等目的则可以通过“软实力”更好地实现。仅仅依靠“硬实力”或“软实力”都是错误的，把两者有效结合起来的能力可以称为“巧实力”。[①] 巧实力具有高度的灵活性。每个国家都可以对国家的“硬实力”和“软实力”资源进行调整和使用，以期达到预期效果，这是“巧实力”的独特之处。“巧实力”是综合应用“硬实力”和“软实力”从而展示出来的实力和影响力。“硬实力”和“软实力”都是用

① 唐彦林：《奥巴马政府“巧实力”外交政策评析》，《当代亚太》2010年第1期。

改变他人的行为方式来实现自己目标的手段，两者是相关联的。在国际竞争中，拥有权力意味着有能力影响其他国家以自己的方式行事。运用“硬实力”指依靠胁迫、诱惑等方式获得自身的利益，因此“硬实力”应用的领域主要是军事和经济领域。新现实主义否定了“软实力”的重要性，强调“硬实力”在国家中的作用，关注物质资源所定义的权力结构。新自由主义学者强调使用“软实力”。在奈看来，互动的“硬实力”与“软实力”可以使“硬实力”产生“软实力”，促进“硬实力”的发展可以通过“软实力”来实现。所以，单靠“硬实力”或“软实力”对于任何国家都是不可行的，而应该综合运用“硬实力”和“软实力”，明智地运用国家能够掌握的政治、经济、军事、文化、法律、外交等手段来实现国家的目标和利益。

第二节　俄罗斯“软实力”理论解读

一、俄罗斯“软实力”研究现状

国内学者研究俄罗斯“软实力”政策主要倾向于从外交政策角度和实践领域方向来分析，认为实施“软实力”政策是俄罗斯提升国际形象、增强综合国力的有效手段。许华研究员在研究俄罗斯“软实力”与俄罗斯国际形象、俄语传播及外宣媒体建设等方面成果颇多，著有《俄罗斯软实力研究》一书。这也是国内目前专门研究俄罗斯“软实力”的专著。刘莹、关海庭认为，普京进入第三个总统任期以后，开始调整外交和“软实力”政策，主要集中在对外宣传、教育国际交流和国际发展援助领域。[①] 万青松、王树春认为，“软实力”政策已经成为俄罗斯外交的重要手段之一，其主要表现在文化外交、多边外交和公共外交等几大方面。[②] 吴非、胡逢瑛从公共外交和文化角度，研究俄罗斯“软实力”政策的实施。王晓泉、肖斌进行了较为宏观的比较研究，从外交战略的角度对中俄的“软实力”建构起了初步的框架。赵鸿燕、劳华夏从公共外交和俄罗斯国际合作署的职能的角度对俄罗斯国家“软实力”进行了分析。

① 刘莹、关海庭：《新时期俄罗斯外交转型中的软实力政策调整》，《东北亚论坛》2015年第1期。
② 万青松、王树春：《俄罗斯的软实力外交评析》，《国际展望》2013年第3期。

俄罗斯学术界对俄罗斯“软实力”的研究主要分为两种类型。一是对“软实力”概念的学理探讨。俄罗斯学界对“软实力”的理论研究集中在对西方“软实力”理论进行本土化阐释与再完善。俄罗斯学者从多个角度对“软实力”理论进行了探讨。达维多夫是最早以国际关系为视角关注“软实力”的俄罗斯学者，认为“硬实力”已不能总使国家在国际关系中达成自身目的，在新形势下，俄罗斯应该也考虑使用“软实力”。① 俄罗斯2011年出版了一部关于“软实力”理论的学术专著，作者科拉希娜梳理并分析了约瑟夫·奈“软实力”理论的发展，认为“软实力”是当代国际社会中，国家主要使用非武力方法达成利益目标的一种特殊的权力手段，“软实力”在未来可以被量化。② 著名学者巴诺娃认为，“软实力”应该成为国家在国际社会实施影响力的积极资源，为实现国家外交政策的远期目标提供支持和服务。同时，“软实力”手段的出现也不意味着放弃传统的外交手段，这从客观上丰富了国家行动的选择性。③ 莫斯科国立大学的列奥诺娃教授从全球化进程的视角出发，认为“软实力”是一种不易被感知的、方式多样化的影响和治理方式，“软实力”的实质是国家以自身形象的吸引力为基础，对他国施加影响。④

另一类是对俄罗斯如何使用“软实力”政策提升国家影响力进行的研究。以莫斯科国际关系学院的列别杰娃教授为代表的学者专家，探讨俄罗斯“软实力”可实践的具体方向和领域，指出教育、人文科技领域合作、国际发展援助、俄语推广等都可以成为俄罗斯的“软实力”工具和资源，认为应用“软实力”资源和手段是俄罗斯推动后苏联空间一体化的重要手段。⑤ 综上所述，俄罗斯学界实用性导向明显，对“软实力”概念的研究具有自己独特的视角，

① *Давыдов Ю.П.*, Понятие жесткой и мягкой силы в теории международных отношений // *Международные процессы*, Т.2. № 1. 2004, С. 69-80 / URL: http://www.intertrends.ru/system/Doc/ArticlePdf/1231/OGZnZH5oNk.pdf.

② *Красина О.В.*, Мягкая сила как теоретическая конструкция и властная технология с овременной мировой политики. - М.: Изд-СГУ, 2011.

③ *Панова Е. П.*, Сила привлекательности: использование «мягкой власти» в мировой политике // *Вестник МГИМО-Университета*, № 4, 2010, С. 91-97.

④ *Леонова О. Г.*, Мягкая сила - ресурс внешней политики государства // *Обозреватель*, № 4., 2013, С. 27-40.

⑤ *Лебедева М.М.*, Мягкая сила в отношении Центральной Азии: участники и их действия // *Вестник МГИМО-Университета* / URL: http://www.vestnik.mgimo.ru/sites/default/files/pdf/lebedeva.pdf.

俄罗斯官方对学界的“软实力”概念的研究起到了明显的推动与引导作用。

在2006年就有西方学界关于俄罗斯“软实力”问题的文章问世。西方学者关于俄罗斯“软实力”问题的研究具有明显的特点。一是部分专家学者认为能与西方抗衡的重要手段之一就是俄罗斯的“软实力”政策，其被用来推动俄罗斯在全球范围内的外交政策。二是西方学者大多数既有的学术成果对俄罗斯“软实力”政策持否定态度和唱衰论调，主要观点是尽管俄罗斯“软实力”政策资金花费巨大，但俄罗斯的“软实力”在全球正在逐步衰退，在克里米亚事件之后，这种趋势尤其明显。总体来看，西方学术界对俄罗斯“软实力”政策的研究是与国际政治密切地相结合，西方学者看待俄罗斯“软实力”问题，站在其所谓自由民主价值观的立场上，认为俄罗斯的“软实力”政策没有成功。

冷战后，国际格局发生了深刻变化，世界各国之间的竞争表现出一种既包含军事、经济、科技等方面的“硬实力”，也包含了社会和政治制度、价值观念、文化传统、大众生活方式、国际影响力等在内的“软实力”的全方位综合国力的角逐。“软实力”已经成为衡量一个国家综合国力的参照指标。“软实力”概念由美国学者约瑟夫·奈于1990年在其著作《美国注定领导世界？美国权利性质的变迁》中第一次提出后，迅速引起了国际关系学界的广泛关注。2004年，约瑟夫·奈将“软实力”定义为“通过吸引的手段而不是强迫或收买的手段从而达到所愿的能力”，[①]《软力量：世界政坛成功之道》一书中“软实力”概念被完善了，同时也标志着约瑟夫·奈“软实力”理论的产生。“软实力”概念出现以来，由于种种原因，俄罗斯国内一直用一种审慎的态度看待这个国际政治领域的新概念，并认为以美国为代表的西方国家一直在“非法使用‘软实力’”。[②]直到2013年，俄罗斯才在官方文件《俄罗斯对外政策构想》中系统阐述了“软实力”概念，并给出了一个具有俄罗斯特色的定义：“依靠民间组织力量解决外交政策问题的一整套手段以及可替代传统外交手段

① Joseph S. Nye Jr, “The Changing Nature of World Power,” *Political Science Quarterly* 105, no.2 (1990): 177.

② *Смородина Юлия Валерьевна*, Мягкая сила России и пути повышения её эффективности // *ЖурналРоссия и современный мир*, 2017 г. / URL: https://cyberleninka.ru/article/n/18008725.

的信息、通信、文化等方法和技术。”[①] 该文件指出：“‘软实力’已成为现代国际政治不可分割的重要组成部分，俄罗斯外交的任务之一，就是加强‘软实力’建设，根据本国特点，借鉴国际经验，完善运用‘软实力’机制，寻求在这方面积极活动的方式”。[②]

俄罗斯官方正式提出并应用“软实力”，说明“软实力”概念已经得到了俄罗斯高层的认可。这一构想也充分反映出俄罗斯将同时依靠“硬实力”和“软实力”塑造国际形象，赢得全球竞争。自从俄罗斯政府明确提出“软实力”政策以后，“软实力”概念逐步被俄罗斯政界和学界接受，得到了政府各个层面的认可和重视。同时，俄罗斯也给“软实力”带来了一个具有俄罗斯特色的概念和界定，并引入了道德的标准，站在了人类社会道义的制高点来看待和研究国家“软实力”。但是，苏联解体以来，俄罗斯经济社会发展相对缓慢，国家社会发展模式缺乏吸引力，在国际社会的强硬形象未从根本上改变，行为缺乏亲和力和公信力，国际社会对俄罗斯的负面舆论时有发生，这些都是俄罗斯实施“软实力”政策必须面对的现实问题和挑战。如何打破国际传播格局被西方国家垄断的现象，并对西方媒体对俄罗斯的妖魔化宣传进行反击，如何树立俄罗斯正面的国际形象，并在现有国际制度框架内掌握制定国际规则的主动权，如何利用俄罗斯优秀的文化艺术资源，扩大俄罗斯的知名度和影响力，如何利用俄语区国家的向心力优势，巩固俄罗斯在特殊地区的影响力，等等，都是俄罗斯在发展“软实力”战略中面临的现实问题。

俄罗斯政府为了提升国家“软实力”，实施了一系列政策和措施并取得了一定的成效。但是面对国际体系成熟的运营管理机制和西方国家强大的“软实力”和综合国力，俄罗斯也仅仅是勉强应对。俄罗斯没有一套完整的、成熟的、长期有效的战略机制，处于相对被动的局面。

---

① Концепция внешней политики Российской Федерации от 12.02.2013, Официальный сайт МИД РФ /URL: http://archive.mid.ru//br4.nsf/0/6D84DDEDEDBF7DA644257B.

② Концепция внешней политики Российской Федерации—Утверждена Президентом Российской ФедерацииВ.В.Путиным 12 февраля 2013 г., Официальный сайт МИД РФ, 2013 - 12 - 8 /URL: http://www.mid.ru/bdomp/ns-osndoc.nsf/e2f289bea62097f9c325787a0034c255/c32577ca0017434944257b160051bf7f.

二、俄罗斯“软实力”概念的来源和形成过程

1990年美国著名学者约瑟夫·奈提出“软实力”概念以后不久苏联解体，俄罗斯忙于应对国内外各种急需解决的问题和复杂矛盾，对所谓的国家“软实力”根本无暇顾及。所以，在后来近二十年间，“软实力”一词在俄罗斯很少被提起，政界和学界对这一概念没有充分认识和接受，大家的讨论和研究也不够积极。虽然俄罗斯没有公开使用“软实力”一词，但是俄罗斯并非不重视国家“软实力”建设，不具备实施“软实力”政策的能力。俄罗斯无论是在国家政策的制定，还是学界的理论研究层面，在“民间外交”“公共外交”“国际传播”“国家形象”等方面的研究和实践都已经积累了丰富的经验，尤其是苏联遗留下来的外交方式和外交手段，这些经验为制定“软实力”政策提供了宝贵的借鉴，打下了坚实的基础。

俄罗斯“软实力”概念的形成大概经历了三个阶段。

（一）酝酿期

从“软实力”概念由美国著名学者约瑟夫·奈在20世纪90年代初提出以后到2010年俄罗斯官方文件中首次运用“软实力”一词，这段时间俄罗斯疲于应对国内外各种复杂局面，无力顾及“软实力”概念。在正式提出“软实力”概念以前，俄罗斯虽然没有正面提出“软实力”政策，但是在国家政策的具体实践过程中，已经制定并实施了一系列属于国家“软实力”范畴的政策和措施。这些政策的实施为俄罗斯“软实力”理论的提出和实施打下了坚实的基础。2000年7月颁布的《俄罗斯联邦外交政策构想》中，发展国际人文交流合作被明确提出，并且该构想提出以此为基础建立新的伙伴和同盟关系体系，改善国际合作，使俄罗斯的友好国际形象被国际社会重新认识到。此构想的颁布，使俄罗斯保持了外交政策的持续性和稳定性，从此俄罗斯的外交政策也开始了多方位的细化。俄罗斯外交部2001年2月发表了《俄罗斯外交部发展同其他国家文化交流的基本工作方向》，指出文化在俄罗斯外交战略中的重要性，这是俄罗斯第一部关于对外文化政策的官方指导文件。文件对俄罗斯官方国际文化交流的实质和形式做了详细叙述，还更为全面地介绍和规定了俄罗斯对外文化交流合作的决议和运行机制。文件指出：“俄罗斯对外文化政策的核心任务在于形成和加强同他国的相互理解与相互信任，发展同

他国平等、互利的伙伴关系”；[①]“要对俄罗斯海外侨胞予以系统、多方位的支持，保护俄罗斯海外常住公民的权利，同时帮助其他国家使用俄语的居民实现在文化、语言、教育和信息领域的权利”；[②]“在俄罗斯对外文化政策中，稳定和加强俄语的地位，扩大俄语在国际交流中的使用范围也是一项重要的工作。俄语是使其他国家人民了解俄罗斯文化的最重要工具，是形成俄罗斯正面国家形象的决定性因素之一”。[③] 此文件为俄罗斯对外文化交流和国际人文合作指明了方向，并对具体内容和合作领域都作出了详细陈述，并且其中提到的方式基本属于俄罗斯可以使用的“软实力”资源和工具的范畴，为今后“软实力”政策的实施奠定了坚实的基础。

2007年4月，时任俄罗斯外交部长拉夫罗夫（Лавров С.В.）在俄罗斯新闻网发布《全球政治需要开放和民主》的文章，作为俄罗斯政府官员首次提出了“软实力”概念。作者在文章中指出，在当今世界，国家的影响力越来越多地被定义为“软实力”。国家影响力是指一个国家在自身文化、文明、科学技术、外交政策和其他吸引力的帮助下影响其他国家的行为的能力，以及有意愿在国际事务中积极促进协调和统一的能力。作者同时指出了民间社会力量参与外交以及公共外交的重要性。这是俄罗斯官方领导人首次正式提及“软实力”概念。

2008年俄罗斯颁布的《俄罗斯联邦外交政策构想》首次把关于俄罗斯政府文化和国际人文合作方面的问题放到了优先发展的方向，文件指出，“促进俄语的传播和学习是世界文化不可分割的组成部分，也是国家间交流的工具”，[④]“使用社会外交领域民间组织机构的资源、潜力和优势，发展国际文化和人文合作是发展跨文明对话，在民众中达成共识和保持相互理解的手段，同时还要特别注意不同宗教间的对话”。[⑤] 并且，该文件首次引入了公共外交

① «Основные направления работы МИД России по развитию культурных связей России с зарубежными странами, Утверждены министром иностранных дел Российской Федерации И.С.Ивановым 23 февраля 2001 года» / URL: 2001-2-23, http://docs.cntd.ru/document/901794645.

② 同上。

③ 同上。

④ «Концепция внешней политики Российской Федерации», Сайт Президент России, 2008-7-15/ URL: http://www.kremlin.ru/acts/news/785.

⑤ 同上。

的概念和范畴，提出利用现代信息技术的传媒手段来作用于国外社会舆情，使大众传媒在国际传播格局中的地位得到加强，并将国际传播划归到公共外交范畴。这些文件的出台，为今后俄罗斯“软实力”概念的提出和“软实力”政策的制定提供了基础和依据。

（二）形成期

2010年12月，俄罗斯颁布《俄罗斯在文化与国际人文合作领域的主要政策方向》，在文化与国际人文合作领域的具体实践中，俄罗斯作出了更为全面的规划和设计。文件指出，“文化外交作为一种‘软实力’工具，通过特殊的方式与方法影响社会舆论，能够加强国家的国际声望，是俄罗斯联邦作为一个自由、民主国家实现复兴的有力证明”。[①] 将文化交流和国际人文合作首次明确放在“软实力”范围内，这是“软实力”一词第一次在俄罗斯官方文件中出现。此文件正式成为俄罗斯使用“软实力”这一政治词汇的开始，但是，对于这个带着双引号的“软实力”概念，文件并未展开定义或解释。

2012年2月7日，普京作为俄罗斯2012—2018年的总统候选人在《莫斯科新闻报》上发表了一篇题为《俄罗斯与多变的世界》的文章，其中提及“软实力”这一术语。文章写道，伴随着在全球化背景下对“软实力”在对外政策中的有效性进行质疑的观点的出现，第一次产生了关于这一术语的负面评论。[②] 普京认为“软实力”是一套不需要武力而是利用信息技术以及其他手段实现外交目标的工具和方法。普京在文章中批评一些国家利用“软实力”手段干涉别国内政，但普京的批评并非针对“软实力”本身，而是针对使用“软实力”的主体。普京称：“这些手段很遗憾地常常被用作滋养和引起极端主义、分裂主义、民族主义，操纵公众意识甚至是直接干预主权国家内政等。应当明确区分言论自由和正常的政治活动以及会涉及非法地不合理地使用‘软实力’手段的领域。在开展人文领域的相关工作以及非政府组织的慈善活动时可以运用‘软实力’手段。但是在外部力量的支持下运用‘软实力’手段开

---

① «Основные направления политики Российской Федерации в сфере международного культурно-гуманитарного сотрудничества» (утв. Президентом РФ 18.12.2010) / URL: https://legalacts.ru/doc/osnovnye-napravlenija-politiki-rossiiskoi-federatsii-v-sfere/.

② Владимир Путин, Россия и меняющий мир // Официальный сайт «Московские Новости» / URL: www.mn.ru/politics/78738.

展‘伪政府组织’及其他机构的活动是绝不被允许的。”[①] 从此之后这种负面评论在俄罗斯政界高层中反复多次出现，最后被纳入俄罗斯对此术语的解释之中。

2012年，在普京第三次就任俄罗斯总统以后，面对地缘政治的压力和“颜色革命”的挑战，俄罗斯更加清楚地认识到“软实力”的重要性。当年5月7日，普京在出任总统时就签发了总统令《关于实现俄罗斯联邦外交方针的办法》。俄罗斯公共外交以及对外传播领域的外交工作、国际人文交流合作，该文件都分别进行过详细论述。文件指出，“要保障俄罗斯海外侨胞权益问题，以及扩大俄罗斯文化在世界的影响力，加强俄语世界地位”，“外交部须将民间组织纳入外交活动，同时须加强同俄罗斯联邦社会院、戈尔恰科夫公共外交基金会和其他具有外交性质的非政府组织的联系，协助其广泛参与世界对话与国际人文合作”，“为了使俄罗斯在国际舞台具有正面形象，让世界客观地看待俄罗斯，外交部需要进一步完善对外传播工作”。[②] 从这份文件中可以看出，俄罗斯高层对国际人文交流、公共外交和对外传播工作已经给予了高度重视。

2012年9月，时任俄罗斯国际合作署负责人科萨乔夫在《全球政治中的俄罗斯》上刊发文章，对“软实力”概念进行了详细的论述。科萨乔夫认为，“充分使用‘软实力’工具符合当今俄罗斯面临的对外任务的总体要求”。“国家形象保证了一个国家的吸引力以及来自他国的信任，国家形象是‘软实力’中的关键内容，而大多数西方媒体报道有损俄罗斯国家形象的例子都是因为价值观。与其说国家在‘软实力’方向上的努力与文化信息领域息息相关，不如说其同地缘政治有着更为紧密的联系”，[③] 所以，“在全球框架内推动自己国家的价值观是‘软实力’的任务，同时也是结果”。[④] 在阐述俄罗斯“软实力”的详细实践时，科萨乔夫认为，“在信息空间领域的工作也是必需的，特

---

① *Владимир Путин*, Россия и меняющий мир // Официальный сайт «*Московские Новости*» / URL: www.mn.ru/politics/78738.

② «Подписан Указ о мерах по реализации внешнеполитического курса», Сайт Президент России / URL: http://www.kremlin.ru/events/president/news/15256.

③ *Консатин Косачёв*, В чем состоит особенность “мягкой силы” России // *Россиия в глобальной политике* / URL: https://globalaffairs.ru/articles/ne-rybu-a-udochku/.

④ 同上。

别是在应用新兴通信技术手段上。而非营利组织、国际合作、数以百万计的俄罗斯同胞和俄语都是俄罗斯在国际进程中具有影响因素的‘软实力’资源，要使这些资源发挥作用还需要国家战略性的支持”。[①] 看得出来，作为俄罗斯官方实施“软实力”政策的主要负责人，他的认识和看法具有一定的代表性，他对美国所秉持的“软实力”理论是一分为二来看待的：第一，他认为“软实力”理论有其合理性以及必要性；第二，他也察觉到了，一些国家，尤其是俄罗斯国家利益被美国“软实力”政策侵害的事实。在新显现的“软实力”层面的较量中，俄罗斯需要发展和应用具有自身特色的“软实力”理论和工具。

（三）完善期

俄罗斯联邦总统普京于2013年2月12日批准的《俄罗斯联邦外交政策构想》中初次明确阐述了俄罗斯版“软实力”概念，并且明确了“软实力”政策在俄罗斯外交政策中的地位和作用。文件不仅对“软实力”进行了界定，并阐释了俄罗斯版“软实力”涵盖的主要内容。文件指出，“‘软实力’是以民间社会、信息通信技术、人文主义及其他传统外交方法和技术为基础来解决外交问题的综合工具包，是现代国际政治中不可分割的一部分”。[②] 文件还明确提出要构建和完善俄罗斯“软实力”政策国家体系机制，提出要寻求灵活的方式实施“软实力”政策，同时还应考虑国际经验和俄罗斯的国情。文件还强调，俄罗斯的“软实力”政策应在监管体制内以与民间社会和专家互动的机制为基础，并着重论述如何在外交中运用“软实力”政策。文件的其中一章《外交政策中的信息支持》特别强调了运用公共外交和信息通信技术实施“软实力”政策的重要性。该构想指出实施俄罗斯“软实力”政策的首要任务是塑造积极的俄罗斯国家形象，这一形象应与俄罗斯的文化、教育、科学、体育、国民社会发展水平以及国家援助项目的大国形象相适应；其次是保证国际社会更广泛地了解俄罗斯在重大国际问题上的立场，了解俄罗斯联邦的外交政策和创新活动、国家内部社会经济发展的过程和计划以及在文

① *Консатин Косачёв*, В чем состоит особенность “мягкой силы” России // *Россиия в глобальной политике* / URL: https://globalaffairs.ru/articles/ne-rybu-a-udochku/.

② «Концепция внешней политики Российской Федерации от 12.02.2013», Официальный сайт МИД РФ / URL: http://archive.mid.ru//brp4.nsf/0/6D84DDEDEDBF7DA644257B16005 1BF7F.

化科学领域所取得的成就。[①] 文件同时关注了非法使用以及不道德地运用“软实力”手段问题，指出，“俄罗斯将制定一套有关安全使用信息通信技术的法律体系和道德标准”。[②] 很显然，通过建立法律体系和道德标准制约那些运用该类技术损害其他国家主体的行为是十分必要的。文件指出，全球竞争加剧和潜在危机的积累可能会导致“软实力”和人权概念被非法使用的风险，其目的是对主权国家施加压力，干涉别国内政，操纵舆论和公众意识，其中触及为人文主义项目和国外保护人权的项目供应资金。2013年版《俄罗斯联邦对外政策构想》对“软实力”的定义和表述，引起俄罗斯政界和俄罗斯学术界对“软实力”问题的关注和热烈讨论。俄罗斯学者研究和讨论了俄罗斯“软实力”可实践的具体方向，认为国际发展援助、科技合作、俄语推广、教育以及宇宙空间项目都可以成为俄罗斯外交运用“软实力”的手段。此构想的宣布，标志着俄罗斯版“软实力”概念和政策正式形成，并且成为俄罗斯外交政策的重要组成部分。

2014年以后，在俄罗斯的政府官方文件和领导人发言中，“软实力”已经被普遍使用。2014年7月22日普京在俄罗斯国家安全委员会大会上指出，“我们应当充分应对这些挑战，关键是要系统地开展工作并解决对我国和社会团结统一构成风险的问题。正因如此我们需要在国际舞台上运用竞争机制。这种竞争不仅存在于经济领域，也同时存在于政治领域，为此我们将会利用现代通信及信息技术并借助附属的、微型的非政府组织的渠道，即‘软实力’机制。在某些国家，这些被称为‘民主’”。[③] 普京利用“附属的、微型的”这类词汇来把“软实力”与一些政治手段联系到一起。事实上在会议讲话中，普京认为“软实力”等同于某种以牺牲别国形象来实现本国外交目的的国际事务操纵。[④] 在2014年10月1日举行的关于应对信息领域中的国家安全问题的安全委员会会议上普京谈道：“我们应该考虑到信息领域存在的风险和威胁。

---

① «Концепция внешней политики Российской Федерации от 12.02.2013», Официальный сайт МИД РФ / URL: http://archive.mid.ru//brp4.nsf/0/6D84DDEDEDBF7DA644257B16005 1BF7F.

② 同上。

③ Москва, Кремль, «Заседание Совета Безопасности», Официальный сайт Президента России / URL: www.kremlin.ru/events/president/news/55924.

④ Москва, Кремль, «Заседание Совета Безопасности», Официальный сайт Президента России / URL: www.kremlin.ru/events/president/news/55924.

我们看到，各个国家都在试图利用其在全球信息空间中的主导地位，不仅要实现经济目标，还要实现军事政治目标，为了实现本国利益积极地将信息系统用作所谓‘软实力’手段的工具。”[①] 在克里米亚事件的7个月后，许多专家表示这对俄罗斯的国际形象产生了极为负面的影响，普京认为要更多关注长时间被许多政客所忽略的“软实力”因素。普京并没有强调传统的宣传方法，而是强调要关注本国的社会经济内部发展，认为其发展水平决定了国家在国际舞台上的吸引力。

俄罗斯在2016年11月30日颁布的《俄罗斯联邦外交政策构想》文件指出，“现代国际政治一个重要的组成部分是利用‘软实力’工具来解决外交政策问题，主要依靠民间社会的力量、信息和通信、人道主义、其他方法和技术以及传统外交方法”。[②] 新版构想对俄罗斯的“软实力”工具和政策进行了进一步扩展，将民间机构的力量和人道主义合作以及人权都正式纳入“软实力”工具范畴，作为提升国家外交政策效果的有效工具。文件指出“让民间机构参与解决国际问题，以提高俄罗斯外交政策的效力”，“发展、利用公共外交资源、国际文化和人道主义合作作为建立文明对话、达成协议并确保各国人民之间相互了解的手段”。[③] 可以看出，俄罗斯已经明确把“软实力”资源和工具定义为实现国家外交政策的有效手段，并将“软实力”资源和工具涵盖的范畴不断丰富和完善，融入国家对外政策的战略层面，作为维护国家利益，扩大俄罗斯国际影响力，保持俄罗斯国际地位的有效工具和手段。

综上所述，对于“软实力”的认识和界定，俄罗斯处在一个循序渐进、逐步完善的过程中。“软实力”政策已成为俄罗斯的重要手段和工具，表现在俄罗斯维护国家利益，实现外交政策和战略上。俄罗斯所在意的是应用“软实力”资源和工具的功能性和影响力，以西方国家为主要防御和针对目标，坚持国家控制和主权至上原则，将利用“软实力”资源和工具影响社会舆论和干涉主权国家内政归为非法使用“软实力”的行为。俄罗斯在使用“软实

---

① *Агеева Вера Дмитриевна*, Роль Инструментов Мягкой Силы во внешней политике российской федерации в контексте глобализации, Дис. / Санкт-петербургский государственный университет / URL: https://disser.spbu.ru/files/disser2/disser/872f45x1B0.pdf.

② «Указ Президента РФ от 30 ноября 2016 г. № 640 ‹Об утверждении Концепции внешней политики Российской Федерации›» / URL: https://www.garant.ru/products/ipo/prime/doc/71452062/.

③ 同上。

力”资源和工具以及制定“软实力”政策等方面具有自己独特的风格和方式，特别是把军事、经济和科技力量的影响力也视为一种有限的“软实力”资源，依靠政府主导和推动实施国家“软实力”战略。从某种意义上可以说俄罗斯是根据国家对外战略和外交政策发展的需要，借鉴西方的“软实力”理论，结合自身的国情和实际情况，提出了符合俄罗斯国情的“软实力”概念，加入了俄罗斯元素和俄罗斯方案。

表1–1　美国“软实力”与俄罗斯“软实力”对比

美国“软实力”	俄罗斯“软实力”
社会的、民间的	国家主导，政府推动
通过吸引力达成所愿的能力	一种新型的外交工具和资源，外交政策的重要组成部分
文化、价值观、对外政策	民间机构、信息通信技术、人文主义及其他传统外交方法和技术
同化力、吸引力、说服力、感染力	解决外交问题的综合工具包
“软实力”是“硬实力”的有效补充	“硬实力”为主，“软实力”为辅
常态化渗透	危机型公关
主动型全球扩张、推广	应对型防御保护
为美国国家战略服务，理论与实践相结合，相辅相成	根据俄罗斯发展的现实需要，形成符合自身国情的理论体系

资料来源：作者自制。

三、俄罗斯“软实力”政策的特点

从俄罗斯官方文件对“软实力”概念的描述和解读可以看出，俄罗斯的“软实力”模式与美国的崇尚“自由、民主”的文化价值观以及西方通过社会制度模式产生“吸引力”的“软实力”模式有着本质上的区别，俄罗斯对“软实力”概念有自己独特的认知和理解。与美国“软实力”概念对比，俄罗斯的“软实力”理论体系是：俄罗斯可以通过非暴力手段来维护和推广其政治体系和价值观，并以此提升俄罗斯的国际形象和影响力，维护俄罗斯的国家安全和利益。同时俄罗斯认为任何国家都有权利选择自己的发展模式和方向，应当尊重主权国家的独立性和选择权。“软实力”政策实施的过程不仅是推广自己的文化和价值观的过程，更要尊重他国的态度，“软实力”是一种与他国共处但却不谋求同化他国的能力。俄罗斯“软实力”特点具体体现在以下几个方面。

第一，俄罗斯的“软实力”概念是根据自身的实际情况和国家对外战略发展需要，形成的具有俄罗斯特色的理论体系，是维护国家安全和利益的重要工具和手段。核心思想是使用非暴力手段维护和推广俄罗斯的政治体系和价值观，提升俄罗斯的国际形象和影响力。

俄罗斯版“软实力”概念的提出以及“软实力”政策的成形相对较晚。但是从苏联解体开始，俄罗斯已经在“软实力”政策实施范畴内积累了丰富的经验。苏联解体以后，西方国家并没有因为俄罗斯的妥协政策，而放弃对其围追堵截。随着北约地缘政治空间的不断扩展，俄罗斯的地缘政治空间逐渐被压缩。西方国家对俄罗斯以及其他独联体地区国家的渗透和颠覆也从未间断。

为打破西方国家媒体在国际传播领域的信息垄断并纠正其选择性报道引起的偏差，2005年，俄罗斯专门打造了新的外宣媒体平台RT电视台，从事国际新闻报道，打破了西方媒体对国际信息传播的垄断。RT电视台成立以后，短短几年时间，已经展现出令世界媒体同行和西方政要震惊的实力。尤其是在俄格冲突、乌克兰危机、叙利亚危机等涉及俄罗斯国家利益的国际事件中，RT电视台一马当先，充当舆论的先锋，向世界展示西方媒体所不愿意报道的不为人知的一面，有力地回击了西方媒体的指责，为俄罗斯赢得了国际社会的支持和道义上的制高点，极大地捍卫了俄罗斯的国家利益。同时，RT电视台还利用自身媒体传播的优势，揭露西方政治的“阴暗和虚伪”。由于RT电视台的报道对西方国家的利益构成了威胁，西方国家对RT电视台百般刁难和制裁，其海外账户频频被冻结，甚至其直接被美国定义为外国政府代理人，纳入当地政府严格的监管和打压之下。俄罗斯外宣媒体极大地提升了本国的国际形象和国际影响力，是俄罗斯加强“软实力”建设，应用“软实力”工具成功维护国家安全和利益的重要手段。

在国际文化交流和人文合作领域，俄罗斯充分利用民族、文化、语言、人权等“软实力”工具，在“俄罗斯世界”的统一口号下，利用“统一文化密码”来达到为其国家利益和政治传播提供道德合理性的目的，并以“保护俄侨、俄裔”“保护俄语文化和自由”为由维护其在世界文化中的影响力，特别是在独联体地区国家的存在感。“统一文化密码”有助于俄罗斯维护国家安全和利益，成为与西方“软实力”攻势抗衡的思想武器。2007年6月和2008年9月，俄罗斯政府分别成立了推广俄语语言和俄罗斯文化的俄罗斯世界基金会和俄罗斯民间外交领导机构——俄罗斯关于独联体国家事务、海外侨胞与国际人文合作联盟。国际形象委员会于2009年5月成立，自此国家形象建设工作被提升到了新的高度，总统办公厅和外交部负责该委员会具体工作，由总统通过委员会直接领导。戈尔恰科夫公共外交基金会于2010年2月成立，俄罗斯进而更加强了对外公关和“软实力”建设。在国际社会中，俄罗斯宣称不仅要保护俄罗斯族人，还要保护“讲俄语者”的权利，频频打“语言”“人权”“民族”的牌。通过在俄罗斯族人中广泛普及俄语和发放俄罗斯护照、对文化认同的巩固等方法，占领道义的制高点，利用国际法和国际准则，有效地维护了俄罗斯的国家利益和国际形象。

在“软实力”概念正式引入俄罗斯联邦主要外交政策文件之前，俄罗斯政府高层代表多次公开讲话都提到了这一术语。2008年8月，时任俄罗斯杜马国际事务委员会主席科萨乔夫在接受学术刊物采访时指出，“目前在俄罗斯仍然有某种幻想，认为在后苏联空间的一体化趋势将会永远存在，并且一体化将会自动实现，因为我们同邻国拥有共同的历史、国家、语言，而这些共同因素也是不需要去特别加强和加固的。俄罗斯在同后苏联空间的伙伴进行互动时，经常使用行政手段强行制造友好的关系，而忘记了使用被称作‘软实力’的一类工具，这类工具在俄罗斯的使用是极其低效的”。[①] 2008年10月31日在俄罗斯世界海外侨民会议召开前夕，俄罗斯外交部长谢尔盖·拉夫罗夫接受《俄罗斯报》采访的时候谈道：“所谓的‘软实力’在当今世界具有越来越重要的影响力，主要体现在能够借助民族文明、人文文化、对外政策以及其他闪光点加强本国对周围世界的影响。我个人认为，在建立俄罗斯与海外侨民的各种联系时应当对这些因素加以考虑。”[②] 2009年9月3日，时任俄罗

① Испытание на прочность // Российская газета - Столичный выпуск № 0 (4737) / URL: https://rg.ru/2008/08/27/kosachev.html.

② *Агеева Вера Дмитриевна*, Роль Инструментов Мягкой Силы во внешней политике российской федерации в контексте глобализации, Дис. / Санкт-петербургский государственный университет, С. 5 / URL: https://disser.spbu.ru/files/disser2/disser/872f45x1B0.pdf.

斯总统梅德韦杰夫在俄罗斯关于独联体国家事务、海外侨胞与国际人文合作联盟会议上使用了"软实力"一词之后，这一术语开始在政界引起反响，并被广泛应用在对外人文合作以及海外协作中。

种种迹象表明，在2013年版《俄罗斯联邦外交政策构想》正式提出"软实力"概念和政策以前，俄罗斯已经进行了大量的探索性实践。从成立俄罗斯国际合作署到建立RT电视台和一系列民间机构，从建立俄罗斯世界文化中心到2014年乌克兰危机、叙利亚危机中俄罗斯同西方国家在国际传媒领域的争夺较量中可见，俄罗斯的"软实力"政策已成为俄罗斯维护国家安全和利益的重要手段和工具。《俄罗斯联邦外交政策构想》2013年版中"软实力"包含"信息、通信、文化及其他方法和技术"的国际性竞争新武器的特征被突出。应对西方的"软实力"攻势，构想强调俄罗斯也要充分使用"软实力"来巩固、发展和捍卫国家利益，维护俄罗斯的国际安全和利益。俄罗斯版"软实力"是俄罗斯在充分归纳总结自身实际情况和实际战略发展需要，借鉴西方提出的"软实力"概念理论体系和实施政策，提出的一套具有俄罗斯特色的理论和实践体系，是一种为了达到外交目标而除去运用武力手段以外，运用其他方法和工具维护国家利益的统称，是一种外交工具和手段。俄武装力量总参谋长格拉西莫夫2016年年初在俄罗斯军事科学院召开的会议上明确表示，"'软实力'已经成为俄军抗击敌人的重要手段，俄罗斯在叙利亚进行的就是一场'软实力'与军事手段相结合的'混合战'"，"俄对外政策概念中已经包括了'软实力'概念的个别组成部分，但它们只是被粗略勾勒，并停留在照搬国外成果的层面。目前俄罗斯对'软实力'的研究存在着不足，未来要突出俄罗斯特色，还要提供更高级的版本"。[①]

第二，作为外交政策的重要组成部分，俄罗斯的"软实力"政策主要依靠国家和政府的支持来推动实施。

俄罗斯把"软实力"定义为"国家的""政府的"，是一种重要的外交资源和工具，是对传统外交手段的有效补充，是国家对外政策体系中的重要组成部分。俄罗斯的"软实力"政策是一种非传统的综合性外交政策，它是综

① Совещание послов и постоянных представителей России / URL: http://www.krem-lin.ru/transcripts/15902.

合运用本国各领域资源为国家利益服务的操作系统。俄罗斯“软实力”政策的主要任务是配合传统外交来维护国家利益并实现国家战略目标。俄罗斯“软实力”政策的实施体系是一个相对复杂的系统，主要依靠国家和政府的支持和推动。俄罗斯负责实施“软实力”政策的主要机构，属于外交部或是与外交部关系紧密的相关组织，如俄罗斯世界基金会、国际合作署、公共外交基金会、国际形象委员会等。就算是号称独立、公正的专业非政府交流平台民主与合作研究所、瓦尔代国际辩论俱乐部、雅罗斯拉夫国际安全论坛等，也和俄罗斯官方保持着千丝万缕的联系。对俄罗斯现有的国家资源和可利用的外国资源的梳理与整合，是俄罗斯“软实力”政策推行的主要方式。通过对“软实力”手段的有效发展，俄罗斯最终提出了一套“软实力”政策运行模式，以把有限的资源转化为更大的国家影响力，更好地服务于国家总体战略目标。俄罗斯的“软实力”政策可以把俄罗斯外交使用的本国资源、他国资源以及国际资源发掘出来，利用“软实力”资源和工具，增加直接和间接使用的针对他国的社会和政府的外交手段，使维护国家利益的路径得以增加。俄罗斯国际合作署是俄罗斯政府实施“软实力”政策的关键部门，全称为俄罗斯联邦独联体事务、境外侨胞及国际人文合作署，于2008年9月成立。俄罗斯外交部与俄罗斯国际合作署同样直接受俄罗斯联邦总统管辖，虽然俄罗斯国际合作署名义上从属于俄罗斯外交部，但俄罗斯国际合作署的领导人可由俄罗斯联邦总统直接任命。由于俄罗斯“软实力”政策正式形成并付诸实施，俄罗斯国际合作署的重要性日益显现，成为推动俄罗斯“软实力”政策实施的最主要政府部门之一，它是维持“软实力”政策“形散而神不散”的重点部门。除此以外，俄罗斯“软实力”政策实施中的关键部门还有俄罗斯外交部、俄罗斯总统办公厅等部门。俄罗斯针对“软实力”的理解明显区别于西方的“软实力”理论。西方定义的“软实力”主要是“民间的”“自发的”，西方的民主和价值观念可以通过各种民间机构或非政府组织向世界推广，尽管其背景和意图有些复杂。由此可见，俄罗斯政府主导和掌控着“软实力”政策的制定和执行，或通过设置专门的政府机构和工作人员，或通过行政管理，或通过资金控制，直接或者间接推动俄罗斯“软实力”政策的实施。

第三，俄罗斯“软实力”政策实施的优先方向主要是独联体地区国家。

独联体地区国家对于俄罗斯有着特殊的战略意义，对于俄罗斯来说，该地区国家不仅与自己拥有共同的历史和社会文化渊源，苏联解体以后，在经济、政治和军事层面上也与俄罗斯保持了密切的合作和交往，一直处于俄罗斯的传统影响范围之内。不论从地缘政治战略还是国家利益方面，该地区对俄罗斯来说都具有举足轻重的作用。但是，随着“颜色革命”的发生，格鲁吉亚和乌克兰倒向了西方阵营，并且发展方向不利于俄罗斯，而且类似的倾向在该地区其他国家也出现了。在这一过程中，西方非政府组织的分支机构做了大量的工作，如自由之家、国际人权组织、美国民主体制中心、开放社会研究所、欧亚基金会、和平友好协会等，在独联体地区国家都有分支机构和工作人员。同时，北约和欧盟不断东扩，俄罗斯的地缘政治空间被不断压缩和蚕食，俄罗斯在该地区的战略利益逐渐明显。保护俄罗斯在独联体地区国家的传统影响力和地缘政治安全是俄罗斯外交政策的首要任务，其使独联体地区国家政权能够在有利于俄罗斯的方向上发展。“软实力”政策正是帮助俄罗斯在独联体地区国家实现稳定、巩固和发展影响力的有效路径之一。

进入21世纪以后，俄罗斯经济不断恢复和发展，使得俄罗斯与该地区国家的一体化合作日益密切，不同层次区域的合作组织不断出现，促进俄罗斯与该地区国家的欧亚一体化发展成为俄罗斯国家对外战略的主要目标。自俄罗斯的“软实力”政策形成以后，在国际教育与科技合作、俄语国际推广、境外俄罗斯侨胞事务和对外文化交流中，俄罗斯已明确将独联体地区作为“软实力”政策实施的最优先方向。在国际发展援助独联体地区成为俄罗斯“软实力”政策的内容后，独联体地区成为俄罗斯进行援助的最主要方向。俄罗斯希望通过国际发展援助减少独联体地区国家对西方国家经济上的依赖，加强该地区国家的独立自主性，从而为欧亚经济一体化创造有利的政治和经济条件。同时，独联体地区国家同俄罗斯在语言、文化、民族特性、意识形态等方面具有高度的相似性，这些地区国家自然成为俄罗斯实施“软实力”政策的主要目标。同时俄罗斯作为该地区的大国，常常在区域各领域合作中充当活动的提议者和倡导者，在独联体地区国家的内部合作中扩大自身影响力。由此可以看出，无论是从地缘政治安全的角度出发，还是从经济社会发展的趋势看，独联体地区国家都关系到俄罗斯的地缘政治安全和国家重大利益，俄罗斯在该地区实施“软实力”政策具有必要性和客观条件。

第四，俄罗斯倡导正面使用“软实力”资源和工具。

俄罗斯对“软实力”资源和工具的合理使用提出了自己独特的见解，站在了国际社会道德的制高点，反对西方国家将“软实力”政策作为操纵、颠覆、侵略他国的战略手段，建议合法使用国家“软实力”政策。普京2012年在其《俄罗斯与不断变化的世界》竞选纲领中说道，“‘软实力’指实现外交目标的各种非军事手段，包括信息战以及其他的一些方式。令人遗憾的是，这些手段经常被用于培植和挑动极端主义、分离主义、极端民族主义情绪，操纵社会心理，对主权国家的内政进行直接干预”，“一些被外部势力控制、打着‘非政府组织’旗号的机构，以在某些国家制造动荡局势为目的，其行为当然是绝对不能容忍的”。[①] 上述言论表明，以普京为代表的俄罗斯政治精英反对非法使用“软实力”政策，指出西方国家使用“软实力”手段对他国进行操纵、颠覆和策反，进而催生了“颜色革命”“阿拉伯之春”等活动，在他国制造动荡局势，颠覆他国政权。在此后一些公开言论和发表讲话的过程中，普京多次提及并表达了类似的观点。2013年12月，乌克兰危机爆发时，“软实力”这一术语再次出现在普京的讲话中。只不过这一次这一术语是被作为一种反宣传手段被提及。在这种关键时刻提及“软实力”，一方面是因为乌克兰危机造成的紧张国际局势的需要；另一方面则是由于危机造成俄罗斯国家形象急剧下降，针对国际社会舆论的要求。普京在讲话中呼吁防止削弱俄罗斯在国际舞台上的地位，表示“俄罗斯正在面临着所谓的‘软实力’机制和其他众所周知的技术直接或间接地削弱国家影响力的风险。所以，我们必须共同抵御这种风险，比如要加强同国际伙伴和盟国的合作”。[②]

俄罗斯公开批评西方“非法”使用“软实力”措施，违反国际法和国际法则，占有国际社会道德的制高点和立场。俄罗斯在苏联解体以后的政治体制、经济发展水平、科技文化教育等在国际社会影响力和吸引力下降，加上西方国家的围追堵截，恶意丑化，俄罗斯的国际声誉和影响力进一步下降。俄罗斯一直以一种强硬的形象和姿态在国际社会维护自身的安全和国家利益。无论是“颜色革命”，还是俄格冲突以及乌克兰危机，都有西方国家运用“软实力”政策影响的因素，这对俄罗斯产生了直接的影响和威胁，也显示出俄

---

① *Владимир Путин*, Россия и меняющий мир // Официальный сайт *Московские Новости* / URL: www.mn.ru/politics/78738.

② Путин призвал применять “мягкую силу” в отстаивании интересов РФ // *Взгляд*.

罗斯在“软实力”方面的短板。所以，俄罗斯也站在了国际社会道义的制高点，反对西方非法使用“软实力”政策。

经过一系列危机和事件的演变以后，俄罗斯国内精英阶层已经充分认识到了“软实力”的重要性。在国际关系中使用和平方式对别国施加影响的能力就是“软实力”政策，也即以一种非强迫的方式推广和渗透本国的价值观念、发展模式和利益诉求，赢得对象国的理解、看好与合作，同时如果想化解疑惑和消除误解也可以通过国家间的交流、沟通、协商来实现，使安全威胁减少。从这些方面来讲，俄罗斯的“软实力”水平显然不能和西方国家媲美。所以俄罗斯站在国际社会道义的制高点对西方非法运用“软实力”工具和手段极力反对，同时自己又使用“软实力”资源和工具在防御西方颠覆和渗透的基础上，在自己传统影响范围内逐步扩大自己的影响力，维护自身的战略利益。

四、俄罗斯学术界对“软实力”概念的研究

西方出现“软实力”概念以后不久苏联解体，俄罗斯社会各个领域相对比较混乱，还没有充分认识到这一概念的重要性和特殊性。虽然有专家学者对“软实力”概念进行了探讨，但是在“软实力”概念被俄罗斯官方正式定义之前，学界讨论并不积极。2013年俄罗斯官方“软实力”定义出台以后，在学术界引起强烈反响，俄罗斯学术界开始对“软实力”概念进行积极的探讨和研究，专家学者对“软实力”概念的定义和看法大致分为三类。

第一种观点认为“软实力”和“硬实力”都是一种政治术语，是一种隐喻的表达方式。这类学者从国际关系角度以及力量产生的根源出发，辩证地看待西方提出的“软实力”概念，综合分析评价俄罗斯国内关于“软实力”概念的两种倾向性观点，认为“软实力”从本质上来讲就是一种资源和工具。从资源的角度上来看，“软实力”被认为是某个参与者以自己的吸引力和别人加入自己价值观的愿望为条件对别人产生的潜在影响。从技术的角度上来看，“软实力”被认为是一种工具，或更广泛地说，是一种技术，是一套工具或者实践的总和，在某种意义上被认为是“软”的，因为与使用可能适用于实现相同目标的其他工具相比，它们可以预计造成相对较少的损害（物质损害或

非物质损害）。主要代表人物有达维多夫（Давыдов Ю.П.）[①]、帕辛（Паршин П.Б.）[②]、纳乌莫夫（Наумов.А.О.）[③]等。

这类学者从力量的来源入手，辩证地看待所谓的“硬”和“软”，对涉及国际关系的各种力量进行详细的综合分析，认为一个国家的综合力量可以分为好几种力量，正是这些力量形成了它的综合国力，这也是一个国家对世界的影响力的重要来源，所以应该从辩证的角度看待“硬实力”和“软实力”。他们认为广义上的“软实力”是自己或者通过他人，从各种可以使用的、能达到相同目标的工具中选择一种带来伤害（物质伤害或非物质伤害）最小的工具，来达成某种目标的能力。从专业术语角度上来说（奈的角度），“软实力”是与某个国家稳定相关的各种价值的吸引力。这些包括给定国家的文化价值、所在国家的组织和生活水平、教育质量等。“软实力”建立在号召其他国家跟随本国的思想以及逻辑的基础上，以这样的方式来准备当前具有争议问题的解决方案，使其他国家也可以接受这样的方案。在这样的情况下，需要优先考虑以非暴力的方式（吸引而不是强制）解决问题。他们认为“软实力”只是一种政治术语，或者说是国家关系领域的专有名词。衡量一个国家的“软实力”，离不开一个国家的综合实力和国家对外战略，“软实力”作为一种资源和工具，核心要素是维护和实现国家利益，是国家对外战略的重要组成部分。这种观点既涵盖了奈提出的“软实力”概念的内涵，同时加入了俄罗斯解读的现实和元素，是对“软实力”概念的全新界定和判断，完全不同于西方社会所定义的“软实力”概念。约瑟夫·奈所界定的“软实力”概念和内涵只是此类俄罗斯版“软实力”概念的有机组成部分，二者有着本质上的区别。

第二种观点倾向于认为“软实力”只是一种资源，是一种可以将本国各种资源转化为吸引力和影响力的潜力。一个国家“软实力”的大小是由其现

---

① *Давыдов Ю. П.*, Понятие "жестокой" и "мягкой" силы в теории международных отношений // *Журнал Международные процессы*. №1, 2004, С. 69-80.

② *Паршин П. Б.*, Проблематика "мягкой силы" во внешней политике России / *ИМИ МГИМО (У) МИД России, Центр глобальных проблем. МГИМО-Университет*, 2013, С. 37. (Аналитические доклады: Вып. 1(36), март 2013.

③ *Наумов А. О.*, Мягкая сила и цветные революции // *Российский журнал правовых исследований*, № 1, 2016, С. 73–86.

实的、复杂的综合国力决定的。同时,“软实力”既可以被认为是自愿的吸引,也可以被定义为权威的影响。“软实力”的本质在于国家在本国综合国力的基础上对其他国家产生吸引和影响的能力，一个国家可以通过一系列措施来提高其国际形象从而增强吸引力。国家“软实力”是通过展示自己的文化和价值观、制度优势以及政治体制的有效性，吸引其他国家站在自己一边，为自己在国际关系中的议程寻求支持的能力，这种战略主要使用输出教育、推广语言、传播民族文化价值观等国家资源作为在国际舞台上增强吸引力和影响力的有效工具。主要代表人物有列别杰娃（Лебедева.М.М.）[①]、托库诺夫（Торкунов А.В.）[②]、拉吉科夫（Радиков И. В.）[③] 等。

此类专家认为“软实力”实践的可能性建立在同情、吸引力、号召力以及自愿参与原则的基础上。“软实力”最重要的战略性策略之一是创造吸引力，包括建立国家的正面形象和对受众进行影响。提高一个国家的“软实力”有两种方式：第一种方式被称为“人为的”“有条件的”，意味着优先采取各种信息、广告和宣传性质的措施，目的是改善国家的国际形象，包括公共外交、国家外交（即传统外交）、对外发展援助计划及人道主义援助三个主要方向。第二种是“自然的”方式。首要任务不是刻意宣传自己的成就，而是实实在在、可持续地发展和提升自己的综合国力和吸引力，具体表现为：发展民族文化和科学技术，创造成功的经济模式，建立公正公平的社会模式，实施得到本国公民认可的国内政策，实施和平的外交政策，与其他国家合作解决国际问题，维护国际和平稳定，等等。这些成绩将在客观上决定一个国家“软实力”的大小。一个主权国家的经济模式和权力也可以成为“软实力”的资源，一个成功的经济发展模式可以对其他国家，尤其是对发展中国家产生巨大影响。在这种情况下，它们会影响其他国家与该国合作的愿望，因为这可能意味着直接的经济利益。此外，“软实力”资源的来源不仅可以是一个国家经济的实际状况，甚至也可以是对其发展前景的前瞻性评估。一个有吸引力的经

① *Лебедева М.М.*, Мягкая сила: понятие и подходы // *Вестник МГИМО-Университета*, №3, 2017, С.212-223.

② *Торкунов А.В.*, Образование как инструмент "мягкой силы" во внешней политике России // *Вестник МГИМО-Университета*, № 4, 2012, С. 85-93.

③ *Радиков И. В.*, *Лексютина Я. В*, "Мягкая сила" как современный атрибут великой державы // *Научный журнал Мировая экономика и международные отношения*, 2012, С.19-26.

济发展模式是“软实力”，而实施经济制裁的能力则是“硬实力”。此外，“硬实力”也可以是有吸引力的，并在这个意义上被第三方视为“软实力”的来源。例如，国家的军事力量以及战胜敌人的能力，在这种情况下也可以被视为“软实力”的来源。他们认为一个国家的“软实力”往往伴随着“硬实力”的元素。实施国家“软实力”的有效途径，是实施一条符合国际法的、对许多国家有吸引力的外交政策路线，即适合历史条件的、稳妥的外交政策策略。

这类学者认为俄罗斯可以结合自身的实际情况和国际环境，通过发掘俄罗斯自身的各类“软实力”资源（例如俄罗斯传统斯拉夫文化、俄语、东正教影响力、外交政策、国际援助、国际合作等）以及其他一系列对他国具有吸引力、影响力的外交政策和手段，维护和实现国家利益。虽然此类学者的观点和约瑟夫·奈提出的“软实力”概念有些类似，强调吸引力、影响力和说服力，但是他们心目中的软实力来源又不仅仅局限于约瑟夫·奈提出的具有明显西方属性的文化、政治价值观和外交政策的资源。他们认为一个国家强大的军事实力、经济实力、综合国力等奈认为是“硬实力”范畴的力量，也都可以产生具有吸引力和影响力的“软实力”，而且“硬实力”和“软实力”的产生和使用，往往相辅相成，互相伴随。

第三种观点认为“软实力”只是西方国家提出的一种具有象征意义的概念，其实是一种包含政治、外交、金融、经济、信息和文化等多种力量和手段的对外政策工具，是在全球化时代背景下的关键外交政策资源和控制国际进程的潜在特殊工具，是一个国家内部和外部因素的总和，是一套非军事化的国家对外政策和战略的总称。“软实力”作为一种国家对外政策的战略和手段，是在国际舞台上实现和维护俄罗斯国家利益的工具，是国家对外战略的重要组成部分，是为实现国家利益而制定的一整套复杂的战略体系。该观点主要代表人物有菲利莫诺夫（Филимонов Г. Ю.）[①]、列昂诺娃（Леонова

① *Филимонов Г.Ю.*, Актуальные вопросы формирования стратегии "мягкой силы" во внешней политике Российской Федерации // *Научный журнал Международные отношения*, № 4., 2013, С. 443-451.

O.Г.)[1]、诺瓦西奥洛夫（Новоселов С. В.)[2] 等。

持这类观点的学者认为“软实力”拥有一个复杂的多层化体系，它允许国家在国际舞台上通过官方和非官方的方式，解决其战术和战略性问题。“软实力”是国家外交战略的形式之一，也是一种通过“有吸引力的偏好”体系而工作的综合影响机制。“软实力”是一套工具，一套政治技术、方法和手段，在国际政治中有自己特殊的功能和特定的位置，“软实力”的本质体现于在全球使用非物质手段实现本国利益、落实本国战略，用和平手段达成外交政策目的的方式，以及在全球为实现国家利益的非暴力方式。“软实力”工具是基于说服和积极吸引力的影响世界政治的手段，国家用它来实现其外交政策目标。只有在对外战略中渗入意识形态内容，通过文化、科学和教育等各领域向世界传递某种信息时，才算是在外交政策中真正有效地运用“软实力”工具。他们认为在越来越多的意识形态竞争的背景下，俄罗斯只有制定一个系统的有效的价值观体系，才能支持在外交政策中使用“软实力”，向世界呈现俄罗斯观点，能够与外国模式竞争。此外，此类学者还认为俄罗斯的“软实力”在未来的成功将取决于在国内实施一个有吸引力的社会经济模式。他们认为毕竟只有国家的成功发展反映在社会生产的增长和公民生活质量的不断改善上，才会使它在国际社会中具有吸引力。因此，俄罗斯“软实力”真正的目标不是使俄罗斯的形象具有吸引力，而是使俄罗斯本身具有吸引力。

此类专家学者认为俄罗斯的“软实力”模式已经具备了自身的特点，俄罗斯已经掌握了在外交政策中使用“软实力”及其工具的制度和方法。此类观点虽然依旧强调吸引力，但它所说的吸引力与西方“软实力”概念中提到的吸引力、影响力和说服力不同，它强调“软实力”是以非暴力手段为实现国家利益和目标而制定的一套国家对外政策和战略的总称，是一种工具和手段。

---

① *Леонова О. Г.*, Мягкая сила - ресурс внешней политики государства // *Научно-аналитический журнал Обозреватель* – Observer, № 4., 2013, С. 27–40.

② *Новоселов С. В.*, Основные приоритеты национальной системы "мягкой силы" // *Научный журнал Дискурс-Пи.*, 2017, С.73-79.

五、俄罗斯“软实力”政策的具体实践

俄罗斯政府意识到“软实力”政策重要性以后，通过学习和借鉴西方和苏联实施“软实力”政策的手段和措施，结合俄罗斯自身实际情况，充分利用俄罗斯丰富的“软实力”资源优势，创新实施“软实力”政策的手段和方法，取得了一定的成效，主要表现在以下几个方面。

（一）在公共外交领域的实践

俄罗斯以公共外交作为实施“软实力”政策的重要手段，在国际社会及时表达自己的观点和立场，维护俄罗斯的国家形象。同时，争取国际社会的认同和理解，积极为俄罗斯外交政策的实施提供有力支撑和保证。俄罗斯同外国社会组织建立互动关系，一方面通过俄罗斯国际合作署进行，俄罗斯国际合作署下设境外侨胞事务和社会外交发展部，该部门职能之一就是开展公共外交，并特别设立了同外国非政府组织开展工作的互动处；另一方面则主要是通过俄罗斯国家创立的非营利性社会组织，例如境外侨胞权利维护基金会、戈尔恰科夫公共外交基金会、俄罗斯世界基金会、全世界俄语媒体联合会合作基金会等进行。俄罗斯非营利组织俄罗斯国际合作联合会是俄罗斯国际合作署开展公共外交的重要抓手之一。向他国非营利组织及其他社会组织提供资金支持获得影响他国社会的渠道是其重要职能之一。

俄罗斯周边的一些前独联体国家自2003年开始相继发生“颜色革命”。西方国家公开的秘密便是一些非营利组织介入他国内政，扶植亲美政权。苏联解体以后俄罗斯面临的重大挑战便是“颜色革命”。在西方国家眼里，“民主、自由、文明”的是西方世界，“专制、落后、独裁”则意味着俄罗斯。俄罗斯意识到了西方非营利和非政府组织，以及接受西方资金援助的本国该类组织的威胁。俄罗斯国家杜马2005年年底通过了《非营利组织法修正案》，作出了一系列对非营利组织和非政府组织在俄的设立和活动的限制性规定。新的非营利组织法在2006年正式实施后，在俄罗斯开展非营利和非政府组织的活动必须再登记，还要由政府和社会监管部门监督其财务和经营状况。俄罗斯一方面加强对接受国外资金援助的非营利组织的监管，另一方面也开始在扶植本国非营利组织上加大投资。2005年，俄罗斯成立专门协调俄罗斯公民、社会组织同国家权力机关及地方自治机关互动的俄罗斯联邦社会院，协

调本国的各类民间组织机构是其一个职能。俄罗斯社会组织的进步为国家在外交领域实施“软实力”政策带来新的活力。首次将公民和社会组织的活动纳入国家外交活动体系的便是2013年版《俄罗斯联邦对外政策构想》，实际就是将其纳入“软实力”政策范畴。2012年俄罗斯国际合作与公共外交社会委员会成立，该委员会隶属于俄罗斯联邦社会院，其协调平台被用于统一俄罗斯主要民间组织机构对国际问题和外交事务的立场。主体国家机构之一俄罗斯联邦社会院进行公共外交可利用本国民间组织资源。俄罗斯一条间接开展公共外交的渠道便是俄罗斯协调本国公民和民间组织参与外交活动，使国家对公民和民间组织的外交活动发挥影响，甚至起到主导作用。这是俄罗斯对本国公共外交工作新的拓展，也是其实施“软实力”政策的重要方向之一。

（二）在国际人文合作领域的实践

俄罗斯塑造良好国际形象的重要手段是与世界各国在教育、科技、文化和国际人文领域的合作，它也是俄罗斯“软实力”政策实施的重要组成部分。作为跨国社会交往中国家间人文与外交因素互动的国际人文合作，俄罗斯实施“软实力”政策的主要手段之一也是它。利用俄罗斯历史文化、科技、教育、语言等资源实施“软实力”政策，除了能使俄罗斯在外交中的人文资源优势充分发挥，增强认同感，拓宽外交空间外，还有助于俄罗斯在世界范围内提升影响力。在《俄罗斯对外政策构想》2000、2008、2013和2016年版中，俄罗斯外交的优先方向一直是发展国际人文合作。美国、英国等西方国家设立了大量专业机构，在这方面具有相当多的经验，积极在和外国公众进行人文交流时推介本国的意识形态、政策和主张，争得国际社会的认同和支持。俄罗斯也以此为鉴建立了一系列机构和组织，其功能相似，就是进行国际人文交流合作。

俄罗斯世界基金会和俄罗斯国际合作署于2007年和2008年先后成立。属于俄罗斯外交部下属机构的国际合作署与苏联对外友协和国际科学与文化合作中心一脉相承，而俄罗斯世界基金会主要接受俄罗斯科学教育部的领导。两者功能相似，主要任务都是在国外营造俄罗斯的正面形象、推广俄语、促进俄对外文化援助与交流工作、传播俄罗斯文化、强化与境外侨民和俄裔的联系等。另外，国际合作署还强调保护和援助独联体和其他国家的俄罗斯侨眷的职责。直属总统领导的俄罗斯国际形象委员会于2009年成立，负责委员会具体事务的是总统办公厅主任、外交部部长和总统国际事务助理等政要。负责向非政府组织分配赞助款并鼓励和资助俄罗斯的非政府组织积极参加国际合作和外交活动的戈尔恰科夫公共外交基金会于2010年成立。

随着俄罗斯“软实力”政策的不断完善和成熟，俄罗斯在教育科技领域的国际合作也被赋予了新的国家外交和战略意义，其合作模式和形式更加多样化，推广和输出范围得到了扩大。俄罗斯国际合作署、外交部以及教育科学部共同推进该领域的政策实施。俄罗斯政府采取了一系列措施，提升俄罗斯在全球教育科技领域的影响力。首先，强化国际教育科技交流合作，使俄罗斯高等教育服务得以推广和输出，强化接收外国留学生机制。俄罗斯国际合作署为了提高俄罗斯高校发展国际交流和输出性质的教育服务的主动性，帮助高校参与展会活动，如国际教育展览，并在俄罗斯科学文化中心平台上举行展览以及推广活动。这一政策的实施将有助于世界对俄罗斯形成客观认识，也有助于俄罗斯培养和影响他国高层次人才，扩大俄罗斯在世界上的人文影响力。其次，加强同俄罗斯以及苏联高校外国毕业生联系互动，增强俄罗斯的国际影响力。随着俄罗斯“软实力”政策的实施，俄罗斯从2014年开始每年都会举办俄罗斯外国高校毕业生论坛，通过该项活动进一步提高俄罗斯的国际影响力并改善国家形象，加强俄罗斯高校外国毕业生同俄罗斯在各个领域的沟通和交流合作。

加强俄语在世界范围的普及和推广也是俄罗斯实施“软实力”政策、提升俄罗斯国家影响力的重要手段之一。俄罗斯先后在2013年11月5日和2014年6月9日成立了俄罗斯联邦俄语委员会和俄罗斯联邦总统俄语委员会，这两个委员会专注于俄语教学和推广。2014年11月9日，俄罗斯联邦总统俄语委员会通过了《俄罗斯联邦支持境外俄语发展国家构想》与《境外俄语学校构想》。构想指出，俄罗斯支持与推动境外俄语发展，为境外俄语发展创造良好条件的工作具有长远的战略意义。与此同时，俄罗斯还在境外通过俄罗斯国际合作署和俄罗斯科学文化中心，以“俄语日”为框架，举办了关于俄罗斯语言和文化的活动。2013年在俄罗斯的倡议下，独联体政府首脑理事会通过决议并决定给俄罗斯国家联邦预算高等职业教育机构国立普希金俄语学院授予独联体成员国俄语教学组织者的地位。俄罗斯国际合作署在驻独联体国家的工作代表处都开设有俄语教研中心，当地教育机构的俄语教学状况也由该中心负责检验。中心还给当地俄语教师提供信息咨询支持，组织展开俄语教育科研活动，如使用新教材、新技术。俄罗斯国际合作署从2014年开始就与俄罗斯联邦教育科学部、俄罗斯世界基金会合作，共同启动派遣俄罗斯专家到国外开展俄语教学的计划，地点有外国的俄语学校、开设俄语专业的高校以及俄罗斯国际合作署国外代表处。

在负责开展对外文化交流中最主要的部门是俄罗斯联邦文化部。实施“软实力”政策使得俄罗斯的国际文化和人文交流从不同维度开展，同世界各个国家和地区举办多种形式的交流年、艺术交流季、文化艺术节等活动，在国际社会发挥俄罗斯文化影响力，增强俄罗斯在世界人文空间作用是俄罗斯实施“软实力”政策的重要手段。此外，国际人文交流、积极承办国际体育赛事也是俄罗斯向世界展示国家“软实力”的重要手段。例如，2014年索契冬奥会的举办，促进了俄罗斯在国际社会形象的塑造和提升。在俄罗斯举办的一系列国际大型体育赛事，如俄罗斯在2015年举行的世界游泳锦标赛、在2016年举办的世界冰球锦标赛、在2017年举办的足球联合会杯比赛、在2018年举办的足球世界杯比赛等，提升了俄罗斯的国际形象和国家影响力，是俄罗斯实施“软实力”政策的重要手段。

根据2010年俄罗斯联邦总统令，非营利性社会组织俄罗斯国际事务委员会于俄罗斯成立。以解决俄罗斯外交问题为原则，同各国各类专家学者以及各类研究机构交流合作是该机构的主要职责之一。俄罗斯国际事务委员会同俄罗斯各类智库密切协作。本国和世界多领域高层次学者间的交流平台通过发表研究报告，出版期刊、杂志和书籍，以及组织各种类型的专家、学者交流会议等活动建立，该平台有着纽带作用，扩大了俄罗斯的影响力。同时，俄罗斯还通过利用研讨会、咨询、采访等活动，学术访问，或者在境外设立研究基地等方式实施“学者战略”，加强学术领域国际合作，通过作为学术权威和意见领袖的学者影响他国学者来取得改善俄罗斯国家形象和增强影响力的效果。

（三）在对外宣传和信息化传播领域的实践

在全球化和信息化迅猛发展的今天，媒体不仅是人类用于传递和获取信息的渠道和手段，同时也是国家和组织用于传播的工具。媒体国际传播能力已经成为国家“软实力”战略实施的重要抓手，舆论战、宣传战和信息战已经成为和平时期世界各国之间竞争的前沿阵地。自从苏联解体以后，俄罗斯在与西方的舆论宣传斗争中一直处于劣势，尤其是在俄罗斯与西方关系紧张的情况下，俄罗斯的国际形象被西方媒体描述得一无是处。俄罗斯吸取教训，并通过打造国际化媒体、制订国际会议日程、举行“元首外交”活动、举行重大国际活动等措施来进行挽救。俄罗斯大力整合外宣机构，提升对外宣传能力和国际话语权，改善俄罗斯国际形象，就是为了应对西方的挑战和自身国际声望的不断下降。全球化和现代化的、面向国际大众的对外传播媒体，如RT电视台、今日俄罗斯国际通讯社等纷纷建立。虽然今日俄罗斯国际通讯社与RT电视台是两个独立的机构，但是它们都属于国家所有，二者都承担着服务国家利益和改善国家形象的任务，在全世界广泛布点并使用所在国母语发布新闻。这两个机构报道世界和俄罗斯新闻坚持客观、有原则的观念，并且在最大程度降低了世界各国采用欧美西方媒体报道俄罗斯的新闻数量，在国际舆论领域发出了俄罗斯声音，向国际社会展示出了俄罗斯的正面形象，扩大了俄罗斯在国际社会的影响力，成为俄罗斯实施国家“软实力”政策的重要工具和手段。

此外，俄罗斯还充分利用新型传播技术和传播手段，创新传播方式和平台，通过多元化渠道积极传播俄罗斯声音，无论传播渠道还是传播内容，都极大地提高了俄罗斯的国际传播效果，提升了俄罗斯的国际影响力。自2011年以来，俄罗斯外交部启用了官方网站的更新版本，新版本同时上传了用英语、俄语、法语、西班牙语、德语、葡萄牙语、汉语和阿拉伯语八种语言对官网进行简单介绍的版本。网站上公布了一些外交部的相关文件，比如官方文件、声明、评论、谈判结果、新闻短评、总结报告等。除此以外，俄罗斯外交部也一直注重利用新媒体技术和社交媒体平台开拓传播渠道，全方位多元化进行传播。2011年2月，俄罗斯外交部在推特（Twitter）上同时创建了俄语版和英语版账号。2013年开始，俄罗斯外交部同时开始积极利用脸书（Facebook）开展相关工作。同时，俄罗斯海外外交机构也加入社交网络，提升海外传播能力。俄罗斯外交部官网2014年发布的一则消息称，在俄罗斯252个驻外机构中，有143个拥有脸书账号，157个拥有推特账号，24个开通了油管（YouTube）频道，4个机构在照片墙（Instagram）上开通了账户。[①]此外，俄罗斯国家领导人、俄罗斯开展国际合作与交流的部门以及境外俄语媒体都在通过各种平台和传播方式，全方位传递俄罗斯声音，展示俄罗斯国家形象，提升俄罗斯国际影响力，更好地推进俄罗斯“软实力”政策的实施。俄罗斯联邦总统、俄罗斯联邦政府总理以及俄罗斯联邦各部门领导人和重要部门都开设有脸书账号和推特账号。

大量事实证明，俄罗斯在实施“软实力”政策过程中，充分利用现代信息技术手段，在运用传统对外宣传方式的同时，利用新型媒体技术和手段，扩大对外宣传的影响范围，并且兼顾物理空间和网络空间，统筹国内政务信息资源和国外俄语媒体资源，增加国际影响力。此举提高了俄罗斯的国际形象和国家地位，取得了一定成效。充分利用外宣媒体和新型信息技术手段，在国际社会中传递俄罗斯声音，保护俄罗斯国家利益，提高俄罗斯国际影响力，是俄罗斯实施“软实力”政策的重要手段之一。

（四）在国际发展援助领域的实践

对于俄罗斯来说，国际发展援助领域是熟悉但也需要重新摸索与发展的领域。作为世界大国的苏联，不光为当今俄罗斯提供了国际发展援助的历史经验，还为俄罗斯提供了进行国际发展援助的客观条件。俄罗斯进一步开展国际发展援助，为俄罗斯“软实力”政策的出现带来了新的契机和活力。国际发展援助被俄罗斯视为重获大国地位、提升国际影响力和实施国家“软实力”政策的重要途径之一。

俄罗斯总统在2014年4月20日签发了新的《俄罗斯联邦国际发展援助国家政策构想》，确定了在发展国家“软实力”中国际发展援助的重要性。该文件指出，俄罗斯促进国际发展援助战略将有助于稳定伙伴国的社会经济和政治局势，与邻国建立睦邻关系，消除现有的紧张局势和冲突，并预防潜在的紧张局势和地区冲突（特别是在俄罗斯附近地区）以及稳定俄罗斯在国际社

① “Russia Takes Step to Extend Control over News Media,” September 24, 2014, http://www.nytimes.com/2014/09/24/world/europe/russia-takes-step-to-extend-control-over-news-media.html.

会中的地位，并最终为俄罗斯联邦的发展创造有利的外部条件。[①] 为了在促进国际发展援助方面更成功地实施俄罗斯联邦的国家政策构想，2014年10月，俄罗斯联邦政府又通过了一项行动计划，旨在加强和促进俄罗斯在国际援助和人道主义合作领域的活动。该文件指出，俄罗斯发展对外援助和国际人道主义合作主要依靠政府计划和俄罗斯联邦国际发展援助委员会。[②] 在俄罗斯“软实力”政策出台背景下，俄罗斯国际发展援助被作为实施“软实力”政策的主要手段之一。

1. 国际发展援助性质的转变

在俄罗斯“软实力”政策出现之前，俄罗斯联邦财政部是最主要的决定俄罗斯国际发展援助实施的国家机构，2008年和2013年的《俄罗斯联邦外交政策构想》虽然都将国际发展援助纳入俄罗斯外交政策，但对于俄罗斯外交部来说，国际发展援助并不是其主要参与的方面。在俄罗斯国际合作署的职能升级后，俄罗斯在国际发展援助领域性质的转变才启动。俄罗斯国际合作署在2013年首次被国家确定了实施国家“软实力”政策的主导地位。此后，国际发展援助成为俄罗斯国际合作署需要参与政策制定与实施的领域之一。在俄罗斯联邦政府2013年3月首次公开的《俄罗斯联邦外交工作国家规划》中，俄罗斯国际合作署被授权独立负责“在国际人文合作及国际发展援助领域开展工作”的子规划工作。[③] 根据2013年俄罗斯联邦总统第476号令，俄罗斯国际合作署被授权全权负责在双边层面开展国际发展援助事务，同时还负责进行该领域的学术研究工作。[④] 之后在俄罗斯国际合作署成立国际发展援助部，该部除承担制定和执行双边层面的国际发展援助中长期计划外，援助执行情况的制度和标准也由其负责制定和评估，其对俄罗斯的国际发展援助活动通过多种渠道进行，其中也包括俄罗斯科学文化中心在内。该部进行信息

---

① «Указ Президента РФ от 20 апреля 2014 г. № 259 “Об утверждении Концепции государственной политики Российской Федерации в сфере содействия международному развитию”» / URL: https://www.garant.ru/products/ipo/prime/doc/70540588/.

② *Агеева Вера Дмитриевна*, Роль Инструментов Мягкой Силы во внешней политике российской федерации в контексте глобализации // *Санкт-петербургский государственный университет*, С. 4 / URL: https://disser.spbu.ru/files/disser2/disser/872f45x1B0.pdf.

③ *Н.В. Бородина.*, Публичная дипломатия как актуальный инструмент достижения г осударственных целей всфере внешней политики / URL: http://vestnik.mfa-pmr.org/index.php?newsid=45.

④ 同上。

传播，并负责提升俄罗斯人员从事国际发展援助事务的专业能力。2014年的《俄罗斯联邦国际发展援助国家政策构想》使国际发展援助的外交职能得以充分展现，该构想首次明确指出，“俄罗斯将国际发展援助视为解决全球和地区问题、对抗新威胁和新挑战的有效机制之一”，“俄罗斯在国际发展援助领域国家政策的形成和实施是俄罗斯外交事务的方向之一”。[①] 紧接着，该构想对俄罗斯国际发展援助的管理机制和实施机制进行了实质性调整。在国际发展援助新概念的结构下，俄罗斯成立了俄罗斯联邦国际发展援助问题委员会，用于调节各执行部门的工作的同时向总统上交有关政策建议。委员会将遵循联邦国家计划展开国际发展援助领域的工作。在2014年俄罗斯联邦政府再版公布的《俄罗斯联邦外交工作国家规划》中，俄罗斯国际合作署再次被指定独立负责“在国际人文合作及国际发展援助领域开展工作”的子规划，并被分配相应的国家预算用于完成该规划。俄罗斯政府逐渐开始重视俄罗斯的国际发展援助，其外交性质也更加突显。俄罗斯国际合作署加入该领域，特别是俄罗斯“软实力”政策诞生之后，说明俄罗斯已将国际发展援助作为提升“软实力”的手段之一。

2. 国际发展援助功能的转变

2014年版《俄罗斯联邦国际发展援助国家政策构想》特别强调了要通过国际发展援助“加强俄罗斯在国际社会的声望，促进国际社会客观看待俄罗斯”。[②] 由此可见，俄罗斯把通过国际发展援助为俄罗斯在国际社会获得政治利益放在第一位，把经济利益放在第二位。俄罗斯新版国际发展援助构想有一个亮点，就是指出“俄罗斯对受援国提供持续援助，集中力量帮助受援国同贫穷和不公正作斗争以及同受援国在其他国际发展援助领域的互动都是为了提升俄罗斯与受援国之间的相互信任与相互理解，保持国家关系的透明程度与可视衡量程度”。[③] 该构想还指出，俄罗斯须通过对话，根据不同受援国的政治、经济、社会、生态等条件，有针对性地提供援助。所以，俄罗斯都是有针对性地向受援国提供国际发展援助。俄罗斯国际合作署前任领导人科

① *Павел Паршин*, Проблематика мягкой силы во внешней политике России / URL: http://www.perspektivy.info/book/problematika_magkoj_sily_vo_vneshnej_politike_rossii_2014-03-03.htm.

② 同上。

③ 同上。

萨乔夫在新构想颁布后的一篇公开发表的文章中曾写道，“俄罗斯进行国际发展援助的原则是：援助项目应当是受援国家重视并且被政府承认的项目；俄罗斯的援助对受援国不能是可有可无的，是要能够解决实质性问题的，同时，问题的解决还要能够在受援国获得广泛的社会影响，对俄罗斯也不能产生不良的后果；俄罗斯国民需要理解国际发展援助工作的本质和必要性；国际发展援助还应当尽可能地满足俄罗斯经济和商业机构的利益”。[①]

俄罗斯在俄罗斯外交部和俄罗斯国际合作署大力推动下，其实施的“软实力”政策的主要手段之一便是国际发展援助。从2013年起，俄罗斯国际合作署开始负责双边层面国际发展援助的实施，这使俄罗斯国际合作署成为类似于美国国际开发署（USAID）、英国国际发展部（DFA）等发展性质的国家部门。俄罗斯进行国际发展援助有自己的目的性。俄罗斯国际发展援助当前的最优先方向是独联体国家，俄罗斯除了想通过国际发展援助使独联体国家政府不再认为俄罗斯对其的帮助天经地义外，最主要的目的是使独联体公众了解俄罗斯对他们国家的援助，使得独联体国家增加对俄罗斯的依赖，提高独联体国家对俄罗斯的好感度。并且，为了帮助后苏联空间国家和对俄罗斯有重要战略意义的国家降低对西方国家的依赖程度，俄罗斯还想通过国际发展援助，增强他们的自主性，形成一体化的、有利于俄罗斯周边地区的政治和经济条件。因此可以知道，俄罗斯实施“软实力”政策的方法之一便是国际发展援助，政治和经济利益是国际发展援助过程的附带目的。国际发展援助已成为维护俄罗斯国家利益的重要手段。

六、结语

俄罗斯的“软实力”概念和理论体系同西方的“软实力”理论有着本质上的区别，这些概念和理论的提出都是出于维护各自国家利益和国家战略发展的需要。俄罗斯作为世界大国，拥有丰富的“软实力”资源，如何应用这些优势，更好地维护国家利益，是俄罗斯“软实力”政策面临的现实问题。俄罗斯要实现国家复兴，要在世界上发挥与之相适应的世界大国地位，既离

① *Игорь Иванов, Константин Косачев*, Россия повышает эффективность "мягкой силы" / URL: http://russiancouncil.ru/inner/?id_4=918#top.

不开“硬实力”的保驾护航，同时也必须具备“软实力”。衡量一个国家综合国力的重要指标就是“硬实力”和“软实力”，建设“软实力”是一个长久的、系统的工作。俄罗斯版“软实力”政策具有鲜明的俄罗斯特色，也是一套结合现阶段俄罗斯现实国情，同时借鉴了西方和苏联模式的“软实力”体系。俄罗斯“软实力”政策是一项在发展中逐步完善，在探索中逐步创新的国家政策，随着国际格局的不断发展和变化，俄罗斯版的“软实力”理论和政策也会在实践中得到进一步扩展和充实，并且将成为维护俄罗斯国家安全和利益的重要支撑和手段。

进入21世纪以来，俄罗斯综合国力有了大幅度提高，国内外各种问题逐步得到解决。但是随着国际局势的不断变化，俄罗斯面临的威胁和挑战也从未间断，虽然苏联解体，但西方国家对俄罗斯的打压和制裁从未停止过，俄罗斯的地缘政治空间因为独联体地区国家“颜色革命”的爆发、北约和欧盟的不断东扩逐步被压缩，时刻面临再次被西方势力蚕食的危险。此外苏联解体以后，俄罗斯国力一直未曾完全恢复，社会经济发展模式吸引力不足，行为方式亲和力不足，俄罗斯还未能完全从“重硬轻软”的模式中转变过来，国际和周边局势时刻威胁着俄罗斯的国家安全和利益。俄罗斯领导层逐步认识到“软实力”资源和工具对于国家的重要性和影响力，认识到“软实力”政策作为实施国家外交政策和对外战略有效补充和工具，与“硬实力”相辅相成，可以有效地维护国家安全和利益。俄罗斯既面临国内外各种错综复杂的问题，还要面对来自国际社会强大的压力，还不具备同西方抗衡的“软实力”。面对西方世界强大的“软实力”攻势，俄罗斯必须创造一套自己的“软实力”观念，建立与之相适应的完整有效的国家“软实力”战略体系。在全球竞争加剧的情况下，俄罗斯政府利用文化、教育、科学、体育以及民间组织发展模式等积极开发“软实力”资源，提升国际形象和影响力，优化“软实力”政策运行体制和方式，为俄罗斯国家对外战略服务。俄罗斯试图利用“各种新技术的潜力”及“数百万俄罗斯海外侨胞”的力量，树立“客观的国家形象”来改善其外交政策的“信息支持”。俄罗斯实施“软实力”政策建立在合作、安全和主权基础上。在单靠经济和地缘政治利益维系国家间的关系出现危机时，“软实力”就显得特别重要。

第三节 “锐实力”概念的产生及其实质

国际格局在2008年金融危机爆发后继续发生深刻变化。传统发达国家面临经济疲软等难题，其综合国力和国际影响力相对“衰落”，尤其以美日欧为代表。广大发展中国家和新兴国家抓住机遇，实现了自身的飞速发展，加快提升了在国际事务中的地位和作用，以中国为代表。全球治理体系的变革被这种权力制衡的变化所推动，使得西方发达国家作为当前全球治理体系创始者和领导者的地位发生变化。在国际结构深刻调整、国际力量平衡发生明显变化的背景下，“锐实力”概念被提出。更加公平公正地发展全球治理体系的努力造成西方国家强烈不满和担忧。它们除了担忧自身实力下降导致国际影响力减弱外，还极力阻止发展中国家和新兴国家国际地位的上升和国际影响力的增大。可以得出结论，西方国家对新兴国家的快速发展以及西方世界的逐步衰落产生的担忧和不满，直接导致了在西方国家“锐实力”概念的快速产生。从2017年11月到2018年年初的短短几个月时间，众多西方研究机构、权威媒体、知名学者发表多篇文章和研究报告，聚焦于“锐实力”概念研究，这为国际关系和国际政治领域的研究开辟了新的话语体系和研究范式。“锐实力”作为一个新概念，是由西方学术界和媒体共同创造的，他们以此来表达以中俄为代表的新兴国家的权力形态及其影响方式。如果说“软实力”概念为后冷战时代的国际力量平衡的解读提供了新的视角，在全球为美国提供了扩大影响力的新路径，那么“锐实力”就是在后金融危机时代国际格局和国际力量平衡发生深刻变化的背景下，西方国家针对以中俄为代表的新兴国家日益增强的国际影响力而提出的一种新的话语体系。

2017年11月16日，《“锐实力”的意义：“威权政府”如何投射影响力》在美国《外交事务》杂志上刊登，这是美国国家民主基金会两位研究员克里斯托弗·沃克和杰西卡·路德维希的作品。文章称，冷战后，西方人的想象力已经被熟悉的概念限制了。虽然西方习惯在“软实力”框架下评价中俄两国的国际影响力，但中俄已经利用西方民主制度的开放性和西方人的认知惯性为“幌子”，用新方式不断扩大在国际舆论中的影响力。“硬实力”不是公开的，“软实力”也不是真实的，这种施加影响的方式是一种新的权力形态，这便是“锐实力”。这是“锐实力”概念在全世界首次被正式提出和使用。

2017年12月5日，美国国家民主基金会一份长达156页的主题报告发布，报告题目为《“锐实力”：不断增强的“威权”影响力》。该报告非常全面和系统地分析了“锐实力”。克里斯托弗·沃克和杰西卡·路德维希的文章《从“软实力”到“锐实力”：民主世界中日益增长的“威权”影响力》是报告的前言，在该文中他们解释了“锐实力”的内涵。报告共分五章，以秘鲁、阿根廷、波兰、斯洛伐克、拉丁美洲为例，说明中俄两国在这些地区以“锐实力”的方式发挥影响。报告称，近10年来，中俄这两个“威权政府”不遗余力地推动文化活动、学术和教育事业，向国际社会投放媒体广告，国际社会对两国的印象因此受到影响。传统的、开放的“硬实力”不属于这种权力的形式，它其实是传统“软实力”和信息网络攻击等强硬手段所结合的产物，超出了“软实力”的范围。报告认为，“锐实力”这种新的权力形式和行使方式，警告西方国家不能忽视中俄“锐实力”及其带来的影响，并且需要积极应对。报告发表后，引起国际社会的多方关注，因此在2017年年底，“锐实力”一词成为全球流行语。

英国《经济学人》杂志2017年12月16日的封面文章《“锐实力”：中国影响力的新形态》，采用极具视觉冲击力的图片和标题，再一次解读中国“锐实力”。标题为《如何应对中国的“锐实力”》的本周头条文章随即发表，再次阐释了“锐实力”的概念。该文阐述了“修昔底德陷阱”里中美关系可能存在的冲突，认为中国“锐实力”的突出表现是中国全球影响力显著增长的结果，并据此提出西方国家应对中国“锐实力”增长的有效对策，如用自身价值观使中国“锐实力”变“钝”。

美国著名政治学家约瑟夫·奈在2018年年初，为了阐述“锐实力”的概念，发表了两篇文章。其中一篇题为《中国的“软实力”和“锐实力”》。该文章认为，“锐实力”是一种“硬实力”，对近年来中国国际影响力不断增强的问题进行了阐述，并为西方国家提出了对策。奈在同年1月24日又在《外交事务》发表题为《“锐实力”如何威胁“软实力”——应对“威权主义”的正确和错误方式》的文章。文章称，“华盛顿发明了‘锐实力’这种新的表达方式，以此描述以前存在的旧威胁”，且对“锐实力”，特别是“锐实力”和“软实力”的内涵进行了对比和评述，分析了中俄之间的差异和联系。

通过以上的解释，西方学术界和媒体共同提出了一种新的有关国家权力的概念——“锐实力”。这是西方国家霸权主义在国际关系中的惯有表现，新时期国际力量平衡的变化在此有所反映。“锐实力”是西方国家提出的新概念，因此其话语体系掌握在西方国家手中。

西方学者认为，“锐实力”主要有以下内涵。

从与“软实力”比较的角度解读，一是是不是真实自愿的。《经济学人》的文章将“锐实力”定义为依靠“颠覆、欺凌和施压”，[①] 认为运行的方式不同是“锐实力”与“软实力”最根本的区别。如果一个国家是利用文化和价值观的吸引力来增强“软实力”，那么通过诱导目标影响别国的意志和舆论就是“锐实力”，就是通过统一国内行为和操纵国外舆论帮助“威权政府”增加影响力。奈声称，“软实力”和“锐实力”虽然运行方式不同，但是二者并不容易区分。这也是为什么“锐实力”更难对付的原因，因为所有的说服都涉及信息构建。只有这一框架限制了主体的自愿选择成为欺骗时，其才会越界而成为强制。信息的构建和选择是真实的还是深思熟虑的欺骗，是“软实力”和“锐实力”的根本区别。是“软实力”还是“锐实力”，要看这种影响是不是以权力为基础使客体自愿接受影响，而并不看权力主体是不是对权力客体产生影响。“软实力”的权力形式是权力主体的影响被权力客体自愿接受，并自觉按照自己的意志行事；如果权力客体受到欺骗、威胁、恐吓，权力主体受到影响，那么这种权力形式就是“锐实力”。二是到底是不是公开。这也是西方学术界区分“软实力”和“锐实力”的重要标准，即“软实力”和“锐实力”运行的方式和形式将直接影响对其属性的界定，“软实力”与“锐实力”的分界线是是否真实与开放。

从与“硬实力”对比的角度解读，自愿和间接是“硬实力”的特点，依靠威胁和说服则是“锐实力”的特点。奈认为，“锐实力”想达到敌对目的，其利用了信息欺骗。其具有“硬实力”的基本属性，也是“硬实力”的一种。无形信息虽然被操控但它其实是有威胁的，威胁是“硬实力”的构成要素。克里斯托弗·沃克觉得，某些形式的“软实力”被“威权政府”有选择地采用了，但实质上其追求的是“硬实力”的本质，这是“锐实力”的一种新的

---

① David Parkins, “What to Do about China’s ‘Sharp Power’,” *The Economist*, Dec16th-22nd, 2017.

权力形式。其属性不是吸引力和说服力，而是包括外部的审查、操纵和干涉。

从信息战的角度解读“锐实力”，奈将“锐实力”一词与当前国际社会信息领域的激烈竞争联系起来，提出如果用“锐实力”作为信息战的缩写，那么“软实力”与它的区别将变得明显。通过操控无形信息，“威权政府”想要达到欺骗性和强制性的目的。2016年的美国总统大选，西方学术界批判俄罗斯利用“信息战”对美国国内政局施加影响就是典型案例。

从“威权政府”的角度看，西方话语体系中的“锐实力”一词与“威权”密切相关。西方学者认为，“威权政府”的特点在“锐实力”一词中体现出来，其几乎与“软实力”的良性吸引力没有相似之处。强大力量控制着“威权政府”，其制度通常缺乏吸引力。西方国家视中国和俄罗斯为“威权政府”代表，其指责中国和俄罗斯通过“锐实力”操纵海外舆论，对“民主世界”构成“威胁和挑战”。在西方学者看来，“锐实力”形成和发展的前提和基础是“威权政府”发展，“威权政府”发挥影响力的新途径是“锐实力”。西方国家应该抵制模仿“威权政府”的诱惑，这是“锐实力”概念的倡导者建议的。

“锐实力”概念被西方媒体和学术界赋予浓厚的意识形态色彩和鲜明的价值取向。西方学者将“锐实力”概念与“威权”“专制”“霸凌”“欺骗”“胁迫”等负面词汇紧密联系，认为西方“民主国家”的强大威胁就是“锐实力”，应提醒西方国家对此保持警惕和谨慎。另外，西方媒体和学术界也将“锐实力”概念与中俄密切联系在一起，并将其视为中俄提高国际影响力的最重要路径。西方媒体和学术界一贯坚持的双重评价标准和话语霸权由“锐实力”概念的出现体现出来。

第二章　新媒体时代的媒体国际传播和国家“软实力”

信息科学技术的飞速发展开启了全球化的时代，加强了世界各国与国际社会各领域的交流与合作，促进了各国之间政治、经济、军事、文化、信息传播等基本要素的共存与融合。作为国际政治体系的重要组成部分，国际交流模式符合国际政治模式的变化和发展，受到国际政治模式变化的深远影响。与此同时，媒体在国际政治中的影响力已经渗透到各个领域，与国际政治格局中的各种因素互动，相互影响。更为明显的是，在国际传播格局中，世界各国媒体为维护各自的国家利益而相互博弈。

近年来，随着新兴国家的不断崛起，世界格局逐步迈向多极化。新兴国家媒体作为国际传播格局中的后起之秀，在国际传播格局中发挥着重要的平衡作用，同时，它们不断通过各种方法和手段改善其国际传播方式与全球影响力，以改变其在国际社会中的边缘地位。它们争夺国际传播话语权，为各自国家的发展创造其所需的良好国际舆论环境。另外，新媒体技术创新与发展之势不可阻挡，它们不断压缩传统媒体在国际传播格局中的话语权份额，这也更有利于国际信息流的均衡和快速传播，在一定程度上打破了国际传播格局中信息不对称和不平衡的状态，动摇了西方国家媒体一直以来在国际信息传播格局中的垄断地位。

第一节　新媒体时代的国际传播

一、新媒体时代国际传播理论内涵

第二次世界大战结束以后，随着国际社会国家之间交往逐步频繁，大众传媒技术的发展在国际交流中充当了新的角色，美国学界开始研究如何通过大众传媒的国际传播促进国际政治格局的建构，国际传播学科就在这一历史背景下诞生。20世纪80年代初期，国际传播作为一门学科被引入我国。到目前为止，国内外学术界对这一概念的定义已经有上百种，大家从不同的角度和维度定义和解释了国际传播的意义。全面分析国内和国外学者对国际传播的定义，我们发现大致有广义和狭义两种理解。广义上讲，国际传播涉及国家间的交流，包括国家元首互访、双边谈判及其他外交事务，这些活动是随着国家的创立而逐渐产生并发展的。从狭义上来讲，是指国家间的以大众传媒为主要媒介的信息传播与互通，它的兴起与大众传媒的出现以及信息全球化的日益加剧有关。本书中提到的国际传播主要使用狭义的概念。正如罗伯特·福特纳所指出的，“从加纳发往英国的信，或者从布宜诺斯艾利斯打到利马的长途电话，如果也被视为加纳或阿根廷政府的国际传播，那么无疑将使国际传播研究堕入‘泛化的陷阱’”。①

“国际传播不同于一般意义上的跨境传播，它是与民族国家的产生和命运息息相关，以国家利益的实现为最高价值和主要目标，并随着国际环境的变化不断调整的传播活动。”② 从本质上讲，“所有的国际传播都具有政治性”，③ 唯一能够区分的就是其政治色彩的透明度。在此基础上，我们可以进一步明确国际传播的内涵。

第一，国际传播的主体。关于对国际传播主体界限的划分，整理并结合国内外学者的结论，大致可以将其分为三类。一是国家主体学说。这类学说认为“国际传播是以国家社会为基本单位，以大众传播为支柱的国与国之间的传播”。④ 也有学者认为“在通过大众媒介的国际传播活动中，国家政府组织是主要的信息发出者之一……国家借助传播媒介，利用信息维护，谋求本国利益，实施其国际战略”。⑤ 二是多元主体学说。这类学说认为，国际传播是一个调查和研究个人、群体、政府利用技术如何传递价值观、观念、意见和信息的领域，是一个关于在不同国家和文化间促进或阻止信息交流的研究

---

① 罗伯特·福特纳：《国际传播：全球都市的历史、冲突及控制》，刘利群译，华夏出版社，2000，第96页。

② 王庚年主编《新媒体国际传播研究》，中国国际广播出版社，2012，第1页。

③ 罗伯特·福特纳：《国际传播》，第6—7页。

④ 郭庆光：《传播学教程》，中国人民大学出版社，1999，第237页。

⑤ 刘继南主编《国际传播：现代传播文集》，北京广播学院出版社，2000，第6页。

领域。[①] 也有学者认为国际传播重点是以民族国家与国际组织为主体的跨政治实体界限的国际信息通过大众传播媒体即国际媒体手段进行的传播。“国际传播是指跨越两个或两个以上国家，或不同文化体系间的信息交流。信息交流是指个人、团体、政府通过各种手段转移信息及数据。”[②] 三是无主体学说，与前两种不同，它更注重描述国际传播现象。本书认为，国际传播狭义上主要是指以各国政府为代表的主权国家之间的信息传播和交流。这一主要特征使其更容易与其他类型的传播形式进行区别，它有两个特殊的含义。首先，国际传播是政府控制下的信息传播和交流。国际传播的原则是保护国家利益。在国际传播中，传播者必须选择有助于建立国家形象和保护国家利益的信息，同时过滤和消除对本国有害的信息。其次，狭义的国际传播主体是国家，其传播的信息代表国家的立场和观点，有明显的政治属性，属于国际政治的范畴。因此，国际传播会受到国际政治的限制。国际政治主要涉及国家间的权力关系，注重国家安全与利益。尽管国际传播影响国际政治，但不可避免地也要受到国际政治的限制和影响。同时，随着现代科学技术的不断进步和发展，国际传播主体的范围也在不断扩展，呈现出多元化特征。随着信息技术的迅速发展，特别是互联网的出现，除了政府以外，企业、组织与个人也加入了国际传播阵营，成为国际传播的主体。因此，当代国际传播主体越来越多元化，越来越复杂。

第二，国际传播的主要渠道。日新月异的信息科学技术和传播技术使得一个国家对外传播信息的渠道呈现出多样化特征。在大众媒体和新兴媒体日益快速发展的今天，国际传播的主要渠道也逐步变得多样化，但是大众媒体在其中所占的比重有增无减，越来越显示出其重要的特殊性。大众传媒也可以分为广义和狭义两种理解，这里所指的大众传媒主要包括电视、报纸、通讯社、广播、互联网、移动媒体和社交媒体。一个国家内部，大众媒体由于职能和作用的不同，分为国内媒体和外宣媒体。一般而言，由于国内传播媒介主要针对国内受众，它不是国际传播的主要渠道。国际传播渠道主要是指对外传播媒介。但是，人类社会进入互联网时代后，由于国内媒体在互联网

① 郭可:《国际传播学导论》，复旦大学出版社，2004，第6页。

② 郭可:《国际传播学导论》，第6页。

上传播，它们也逐渐具有对外媒体和国际传播主要渠道的性质。

第三，国际传播的主要内容。国际传播包含内外双向信息的流动，一是从外向内，把国际社会的各种信息传播到国内，告知本国的受众；二是从内向外，把本国的各种信息传递到国际社会，主要包括一个国家的政治、经济、文化、社会、人文等各方面内容。本书所说的国际传播主要是由内向外的国际传播。国际传播的主要内容基本上是指本国发生的各领域的新闻信息。新闻的传统定义是关于最近事实的报道。随着传播技术的发展，新闻的时效性正在改善。如果从新闻来源看，国际传播内容还包括本国新闻和国际新闻两部分。

第四，国际传播的目标。国际传播的目标主要是指国际受众，包括除本国以外的国家、个人和社会组织。以互联网为代表的“信息高速公路”为现代人提供大量信息，互联网的开放性、便捷性、互动性等特点使人们可以随时获得大量的信息并参与其中。而社交媒体的出现又将现代国际传播带入一个更为多元和快捷的环境当中。在全球化信息传播过程中，以网络为代表的新兴媒体和社交媒体改变了国际传播的传受关系，使国际传播的实践得以大幅推进，并使其形态复杂化。互联网是一种天生的全球传播载体，它具有得天独厚的客观条件——跨越时空与天然落地的特点，它可以迅速汇聚分散的声音，急剧放大弱小的力量，在国际传播中显示出独特的优势。随着互联网的普及，网络信息传播已迅速渗透到各个国家的经济、文化、政治等领域，给社会带来了深刻的影响，使传统意义的“国际传播”向“全球传播”发展。

二、新媒体时代国际传播格局现状

一直以来，国际传播格局中世界各国竞争激烈，西方发达国家试图通过相互结盟和媒体的相互渗透占领世界舆论场，特别是美、英、法、日等国，凭借其雄厚的综合国力、充足的资金支持以及先进的技术手段，在国际传播的规模、技术、水平以及国际事务的参加与国际舆论影响的有效性等方面都占据主导地位。由于西方资本主义国家在政治制度、经济制度、价值观及其社会结构等方面有众多的相似性，所以西方媒体在新闻传播上具有“以私有制为主体、媒体经营市场化取向、垄断竞争、新闻自由、专业主义、发挥独立于政府之外的‘第四权力’作用等共同特点”。[①] 但西方国家在政治、经济活动模式、文化传统和综合国力等方面也有一些差异，因此媒体之间也为在国际传播格局中打造核心竞争力、形成竞争优势、获得超常回报的国际传播效果而明争暗斗。

在全球化背景下，国际传媒市场呈现出集中化、垄断化、跨国化的发展趋势。第二次世界大战后，世界新闻流通市场被四大国际通讯社——美联社、路透社、合众国际社、法新社所垄断，四大社成为亚洲、非洲和拉丁美洲发展中国家的主要媒体信息来源。虽然近年来世界格局多极化的发展给国际传播格局带来了一些变化，但是，西方发达国家在国际传播格局中的垄断地位始终没有改变。其中，西方资本主义国家的传媒集团生产了全球超过90%的新闻内容和75%的电视节目。西方传媒机构在不断获取国际传播领域商业利润的同时，积极推行西方社会思想文化和价值观，对其他国家进行文化渗透和文化冲击。20世纪形成的“西强东弱”的世界舆论格局最本质的特点是，西方媒体通过对信息来源的垄断和控制，先控制信息传播权，再经过信息加工过程，用非西方媒体制造舆论，干扰受众认知。

美国被称为世界传媒业霸主最重要的一个原因就是世界许多国家和地区都充斥着美国媒体的身影。美国在全世界拥有大量的国际传媒公司。其媒体产品涉猎范围广泛，从新闻到娱乐无所不包，美国媒体在国际事务中具有强大的影响力。因为是新闻自由的发源地，英国在国际传播方面一直是一个强大的国家。回顾20世纪至今英国媒体行业的发展，即使在世界范围内，英国新闻业的影响力和竞争力也不应被低估。法国也是世界上重要的发达国家之一，其拥有全球创立最早的通讯社（法新社前身——哈瓦斯通讯社是西方四大通讯社中历史最悠久的一家），也拥有最年轻的媒体（大部分法国媒体都是二战后成立的），其双轨制媒体在娱乐和政府关系方面具有不同于英美传媒业的特点。

此外，在国际传播格局中，除了主权国家，各种力量的竞争，尤其是西方跨国传媒集团的扩张战略不容忽视。作为一种相对独立的新兴社会力量，跨国媒体集团已经形成了超越国界的活动规模和范围，并且在全球传播格局

① 李良荣：《当代西方新闻媒体》，复旦大学出版社，2010，第46页。

中有特定的议程。在传播中的渠道使用和内容生产等方面，它们与由国家主导的传播活动形成了相互合作、相互制约以及相互竞争的多元关系。在全球影响力最大的跨国传媒集团中，维亚康姆和时代华纳的商业版图集中在美国，迪士尼和贝塔斯曼则有它们的主要业务。新闻集团是世界上规模最大、最国际化的综合传媒集团之一。2013年其子公司影视出版业务被拆分，但此调整实质并不是战略转移，而是内部业务的战略调整，有利于新闻集团向更加专业化的方向发展。

商业并购是西方传媒巨头形成的主要途径。商业并购是现代企业扩大规模和多样化经营的最常用工具之一。一方面，它促进企业的快速成长，另一方面，它可以使企业控制重要的战略环节，如产业链、业务转型、竞争、核心技术等。20世纪末以来，随着全球商业传媒市场的逐步形成，全球传媒市场的寡头垄断格局也初露雏形并逐渐发展，西方各大传媒巨头在媒体市场竞争中迅速成长，并通过并购加快了在全球的扩张。横向的一体化、纵向的一体化、集团化和全球化相互交错，全球媒体公司已经建立了巨大的联盟。世界传媒行业垄断的主角有时代华纳、迪士尼、贝塔斯曼、维亚康姆和新闻集团等。这些全球主要媒体集团利用市场份额的划分，深刻影响全球传媒产业的发展。本·巴格迪基安在2004年出版的《新媒体垄断》第七版中指出："正在控制美国的大部分传媒产业的只有时代华纳、迪士尼、默多克的新闻集团、德国的贝塔斯曼和维亚康姆这五个巨型公司。"[①]

作为报纸、广播、电视、互联网等媒体的信息提供者，通讯社具有重要的国际传播战略地位。国际新闻传播的制高点被以美联社为首的西方主流国际通讯社所占据。联合国教科文组织的一项调查显示，"在20世纪70年代，世界各国媒体采用的国际新闻80%是由美联社、路透社、法新社提供的。迄今为止，西方三大通讯社仍然是国际新闻的主要来源"。[②]

在国际广播电视方面，西方媒体如美国之音、英国广播公司、法国国际广播电台等，建立了覆盖世界各地的全球广播电台。全球国际广播格局由以美英为代表的西方传媒巨头所主导，因此信息在西方和非西方世界传播不平

① 杨志开:《国际信息流失衡与再平衡的弈局》,《青年记者》2014年第14期。

② 刘肖、董子铭:《媒体的权利和权力的媒体——西方媒体在国际政治中的角色与作用》，中国社会科学出版社，2017。

衡的状态仍然无法从根本上改变，国际市场分布严重失衡。以电视媒体为例，20世纪，“欧洲、北美和日本所拥有的电视台占世界总数的71%，亚非拉发展中国家仅占29%，有45%的发展中国家没有自己的电视台”。[①] 20世纪末，卫星电视技术的飞速发展，加剧了国际电视传播格局的失衡。西方发达国家和强大的西方媒体对国际卫星技术的控制加剧了国际电视内容和信息的单边流动。发展中国家的国家文化、价值观和社会稳定面临严重威胁和挑战。

在网络媒体方面，由于掌握着军事、经济和文化三重资本，美国仍然掌握着世界互联网的控制管理权。“作为网络霸权国，美国不但在信息技术领域处于全球领先地位，还掌控着全球大部分互联网资源和关键基础设施，谋求将全球置于其监控之下，对全球网络秩序构成极大挑战，也严重威胁国际信息流的平衡流动。”[②] 据统计，目前世界上共有13台根服务器，其中美国有10台，它们都由美国商务部的互联网域名与地址管理公司管理。世界互联网IP地址总数约为43亿，其中三分之二已被分配，美国拥有12亿个，超过总量的四分之一。在世界上1000个访问次数最多的网站中，940个位于美国。在全球7240万个网址中，73.4%位于美国。网络信息中大约90%是英文信息，不到0.4%是中文信息。世界上主要网络安全公司大多数都设在美国，美国控制着互联网的技术和内容。

在社交媒体方面，以脸书诞生为标志，自2004年开始社交媒体步入了全面发展、蓬勃兴起的新阶段。由Statista发布的数据分析公司的报告显示，截至2020年6月，全球互联网活跃用户规模为45.7亿人，社交媒体活跃用户数量达39.1亿人。其中，作为全球最大的社交媒体平台，脸书活跃用户数量规模达26亿。[③] 对于各国媒体机构来说，随着信息传播技术的不断发展，社交媒体空间成为必争之地，它不仅是开展国际传播活动的重要窗口，更是维护和扩大媒体形象、提升传播力和影响力的重要平台，同时也是维持媒体生存发展的必然要求。脸书、油管、推特三大主要社交媒体平台都属于美国公司。在社交媒体传播内容中，由于语言以及种种因素，英美媒体的优势非常明显。例如，在推特上用户订阅量最多的10个推特账户都是由美国和英国的传统媒

---

① 秦喻明、林国忠：《论国际电视传播的发展及我们的处境》，《现代传播》1998年第3期。
② 杨志开：《国际信息流失衡与再平衡的弈局》，《青年记者》2014年第14期。
③ 王润钰：《社交媒体空间的国际传播竞争格局与发展态势》，《对外传播》2020年第9期。

体和新闻机构开设的。美国和英国的媒体账户占据了订阅量最多前20名账户的80%以上。美国有线电视新闻网（CNN）的官方账户在三个社交网络平台上都跻身订阅量最多前10名。

联合国教科文组织（United Nations Educational，Scientific and Cultural Organization，UNESCO）的市场调查也显示，“今天全世界的传媒产品流通，是一个很不平衡的潮流。在全世界跨国流通的100本书籍中，就有85本是从发达国家流向发展中国家的；在跨国流通的每100小时的音像制品中，就有74小时的制品是从发达国家和新兴工业国家流向发展中国家的；在跨国流通的每100套电脑软件中，就有85套是从发达国家和新兴工业国家流向发展中国家的”。[①] 在长期的国际交往格局中，美国所代表的西方发达国家在国际交往中一向占据着主导地位，处于国际交往圈的核心地位和“中心地带”。大多数发展中国家都在与之进行国际交流。而“中心地带”中的媒体的强辐射和议程设置能力使圈内周边位置及“边缘地带”容易受到其影响，这形成了不平等、难平衡的“西强东弱”的层级化国际传播格局。

然而，信息传播技术的快速发展对美西方在国际传播格局中的垄断地位形成了严重挑战。西方国家传统媒体一统天下的国际传播格局被打破，出现了很多后起之秀，半岛电视台、RT电视台、中央电视台等新兴市场国家媒体奋起直追，借助新型传播技术和手段，逐步改变国际传播市场。虽然从本质上讲，不平衡的国际传播格局从根本上改变是很难的。但是在某种程度上，网络和新媒体为国际传播格局的调整提供了新的可能性，或者说国际传播生态与秩序由于新媒体的加入而出现了新的变数。首先，互联网和新媒体能够跨越地域和时空，突破国际传播的国家间壁垒，使信息在全球范围内传播得更广更深更快。传统媒体的国际传播在现实中都受到地域、时空的制约，互联网和新媒体突破了传统意义上的国界，使各种信息能够快速在网络上传播，并形成互动。互联网和新媒体的应用打破了传统媒体的区域限制，使信息传播可以跨越空间和时间，超越现实社会的管理边界，实现在全球范围内的实时传播，使人类“地球村”变成现实。其次，互联网和新媒体能够增加传播信息的多样性，既增加传播的信息量，又能极大地丰富信息传播的手段和方

① 姜飞：《美国的传播霸权及其激发的世界范围的文化保护》，《对外大传播》2005年第4期。

式。传统媒体在信息制造方面，内容和形式都相对比较单一，长期以来，已经形成了固定的信息制造模式。而新媒体的加入，给传播内容和方式都带来了很大的变化，为广大受众提供了更为广泛的内容和服务，极大地丰富了信息传播的渠道和内容的趣味性。通过把国家间的信息交流和多种服务融合在一起，互联网和新媒体已经成为人们在国际范围内开展信息和意见交流的重要平台。最后，互联网和新媒体使国际传播的主体和受众发生了重大变化。传播主体变得多样化，其中包含了传统大众媒体、新兴的信息服务商、政府机构和政治组织、公司企业等实体经济，以及社会大众。在新媒体环境下，这些形形色色的经营者，在各个网站和社交媒体上有意或者无意地对世界进行着传播，逐步成为国际传播格局中的一股中坚力量。互联网连接起了世界上所有的国家和地区，任何人在满足上网条件的情况下，都可以摆脱相对闭塞的现实区域环境，进入开放的、没有疆界限制的浩瀚信息空间。事实上，传统媒体进行的标准意义上的对外宣传，声音单一、空间狭小，更多体现的是国家的官方形象。而在现行的国际传播体系中，官方传播的信息内容在某种程度上难以被世界上所有国家接受和信任。互联网和新媒体的发展和普及，为国际传播注入了新鲜血液，社会大众成为其中的一员，使国际传播的内容和信息的可信度进一步得到增强。

三、新媒体时代媒体在国际政治中的角色

（一）从国际政治角度分析大众传媒的角色

国际政治运行一般包括合作、竞争与对立三种形态，但其往往呈现为多种形态纵横交织、互相融合的状态。竞争是当前国际政治运行的常态。伴随着全球化、多极化、信息化、智能化的快速发展，国际竞争的内在和外在形式都在不断变化。有研究者认为：“世界已进入软战时代，但实质不是战争状态，甚至不是对抗状态，而是合作中竞争、竞争中合作的复杂博弈。它的核心是竞争，合作是手段和战略，这是由全球化的发展所决定的。”[①] 因此，大众传媒在国际政治中的角色和作用需要全面、动态、辩证地看待。

国际政治运行的核心是实质性的外交政策和媒体化的形象管理，而媒体

① 赵可金：《软战时代的中美公共外交》，时事出版社，2011，第23页。

正是其中的重要参与者。

1. 西方国家对外政策制定与大众传媒息息相关

判断媒体在西方国家制定对外政策中的作用需要结合后者的机制和路径等因素进行分析。

（1）西方媒体在国家对外政策制定中的衍生性影响力

西方媒体在其国家对外政策制定和规划中发挥着重要作用。决策层的部分个体会在一定程度上受到情绪性新闻的干扰，并且媒体往往能够对舆论造成导向，而社会舆论又是政治决策中需要考虑的重要因素。越战期间美国媒体的作用很好地支撑了这一观点。人们对这场战争失败的原因有不同的看法，但主要观点来自媒体的观点和报道。媒体报道在公众中激起了强烈的反战情绪，导致美国徒劳地从越南战争中归来。然而，美国媒体“欣然接受”了这一指控，并趁便极致地发挥了其“第四权力”的作用，成为美国民主政治三权分立之外的另一个变数。分析总结不同阶段美国媒体对越政策的报道原则，可以看出，当国家利益和安全受到威胁时，媒体机构会服从政府的统一部署安排，积极响应和支持政府的各项行动；当立法机关的意见与行政机关的行动产生矛盾时，媒体会提供一个可以引导更多人加入的大规模的政治辩论平台，以得出更为明确的公众意见，为政府决策提供公共基础；当争议出现时，随着公众意见逐渐清晰，媒体会积极参与，充分表达他们的意见和立场。越战期间，越南战争是第一次在电视上播出的战争，悲剧性和情感性画面等负面信息轻而易举地进入大众视野。反对者利用媒体和舆论的力量，迫使政府作出了调整和改变决策的决定。在这场战争中，维护国家利益和媒体职业道德的需要成为媒体立场转变的重要动力来源，并对维持政治分权制度产生了影响。在外交政策上，当政策不一致时，媒体可以改变讨论，推动公众舆论朝着某个方向发展，为各方提供直觉上令人信服的证据。一般来说，背离主流决策者立场的新闻报道，本质上是决策者内部差异的结果。在西方国家，在决策分歧中处于劣势的一方有时会向媒体透露消息，试图为他们代表的政党赢得谈判筹码，或削弱其政策对手。这说明西方媒体在对外决策中的影响力通常是衍生的。

（2）外交渠道的替代品——西方媒体对国际事务的观察、分析、判断

作为国际政治参与者的国际大众传媒，其功能和独立性的重要体现在于

其充当了观察分析员。一方面，西方主流媒体密切关注国际热点和国际事务，发布国际政治信息，跟踪各国政府和事件的最新进展，深入研究国际事务和关系，进行多方面的深度报道。它们总结分析各方意见，并提出媒体的观点和态度，这些将在一定程度上影响决策和舆论。另一方面，在其他政治行为体或公众没有注意到或没有关注的领域中，西方媒体经常可以发现并提出问题，从而引起国际社会或决策者的广泛关注。这一做法对国际社会产生了非常重要的影响。它们往往超越政治的界限，在广泛的国际政治领域中采取行动。例如，大量关于环境恶化、饥荒、难民和其他国际问题的报道在国际社会中毫无疑问发挥了重要作用。

此外，国家间在尚未建立正式外交关系，或者当正常外交渠道在危机期间关闭时，例如，当大国间的对抗中断外交沟通时，全球化的国际媒体将发挥作用，交换官方信息，充当交流场地和工具。一方面，在日益复杂和不稳定的国际关系中，国际媒体可以为各国决策者提供一个必不可少且灵活的外交渠道，以减少不必要的冲突和误解；另一方面，在运作方式和实际效果上，开放的媒体外交与相对封闭的外交谈判两者完全不同。因此，利用媒体作为外交渠道的真正目的是影响目标人群，而不是影响决策层。这种方法经常被使用，特别是在国际政治传播的心理战和宣传战中，媒体常被用来动员或迷惑那些被认为友好或敌对的人。

（3）西方媒体是西方国家对外政策宣传和动员的工具

当国家决策层统一意见、制定政策以后，媒体主要起促进外交政策扩大影响的作用，因为政府本身就有一个用来执行政策的宣传机制，决策者会咨询一些资深媒体顾问和公关专家并考虑他们的意见。他们也可以作为智囊团参与制定外交政策，帮助政策的推进，并在这个过程中，提出影响和控制公众的政策和对策。因此，西方媒体是为西方国家统治阶级的利益服务的。与国内事务相比，外交政策着眼于国家安全和利益，大多数公众比较容易与政府达成共识，公众愿意在这些问题上信任政府和外交官员。尽管分歧不可避免，但同国内事务不同，外交政策在制定中产生的不同意见不会导致广泛而持久的利益冲突。虽然西方媒体常常与政府在国内和公共政策上的立场不同，但在国际事务中，媒体信息可能会更多地反映政府的声音和意见。

作为国际关系的参与者，西方媒体常常通过新闻来源的选择加工、报道内容、版面安排、稿件形成等方式，界定公众对国际事务和事件的讨论范围，改变公众的观念，在宣传和介绍政府外交政策和决定的同时，充当政府信息传播者和介绍人的角色。

（4）西方媒体是制定外交政策的非主要信息来源之一

外交政策的制定权主要由政府的相关部门控制，虽然决策层常常设立专门的部门和人员来监督媒体和舆论，但除了媒体之外，决策层还拥有各种专门机构、智囊团、外交官员和分析师等，上述消息来源也将提供大量参考信息。外交政策的主要依据是内部报告和分析。媒体作为一种开放的信息渠道，提供了另一种视角，尤其是某些领域的专业媒体，可以帮助决策者更及时、更深入地掌握相关信息。因此，在政策制定的过程中，媒体可以提供信息支持，使决策者在决策时能够明确政策的参考依据。

2. 大众传媒是国家形象的管理者和传播者

随着国际政治公共关系愈加重要，舆论作为国家形象的管理者和传播者，在媒介政治产生的新的政治机制中的重要性日益增加。以形象管理、宣传说服为议程的政治机制使舆论导向专家、媒体记者和编辑之间产生了“共生关系”。西方媒体常常是“现实主义”与“虚构”冲突的产物。由于这种“共生关系”，作为半内幕人士，政治记者在西方政治生活中起着重要作用。

首先，大众媒体获取国际政治信息的渠道和途径有限。即使是西方媒体记者获取信息的渠道也主要是政府官员、高级顾问、舆论导向专家和权威人士。当媒体报道取材自少数政府高层领导、党的发言人、国际关系专家时，其独立性必然受到影响。

其次，国际政治信息来源的操控性。在渠道依赖的情况下，西方媒体报道内容和方法的选择很容易受到框定和影响，从而影响其国际新闻采编过程。这也就是西方媒体在新闻报道中表现出的观点与政府基本相同，尤其在遇到涉及本国利益重大国际问题时，更是出奇地保持立场一致性的原因。

最后，西方媒体从业人员的观念和态度与公众一样受到媒体和舆论的影响。在绝大多数国际媒体记者和编辑中，甚至是顶级媒体中，很少有人真正有机会与其他国家的领导人面对面交流。因此，在国际传播中，记者或编辑面对其他国家的领导人，有时像民众一样，其印象和想法更多来自媒体和公关部门及其工作人员信息的传播。各种主观的印象和判断继续在互动中传播和放大，从而形成了国际政治的传播。

可以看出，在正常情况下，西方媒体影响国际政治的力量不仅是“第四权力”的地位，更来自西方国家管理形象的需要。在形象管理和印象处理的过程中，政治家和公关人员需要借助媒体进行宣传。例如，他们可以传播有关新闻、政治意图和观点，塑造相关的政治形象、身份、地位或推进他们自己关于国际问题的思想和价值观及政策，等等。当然，这并不意味着国际新闻议程完全由公共机器控制。西方媒体在特定环境下的主动性和主导性不容忽视，并且正是由于媒体在国际政治中的这种巨大作用，政府才需要建立专门用以应对媒体的舆论引导机制。除此之外，西方政治家对媒体亲近的不可忽略的目的，就是借助媒体为其树立良好形象，增加知名度。因此，这种合作的关系就使得各方共生共存，任何一方都不能离开另一方。

3. 大众传媒是国家实现战略意图的途径之一

在国际传播格局中，特别是在国际冲突不断发生的非正常环境中，国际受众对媒体的依赖程度会越来越高。虽然互联网和新媒体的出现在一定程度上打破了传统的国际传播格局，使受众对许多重大国际问题的参与程度和与政府对话的能力都有了很大提高，然而，在国际冲突状态下，西方主流媒体在营造国际舆论环境中仍然保持话语主导地位，冲突越激烈，西方媒体的议程设置、预示、框架效应、情感激活等媒体功能就越突出。在正常情况下，政府是媒体的主要信息来源；当国际冲突发生时，国际媒体成为国际行为者的主要信息来源。当国家利益和安全受到挑战或威胁时，西方媒体的主要作用之一是为西方国家的行为寻找合法的理由，实现西方国家的战略意图。

大众传媒作为国际冲突爆发时国际政治沟通的有效工具，在各异的国际行为体手中，可以发挥各不相同的作用，或用来发动战争，或者用来促进和平。更重要的是，随着未来战争模式的改变和发展，网络空间的迅速扩大，媒体的作用将不可避免地改变。它已经从一种由政府控制的舆论工具转变成为政治目标服务的工具。和平时期，国际舆论格局是世界各国较量的主战场，舆论战、心理战、信息战是主要的斗争形式，而西方媒体在这一主战场上发挥着重要作用。大众传媒作为一种宣传工具，对战争也有着重要的影响。在战争期间，信息流在很大程度上需要媒体传输，信息战就是由此而来的。特别是在现代战争中，媒体完成了大部分信息战和心理战。

由于在国际政治传播中，新闻媒体受到国家的控制或影响，所以其很难始终秉持新闻客观主义精神。客观性原则要求媒体坚持基于事实寻找真相的原则，而国家利益要求新闻报道以不损害国家利益和国家形象为基础。因此，两者发生冲突时，西方媒体就会陷入困境。被誉为“第四权力”的媒体，其实与政府的地位并不平等。政府对媒体有不同的控制方式。例如，政府可以制定有关法律，监管媒体，并控制媒体的信息来源。因此，在新闻客观主义之前，西方媒体必须添加一个前提。这意味着它们不可能实现完全的新闻客观主义。“软战”指的是全面利用政治、经济、军事、文化、外交和其他手段的帮助来进行劝说结盟、威慑胁迫等行动，以进行打压和对抗。其正在成为一种全面的国际竞争形式。在全球化和信息化的时代，国际政治变得越来越复杂，国际政治信息在“软战”中的传播也显示了信息权力斗争的新特征。在国际冲突中，西方媒体与其在网络空间的延伸作为国际博弈（外交、信息、军事、经济）的四大武器之一，已成为对抗的重要平台之一，在国际政治中发挥的作用变得更加明显。媒体的工作不仅是塑造一个国家的形象、维护其政治合法性，还包括渗透和反攻，以及提升该国的“软战”实力。近年来，新兴媒体在国际政治中的重要作用和影响力已经得到了西方国家的高度重视。2009年和2011年，美国发布《空军新媒体使用指南》和《陆军社交媒体手册》。社交网络被认为是保护国家利益、塑造军事和政治形象以及解决公众舆论危机的重要战场。美国鼓励军官和士兵广泛参与，并积极动员每一名军官和士兵使用脸书、推特和其他新兴社交网络媒体讲述自己的故事，分享个人生活的细节，与外界交流他们的专业领域，提高他们的国际交流技能，成为美国军方形象大使和潜力代言人。除此之外，基于新兴媒体的国际政治军事博弈体现在很多方面。以美国为例，一方面，它组建了“网络水军”冒充其他国家网民在网上发布虚假信息，制造有利于美国武装力量的网络舆论；另一方面，它正在开发和销售规避审查和“影子互联网”的软件，并试图让美国主导所谓的互联网自由。美国军方将自己国家的信息技术巨头组织起来，开发侵入其他国家防火墙的技术，并为网络监控软件开发拨款。在伊朗、叙利亚、利比亚等国家，美国以协助其他国家或反对派组织为目的建立了大量影子网络系统，来帮助他们逃避政府信息监控，脱离网络封锁，无限制访问外部互联网资源。在广泛的网络空间中，这些只是国际政治斗争的沧海一粟。

（二）从传播学角度分析大众传媒在国际政治中的角色

作为准国际政治的参与者，独立于西方国家政府意志的西方媒体主导着国际传播，在国际政治中扮演着重要而不是决定性的角色。当它们被用作国家战略传播工具时，它们支配着公众舆论。西方媒体拥有强大的领导力，但随着信息环境的逐渐开放，它们的作用也减弱了。以美国媒体为例，美国国际传播类媒体主要分为两种：一种是以美国之音为代表的政府主导的国际传播媒体机构；另一种是以美国有线电视新闻网为代表的商业性国际传播机构。由于媒体采编政策的相对独立性，这两类媒体在国际政治中扮演着不同的角色。西方媒体作为国际政治的准参与者，除了参与国内政治、影响政府以及通过影响国际舆论来影响外国决策，还可以直接影响其他国家的政治决策和国际关系。然而，作为国家战略的传播工具，西方媒体通常只能利用后者来影响国际政治，但这并不影响它们在国际社会中的强大的国际交流影响力和作用。值得注意的是，西方媒体独立性和依附性之间界限模糊，可以相互转变。西方媒体被认为是准参与者，经常处于中间地位，经常在国际政治的两个身份和国家战略通信工具的两种身份间无缝切换。

1. 国际政治格局中的特殊角色

作为国际政治的参与者，西方媒体有相对独立的采编政策，它源于西方自由主义新闻理想和对媒体社会责任的追求。这类媒体主要是私营媒体，它们在西方国家中具有国际影响力，如《纽约时报》、《华盛顿邮报》、美国有线电视新闻网、福克斯等（此类媒体的采编政策由跨国公司的利益集团控制）。西方国家还有一些虽由国家资助，但试图摆脱国家和市场控制的公共媒体，如英国广播公司（BBC）、日本广播协会（NHK）等，不过真正能够做到这一点的媒体寥寥无几。纵览大众媒体与国际政治互动的历史与现实，作为国际政治的准参与者，西方媒体在诸多方面，如对国际事件划界、阐明国际关系、传播流通国际信息以及引导国际公众上都发挥着重要作用。

（1）国际社会的信息传播者

国际媒体最基本的功能之一就是向国际受众传播各种各样的信息，例如有关国际社会政策、军事、经济、文化和其他领域的信息，以及具有国际影响力的国际组织或个人的信息。在全球化进程推进的同时，新媒体技术飞速发展，国家间的关系也日渐紧密。一个国家或地区的事务，与其他国家和世界的利益息息相关。一些具有全球意识和国际通信战略的国际媒体高度关注领土主权、外交关系、地区战争、国际组织、国际经济和贸易、人权问题等国际信息，设立了专门传播国际信息的栏目。

（2）国际事件的定义者

西方媒体选择和报道的新闻内容反映了相应国际事件的重要性。如果媒体创造的虚拟环境能够完全客观地展现和反映真实世界，那么事件本身则自然而然成为国际政治关注的中心，重大国际事件的重要性也就不言而喻。然而，这只是一个假设。在众多事件中，能够引起国际社会关注的大多是西方媒体对其进行系列报道的事件。西方媒体报道的国际事件的基调和范围决定了人们心目中的事件的性质。客观公正、自然中立和均衡平等的报道只是美好期望，现实中并不存在只讲述客观事实、不表达主观观点的国际新闻报道。

（3）国际社会大国关系的诠释者

媒体通过向国际社会传递信息，提高了国际活动的透明度，并影响了国际政治格局的发展。其中，媒体作为独立力量，在传播国际事件信息的过程中影响了大国之间的关系，并承担了传播国际关系信息的任务。大众传媒将从自己独立的角度得出的观点传递给国际社会，如对政府外交政策的分析或对重大国际问题和事件的看法，使有关国家能够相互沟通，间接影响着大国间关系。当大众传媒所传播的舆论影响足够大时，它也可以直接对外交决策产生影响，并作用于国际关系进程。总之，在一定程度上，大众传媒的报道和议程可以影响国际关系。因其相对独立性，西方媒体相对可以不受制约地、积极地报道国际事务和政府的外交决策，并发表评论，它们对国际关系产生着或正面或负面的影响。如今，国际关系不再仅仅局限于各国政府之间的关系，媒体也参与其中。

（4）国际舆论引导者

人们了解世界和国际政治，为国际社会提供各方声音和多元视角，主要是通过媒体实现的。在正常的国际政治条件下，媒体报道不受政府影响，独立自由的报道通常都可以维持。但在国家遭遇重大危机或国际冲突时，大多数西方媒体都必须作出妥协，或基于意识形态和国家利益，或根据国家战争期间特别控制的强制性要求。在阿富汗战争中，当时的美国国务卿鲍威尔和国防部长拉姆斯菲尔德在卡塔尔半岛电视台发表讲话，解释美国对伊斯兰世界的立场。半岛电视台独立的编辑政策和报道在国际社会中具有巨大的国际传播力，尤其在伊斯兰世界有重要的影响力。

2. 大众传媒是西方国家进行战略传播的工具

在“软实力”日渐成为影响国际政治和国际关系的重要因素时，“战略沟通”也开始转移到国际政治舞台的中心。美国首先提出了这个概念，现在它成为美国和其他西方国家保护国家安全和利益的主要手段。尽管这是一种单方面的传播方式，但其宣传的手段和方法更加隐秘，侧重多机构协作，更加具有针对性，特别强调媒体的主导作用。西方大众媒体作为一种国际战略传播工具，在一定程度上起着政府喉舌的作用，其编辑政策由于媒体体制、所有权、新闻传统、投资者、特殊情况等诸多原因，通常不能完全独立于国家或其他行为体。国际广播电台和电视台是其对外宣传的主要媒体形式，如美国之音、自由欧洲电台、自由亚洲电台、法国国际广播电台、德国之声等都是与政府关系密切的外宣媒体。

作为西方国家国际战略传播工具，西方媒体在影响国际政治方面有着不同的出发点。西方媒体作为国际战略传播工具进行国际政治传播的动机更为明显。无论是阐述己方政策，还是引导他国舆论，其最终目的都是为政治服务。西方媒体的报道和编辑政策的变化可以直接受到国际政治和国际关系变化的影响。例如，在东欧剧变、苏联解体中，以美国之音、自由欧洲电台为代表的西方媒体在西方国家实行“和平演变”中的确发挥了重要作用。第二次世界大战期间，美国之音将苏联的形象刻画成美国可信任依靠的朋友。冷战时期，苏联又被描摹成一个“冷血可怖的军事独裁政权”。然而，在全球化和信息传播技术快速发展的今日，美国之音所代表的西方国际广播电台的宣传效果和影响力迅速下降。互联网的普及和发展带来的浩瀚信息量抵消甚至淹没了西方国际广播电台的声音。因此，西方媒体作为引导国际舆论的工具，越来越多地将重点转移到互联网上。在国际政治传播中，作为西方媒体双重身份运行的综合空间，互联网可以发挥更加重要的作用。媒体技术的发展减少了信息自由流动的障碍。信息技术的快速发展，一方面挑战了国际政治传播的传统方法，另一方面给西方大国一个新的机会以继续利用媒体干预国际政治。事实上，西方媒体不能完全独立于东道国的国家利益，在某种程度上它们已融入国家战略传播。《美国国防部军事及相关术语词典》确立了“战略传播”的法律地位并将其界定为“美国政府集中力量了解和接触关键受众，国家管理机构通过各部门的协调项目、计划、主题、信息、产品和行动，创造、加强或维持有利于美国利益、政策和目标的环境”。在这一定义中，虽然没有明确提及媒体和战略传播工具，但大部分信息操作都依赖于媒体，这表明包括西方媒体和互联网在内的所有传播方法都须符合“保护国家利益”的战略目标。可以看到，通过明确定义传播主体“政府”、传播客体“关键受众”、传播内容“信息”与“行动”和传播原则“协调”，媒体在战略传播中的独立性被大幅减弱。西方媒体强大的国际传播力被证明是战略传播的重要资源，可以用来实现认知提升、态度转变、价值认同、形象塑造、身份建构、行为转型等战略目标。以国家为主导，以媒体为工具，精心操作、充分整合各种信息传播渠道和形式是西方大众媒体进行国家战略传播的主要方式。在这一过程中，独立性较强的西方媒体通常具有较高的权威性和公信力。一方面，通过它们传播信息可以稳定国内舆论，因为这类西方媒体经常分析国内问题并参与制定政策。它无形中增加了国内舆论的张力和灵活性，也增加了受众对外界信息影响的抵抗力。另一方面，其传播的战略信息的国际影响力也会相应提高。虽然相对独立的西方媒体的新闻报道也不免受偏见影响，但不可否认其影响是巨大的。这些西方媒体作为国际政治的参与者，一旦转向国家战略传播方向，其原有的公信力会发挥一定的作用。但由于其独立性和可控性，它与国家经营的媒体有所不同。一方面，西方独立性较强的媒体对外传播的政治性目的不强，因此也就不可能专注于战略传播目标和发动舆论攻势。对外沟通交流相对分散，且缺乏持续性，效果便随之相对更加间接。另一方面，政府利用强制限制手段干涉媒体的活动自由，不符合西方国家相关宪法和法律。但是，西方媒体作为国家战略传播工具，在国际政治传播和国际舆论斗争中总体上还是具有可控性强、效率高、针对性强、系统性强的优势。

（1）国家利益的维护者和国家形象的塑造者

在国际政治传播中维护国家利益，树立国家正面形象，不仅是西方媒体的首要目的和重要职责，也是大多数国际媒体，包括发展中国家媒体所遵循的共同原则。因此，为了保护自己国家的利益，西方媒体通常会选择性地传播信息，发布符合自身利益的信息，避免不利于自己的信息，从而促进本国政治经济体制、内外政策、文化价值观在国际社会传播，实现文化渗透。为了在国际舆论斗争中贯彻国家意愿，一些西方媒体甚至以牺牲新闻客观性原则为代价，完全沦为制造和传播虚假信息的工具。西方国家在国际政治传播中通过西方媒体传播本国政府、军队、民众的正面形象，在国际传播中占据优势地位，在树立自己国家良好形象的同时，也控制着其他国家国际形象的传播。一方面，各种精心设计的议程设置，如媒体塑造、社交网络、跨国合作等，在使本国获得其他国家认可的同时，增强了国家的凝聚力。例如，美国在历次战争中运用了各种媒体工具，来打造美军“公正无敌”的形象。另一方面，西方国家媒体会通过报道其外交政策、国内事件和人们的生活方式来树立一个国家在国际社会的形象。由于受到时间和空间的影响，国际受众对他国情况的了解在很大程度上依赖于大众传媒。所以，西方媒体为政治目的和国家利益而呈现的国家形象，或价值观和思维方式，大多远离现实，但仍然对各国受众产生着巨大的影响。

（2）西方霸权政治支持者和西方价值观念维护者

如果近乎全部的国家媒体的共同特征是维护国家利益、在国际社会中塑造国家形象，那么西方媒体能够区别于其他国家媒体的关键特点就是其支持霸权政治、输出价值观。西方媒体所提倡的“和平”其实是对霸权秩序的支持和维护，因为和平实际上是由战争胜利的一方建立和支配的，是战后的一种功能霸权，是为了确保稳定和和平在国际社会的统治地位。霸权国家的游戏规则、领导地位、价值观、世界观等都需要通过大众传媒来进行宣传并成为国际社会的共识，继而实现其规范与合法化。

从当前国际政治交流的现实来看，以美国为代表的西方国家的媒体在国际上仍然掌控着话语权和信息控制权。进入21世纪以来，为了继续进行意识形态的灵活灌输和西方价值观的隐性传播，西方国家将互联网和新媒体技术作为国家战略新时期的传播工具，将意识形态渗透和信息传播监测相结合。同时，全球信息霸权的观念也被美国媒体推到了顶点。从中东到北非，再到东欧的“颜色革命”，乃至很多国家的“民主化浪潮”，都充分证明了美国的全球政治霸权的重要支柱是“互联网+西方媒体”的信息霸权。很多主权国家政治混乱和内战频发与西方媒体的煽动和干预，与西方国家在脸书、推特、谷歌等新兴媒体上引导反政府力量的宣传、煽动等密切相关。除此之外，在信息监控方面也显示出西方媒体的信息霸权。如果新闻集团的黑客丑闻是为了商业谋利，那么斯诺登的“棱镜门”事件则毫无疑问暴露和揭示了美国政府意图颠覆他国政权、干涉甚至破坏他国内政的阴谋和行为。

在国际政治传播中，西方媒体有意或无意地承担起向全球传播西方世界观和价值观的战略任务。西方的价值观和意识形态传播霸权正好与西方媒体的国际传播任务相吻合。作为国际政治参与者和国家战略的传播工具，西方媒体正竭尽全力地向世界传达西方社会所追求的价值观，只是在这个过程中采用了一种较慢的速度和一种微妙的方式。美国之音这样的西方媒体长期在发展中国家培育西方社会的世界观和价值观。

（三）西方媒体影响国际政治的作用机制

所谓公共外交，就是政府为提升国家形象，维护国家利益而使用政治、经济、文化、教育交流、广播电视等多手段影响国外传播客体。简单来说，公共外交是一种获得他人理解和支持的活动。其目的就是寄希望于通过公众信息传输手段来影响他国民众，继而影响该国的国家政策。公共外交填补了传统外交的空白。它企图使他国国民形成或转变他们对国家行为的看法。与军事对抗相比，公共外交更有利于扩大国际合作。在如今错综复杂、变化莫测的国际政治环境中，大众传媒的国际传播功能使其本身成为公共外交的重要手段，其作用越来越突出。

1. 西方主流媒体在公共外交与政治传播中的作用

公共外交是传统外交的关键补充，两者具有“互补”的关系。从接触受众的方式来看，公共外交比起传统外交，其形式更加多元化，图书出版，电视、电影的开播上映，艺术团体及剧院表演或由公司组织的旅游，艺术展览的承办，贸易展览会的举行，教育交流项目的开展等都可成为公共外交的形式。相对更温和、隐秘且广泛的公共外交，其进行的宣传能更轻易地减少受众阻碍，这也是西方主流媒体在公共外交中能够发挥作用的关键原因。推行公共外交的一个重要方法就是使用大众传媒手段进行宣传。美国有大量用于公共外交的外部媒体渠道，如美国之音、自由亚洲电台、萨沃伊电台、哥伦比亚广播公司和美国有线电视新闻网等。策划和设置新闻事件是另一种吸引媒体的关注并使其为之报道的方法。这些事件可以是国际组织的内部会议（如联合国、国际电信联盟、世界银行和国际货币基金组织等）、新闻发布会、首脑会议、外交部长或经济部长会议等，这些新闻事件可以吸引媒体的广泛关注。媒体努力追踪事件并影响受众对这些活动的观点与态度，进而达到其报道的目的。在传统媒体环境下，由于受众获取信息途径受限，西方主流媒体在报道国际政治和外交领域的重要事件时可以利用权威，不经意影响一些国际事件的重要性，将其放大或缩小。在报道国际政治的公信力树立后，西方媒体可以调动国际受众参与国际政治的积极性，改变国际政治议程的焦点，引导舆论对象。由于互联网和新媒体的逐渐普及，新闻传播无处不在，时刻影响着受众的判断和认知。大众传媒与政治相辅相成，处于相互依存的状态。政治提供原材料，媒体进行加工和处理，然后再将加工过的信息传递给受众。

（1）传媒政治化与政治传媒化

一定程度上西方主流媒体（传统媒体）已进入国际政治与公共外交的核心地带。媒体的角色从一个向受众传播国际政治事件的记录者转变为一个国际政治信息的处理者。西方媒体从政治事件的旁观者转变为现实政治的定义或建构者，其报道的事件好像并未违背新闻业的职业规范，但却影响了国际政治格局。其影响途径主要有两种。其一是其庞大的议程设置功能。西方媒体因其高频率、高强度的报道，往往成为全社会关注的焦点，影响着公众和决策者的思维和行为。这通常被称为舆论方向。新闻机构对于国际新闻的报道，其内容、数量与宣传方式一定程度上都会影响国际关系。其二是其广泛的国际舆论影响功能。由于西方媒体在国际社会的强大的影响力，它们直接影响着国际舆论的形成和走向。由于西方媒体在全球的覆盖率与范围、社会影响力与信息生产力等方面都居于支配地位，国际信息的内容和流向必定受到西方媒体的影响，国际舆论的走向也受到西方媒体所传播的信息与观念的影响。在一些重大国际事件中，西方媒体干脆充当着国际舆论制造者的角色。而国际舆论一经形成，不仅会诱导受众群体，而且对其他社会群体也会产生影响或压力。在国际政治领域，国际舆论的主要功能是：第一，把国际舆论作为政治合法化的手段；第二，把国际舆论作为国际和地区规范；第三，通过国际舆论选择政治朝向，为国家内外政策服务；第四，将国际舆论视作一种稳定的成见。作为西方国家政治进程中不可或缺的一部分，西方媒体巧妙地将政治话语的关注点从公共外交自身的政治问题转嫁给国家领导人或其他政治人物的人格上，即政治中介化。影响对外交政策关注的往往不是政治领导人的政治思想、理性思维或哲学理论，而是他们的面孔和形象。这或许是电视媒体视觉特性所导致的不可避免的后果，原因就在于一张和善可亲的面孔总是比一个政策论据更容易使公众深受感动。而电视画面恰好具有形象塑造的作用。在刻画某个国家形象时，西方媒体不仅可以作为平常的传播媒介，而且可以巩固其打造的国家形象，国际舆论和国际受众对国家形象的了解与认知都会受到报道的主旨和方法的影响。

（2）西方媒体重构了新闻报道，催生了公关

政治主要涉及对公共问题的磋商、辩论与争斗，因此它原本主要发生在公共场所。然而，媒体却把政治话题引领到私人领域：手机、电视等传播媒介把政治话题带入了家庭起居室，使之成为亲密小群体茶话会的内容，公众在社会层面上对政治的讨论也就随之减少。公共与私人、室外与室内的二元性，是政治行为冲突的结果。媒体使政治进入家庭，它们毫无疑问地为扩大受众参与政治作出了贡献，推动了社会中将个人与团体纳入政治的进程。此外，源自手机、电视等媒体的各式各样的内容和声音为受众提供了广阔的视角，冲破了政治性宣传内容的封闭空间。

尽管受众获取信息的范围和结构受媒体作用而扩大并重建了，但仍有学者认为，媒体参政的效果其中之一就是淡化了受众的政治意识，其主要原因在于新闻报道的形式和内容。媒体使用新闻传播手段建构现有的政治立场和观点，很少呈现第三方或其他方向的政治观点，这限定了受众选择政治信息的范围。在国际舆论形成的“三级模式”中，对信息来源依赖程度很高的受众，其态度也更易受到媒体的影响。媒体进入国际政治领域，必然会催生一个新职业——对政府和政党负责的公关专家，他们利用媒体为政治人物设计和包装形象，从而进行印象管理。一般而言，政治活动和公共外交都是在同一个专业公共关系体系下部署和运作的，即政治公共关系的专业化，以迎接政治媒体带来的挑战。国家赋予媒体公关的重要性越高，运作方式灵活性越强，其舆论评价和对外协调就越好，成功实现国家外交目标的可能性就越大。

2. 新媒体对国际政治传播的影响

随着信息传播技术和互联网新兴媒体的快速发展，传统媒体的影响范围逐渐缩小，受众在接收信息方面有了更多的选择。信息传播渠道和途径因为新媒体技术的发展和社交媒体的出现被大大地拓展了，并且信息技术给信息

传播方式带来了深远影响。新媒体技术整合了文本、图形、视频、音频等多种媒体信息的处理手段，成为一种交互式的信息系统技术，不仅导致受众接收信息的碎片化，也导致公共议题的碎片化。在新媒体环境下，政府和其他政治行为体比以往任何时候都要处理更多的国内外政治事务。当前各国政府为应对广泛的、动态的以及不可预测的新媒体环境，在政治公共关系中被动地采取了繁杂的跨媒体策略，以便随时掌握不断刷新和变更的信息。

伴随着现代信息技术的兴盛发达，社交媒体已经成为人们生活的重要组成部分。从购物到电子邮件、教育和商业工具，社交媒体在改变人们的生活方式方面发挥了重要作用。社交媒体主要是指许多相对便宜和广泛可用的电子工具，这些工具可以帮助任何人发布和获取信息、协作或建立关系。当前国际社会主要的社交媒体平台，如脸书、推特、微信和微博等已经成为人们定期获取和分享主流新闻的主要方式之一。这种趋势正在重塑我们接触到的新闻、新闻的生产和传播以及新闻媒体本身。从社会学的角度来看，我们的在线新闻分享倾向于促进偏好的叙述，并形成一个政治上两极分化的朋友网络。这种极化效应意味着人们接触到的新闻多样性受限。但我们的故事接收也是由一种新的分析形式驱动的。随着新闻媒体转向为用户量身定做社交帖子，如脸书上的即时文章转向“社交优先”策略，并使用网站流量分析公司（Chartbeat）等分析服务商为编辑过程提供信息，我们在社交媒体上阅读和分享的内容越来越由社交媒体服务网络及其算法过程所决定。这些服务旨在提供我们想要消费的内容。从公共政策的角度看，现在的社会新闻分享和新闻分析与传统媒体消费一样是一个重要问题。数字媒体分析是绘制网络媒体新权力关系的重要方式。这些关系由于跨越国界，经过多层次交易而变得更加复杂和模糊。正如许多学者指出的那样，在社交媒体上获取和分享新闻的人越多，记者就越能利用社交媒体分析发布内容的线索，媒体权力关系的转变也就越大，对政治进程的影响也越大。这使得互联网公司、合作伙伴和联盟服务的市场主导地位日益增强，并成为新闻传媒产业重构和未来媒体影响力塑造的重要主导力量。

此外，尽管人们在社交媒体上发布信息和评论对媒体多样性有明显的好处，但让更多的公众通过这些平台了解信息也存在重大风险，尤其是随着虚假新闻的传播，随着社交媒体平台作为新闻提供者的崛起，严重的媒体多元化问题出现。最重要的是谁控制着传统新闻参与者的未来，谁将资助新闻制作，以及他们考虑什么样的政治和社会影响。构成社交媒体新闻分享生态系统的参与者多样性是一个由行业参与者、实践、流程和技术组成的相互依存的系统。它们共同加强了新闻分享的力量，用微妙但并不总是可见的方式来塑造新闻业的未来。当我们写作时，不仅仅是社交媒体在获得新闻，当媒体编辑自然而然地专注于新闻分析时，他们还通过社交媒体逐渐重塑了全球新闻编辑室的做法和资源。社交媒体在当今信息时代已成为人类社会信息传播的手段和终点，世界各国也在考虑利用社交媒体进行营销和广告宣传。政治营销可以定义为各种个人和组织在政治活动中运用营销原则和程序进行宣传，所涉及的程序包括候选人、政党、政府、说客和利益集团对战略宣传活动的分析、发展、执行和管理。这些活动的目的是宣传自己的意识形态、赢得选举、通过立法和公投、回应社会上一些特定人群和群体的需求和愿望等。社交媒体是数字媒体的一种形式，为政治营销者提供了一个政治市场，候选人、政府和政党可以利用社交媒体向理想的方向引导舆论。如今，社交媒体已经成为表达意见、观点和想法的非常强大的工具平台，已经成为一种有影响力的舆论制造工具。社交媒体的性质决定了社交媒体与政治的关系不同于传统媒体与政治的关系。具体来说，它基于社交媒体的互动性、分散性和联通性。社交媒体的互动表现为个人不仅是信息的接受者，也是信息的发布者，这就赋予了社交媒体用户更多的权利和能力来制作和传播信息，消息传播者也不再仅仅是传统社会中意识形态和政治权力的控制者，因此“分散的、不再受从前等级制度控制的一种传播体系”产生了。

另外，互联互通的社交媒体让用户实现了实时沟通和协作，社会生活不同层面的用户之间的交流增强，也能够让政治参与者方便快捷地进行动员和组织。如果说，在社交媒体兴起之前，大众媒体在政治传播中占据主导地位，政权可以通过大众媒体操纵舆论，那么在社交媒体兴起之后，被赋予权力的普通民众可以不借助大众媒体的中介直接使用社交媒体进行政治传播。社交媒体参政，反对派可以迅速高效地传播诉求、组织抗议，这样一来，社交媒体推翻了传统媒体在政治中的主导地位，减少了大众媒体操纵舆论的能力。当前，在政治传播中社交媒体已经成为一个新的政治变量并发挥着不同于传统媒体的作用，在社会运动和政治进程中反复展示其力量。例如2011年春天，在北非和中东爆发公众抗议活动，突尼斯、埃及、利比亚和也门的民众通过社交媒体组织了大规模反政府示威活动，示威活动引起了国际媒体的广泛关注，迫使这些国家的领导人下台，产生了社会变革。

社交媒体除了对政治传播有影响，其也挑战了原有的权力结构。权力运行机制在社会的基层成员拥有并能够有效地发布信息时也发生了变化，传统的权力结构由此被注入了一种新的权力结构，引发了内部的紧张。信息技术在改变网络政治互动的性质和基本内容的同时，也在最大程度上帮助人们作出个性化的政治选择。社交媒体平台利用信息对用户个人信息进行监控和统计，并进行大数据分析，实现大规模推送。这样，就可以有针对性地处理用户需求，甚至包括处理国家权力机构和全球组织的各种形式的政治网络影响，几乎没有任何限制。在这一过程中，政治操纵技术发挥着重要作用。在这种角色下，网络世界中相互对立的部分对同一事件和政治信息议程形成了相反的认知模式。由此，社会和政治对话的构建和公民共识的需求延伸到了网络空间。有效控制信息的一种方法是操纵信息，限制社交媒体上的言论，以及“重新编辑”社会传播。

在信息全球化进程不断加快的今天，各国不仅是政治观点和政治制度的输出者，也是接受者。在新媒体生态中，公关和舆论导向专家需要比以往任何时候都更加努力，在扩张的媒体格局中拓宽自己的工作范围，并采用更隐蔽的富有新风格的说服技巧，消除过于人为且虚假的宣传痕迹，宣传手段也要从强硬灌输政治信息转向温和的政治营销。从目前的媒体文化和网民心理来看，看似偶然无心、零落分散的信息，可能比集中在进攻性的信息战上的宣传、说教更有效。因此，广义的国际政治传播重心被调整为“跨文化传播”。在世界政治多极化的发展势态下，西方国家的国际传播战略已经从以往猛烈输出西方价值观转变为寻求容易被接受的共鸣。在深刻变化的国际形势和日益先进的媒体信息技术的发展进程中，传统媒体记者发现，在对国际问题报道时他们受到的冲击往往比国内政治报道更大。原因有二：其一，传统媒体的新闻预算份额降低；其二，他们的时效性落后了。随着国际政治传播从传统媒体向新媒体转移，国际受众在获取国际信息时越来越不需要考虑地域界限。因此，西方主流媒体在新媒体技术的基础上，开始构建全新的国际传播战略，并将发展重心调整为“新旧媒体共存共荣”的全球媒体融合战略。

四、新媒体时代的媒体国际传播博弈

媒体国际传播能力作为当今世界国际关系的重要影响因素之一，其反映的是国家之间的信息交流和相互影响的水平。每种文化或意识形态都不能自动产生“软实力”，只有通过某种形式的传播，才能得到国内外受众的认可和接受，从而发挥引导国际舆论、赢得国际社会支持、影响国家对外决策的作用。因此，衡量一个国家“软实力”强弱的标准之一，就是传播媒介的发展程度、传播效果的好坏和传播速度的快慢。世界各国的政治、经济、文化发展信息传播离不开信息跨国界流通，它使不同民族和文化间的理解得到了加强。同时，利用媒体开展定向宣传活动来实施国家的外交政策，也是各国权力机构越来越重视的战略实现形式。国际传播力体现了一个国家在国际社会的传播能力。在维护、发展和实现国家利益的进程中，对信息传播进行主动的控制和运用，是一种对“软实力”手段的应用。各国想要争夺国际话语权和提升国家“软实力”，增强媒体国际传播能力是一个重要的渠道和方法。

国际传播最主要的目的是争取国际社会的支持、认可与合作，并借此维护国家利益，而不仅仅是传播信息。传媒影响了世界格局进程的政治议程和舆论，成为受众对世界观察、下定义的渠道和来源。新闻主导着舆论，舆论引导着民众，强大的国际传播能力体现着一个国家的政治和社会影响力，李普曼关于“现代政治的重要问题是如何控制公众舆论”的结论在当下仍然具有深刻意义。如今，媒体已发展成为一种重要的战略武器，在当前的国际关系中传媒与国家安全和国家利益之间的联系日趋密切。为了让国家利益得到更有效的保障，可以通过有效的国际传播，将国家外交政策议程转变为国际社会的议程，在国际社会形成良好的公众舆论格局，从而获得更强有力的利益保障。西方媒体虽然声称在传播实践中遵守所谓的新闻真实性原则，实际上却根据己方利益需求，有意制造各种虚假信息，以误导和欺骗国际公众。所以，仅从传统的新闻客观性的原则出发来研究国家间的国际舆论博弈并不具有科学性，必须从国际政治、国家安全、意识形态领域斗争以及信息战的角度来考量。

国际舆论战这一复杂的政治现象，是当代国际传播博弈的重要形式。国际舆论战所强调的是服从国家利益的原则，其原则与普通新闻原则是有所区别的。西方国家所奉行的普通新闻原则有“新闻真实性”“新闻自由”等，舆论战的原则包括“国家利益至上”“以赢得战争胜利为根本目的”等。一方面，国际舆论战具有战争的色彩，它通常意味着利益冲突和国家之间的思想冲突。如果得不到有效的控制，它很容易导致争斗甚至是战争。这种冲突甚至可能是一个国家事先计划好的战争的先兆和重要组成部分。另一方面，它拥有非战争的色彩。国际舆论战一般会被限制在两国语言冲突和理念冲突的范围，各国会避免将其升级为武装冲突。这两种舆论战在当代国际政治环境中同时存在。但是它们所依赖的主体是不同的。我们看到的国际舆论战的“非战”色彩，一般是在西方国家内部以及大国之间展现出来的，而见到更多带有“战争色彩”的国际舆论战是在西方国家和部分非西方国家之间所展现出来的。争吵的双方经常是以恐吓与谩骂，并且伴随着武力威胁的剑拔弩张的方式进行斗争，少有理性平和的态度和话语。因为在国际舆论战中，第一种舆论战的斗争更加激烈，在国际舆论战中更容易引起注意。简而言之，国际舆论战利用媒体作为手段，信息和公众舆论作为武器，较量的双方在信息空间中运用各种传播手段，通过思想和文字，使用论证、讨论、诽谤和恐吓来同化和丑化对手的意识形态，瓦解对手的意志，鼓舞自身士气，确保得到国际社会的理解和支持的斗争形势。当然，这场特殊的战争没有刀与血以及硝烟，理由是它本身不具有暴力色彩。因此，国际舆论战是世界各国通过媒体国际传播，以求达到军事等其他强制性手段所达不到的战略目的的斗争形式，是思想战、观念战、意志战和形象战的表现形式。

当下，由传统的报纸、广播、电视到社交媒体、网络媒体，舆论战态势越来越复杂化、多元化和隐秘化。舆论战的形态、手段随着信息科学技术的不断发展和进步发生了诸多变化。舆论战已成为维护国家政治安全、经济安全、文化安全、军事安全的重要手段。提升本国的国际议程设置能力、创造有利于本国的舆论环境、谋求国家安全，是大国之间国际舆论争斗的主要内容。国际传播能力的高低往往决定了舆论战的成效，而国际传播能力建设中至关重要的环节是传播渠道与手段。各国在国际舆论战的开展中，积极建立多种传播渠道，整合多种传播资源。大众传媒在国际传播博弈过程中逐渐从以往的战略附属部分上升为战略主导部分。随着信息传播技术的不断发展，大众传媒正逐渐发生变化，大众传媒在国际舆论争夺中的作用也显得更为重要。利用信息传播技术渗透公众舆论和思想，向对手发动舆论战、宣传战和信息战，为政治斗争创造有利条件，在全球化和信息化的快速发展中，已成为当前国际较量的“新常态”。

当前世界格局中，跨越国界的信息传播同样可以对国家主权完整和国家安全产生重大的影响，国家间的竞争已不只局限在政治、经济和常规战争的范畴里了。国际传播与外交、军事手段紧密结合，已成为维护和扩大国家利益的重要手段，大众传媒已成为国家间渗透和斗争的新工具。通过发展经济、科学、技术和军事实力，战略上加强本国的“软实力”，以对抗信息时代的“软打击”“软轰炸”，是一个国家在激烈的国际竞争中胜出的关键。媒体国际传播能力的目的不仅是传递信息，而且更重要的是，它是寻求国际社会的支持、认同和合作以保护国家利益的重要手段，它是一种重要的“软实力”来源。一个国家在全球化环境中的影响力不仅取决于其传播能力，还取决于其文化和政治价值观的吸引力。强大的媒体国际传播能力可以增强一国在国际社会的影响力和吸引力，并利用新闻对民众舆论进行导向，以此维护国家安全和国家利益。媒体间国际传播能力的角逐，通常是国家间“软实力”竞争的表现。当国际社会发生各种危机和冲突时，国家的政治议程能否上升为国际政治议程，形成对国家有利的舆论局面，直接影响着国家利益。在和平时期，利用国际媒体的能力来攻击和渗透，并“不战而胜”则特别重要。在国际大舞台上，如果想要占据国际舆论的话语权和主动权，主导国际舆论朝着有利于自己的方向发展，维护自己的利益，就要拥有强大的大众传媒工具和高效的国际传播能力。欧美国家正是由于在二战结束以后控制了强大的国际传播工具，垄断了国际社会话语权，控制了国际舆论，其实现和维护全球霸权才具备强大的舆论支持和战略保证，才有能力引导国际舆论朝着有利于自己的方向发展。

在国际传播博弈中胜利的一方，往往占据了主动权，在国际上戴着“正义的光环”，以“合法正义”的形象出现在大家面前，他们的行为看起来具有“合法性和道德性”，影响着国际政治利益和权力分配。相反，国际舆论战失利的一方，除了国内和国际形象受到损害并且国家意识形态身份受到威胁之外，还必须根据获胜一方的意愿放弃实际的政治经济利益，承受损失。在现代国际政治中，国际舆论战的频率越来越高，各国越来越倾向于参与舆论战。

在当代国家间政治博弈中，国际舆论战已成为一种常态化的手段。

第一，与传统战争相比，国际舆论战具有独特的功能。由于国家作为一个理性的实体运作，众所周知，其外部行为的目的是获得利益和权力。战争只是一种手段，而不是目的。国家还可以使用其他非军事手段来获得权力，通过“成本最少，利益最大”的理性计算方式来决定采用什么手段实现目的。贸然使用战争的手段来获得权力，将会带来巨大的风险和不确定性，对国家来说，会产生难以预测的后果。在选择战争之前，大国会考虑核战争的可怕后果，并格外谨慎。因此，如何避免战争，使用相对安全和较低成本的手段来实现自己的利益，对不同国家的决策者来说是一个紧迫的问题。国际舆论战的作用正好符合决策者在这方面的要求。从经济角度来讲，使用媒体力量的成本远低于使用军队和武器的成本。因此，国际舆论战的形式是比较省钱的。从破坏性来讲，舆论战相对而言比较“文明”，损害程度容易控制。最主要的是，它可以实现战争可能实现的目标，即迫使失败的一方自动放弃它们的权力和利益。正是基于这些原因，国际舆论战成为各国对外战略的重要手段，在二战结束后频频发生。中国古代的孙子早就指出，“攻城为下，攻心为上”。如果用语言的力量就可以轻而易举地解除对方的武装，那么为何还要采取战争的方式呢？说的也是这个道理。

第二，国际舆论战的物质基础和重要地位体现在国家活动空间的变化上。全球化、信息化时代的快速发展，不仅为国际舆论战准备了先进的技术，还为其准备了斗争的空间和场地。信息舆论安全对于国家的生存与发展变得尤为重要，一个国家的政治、经济、文化、军事都离不开信息舆论，信息流已不再是简单的资讯传播。想要在国际博弈中占据有利地位，就要掌控信息流动的方向。一个国家舆论的防线一旦被击败，该国政治、经济、军事等各个方面将直接被波及，国家的安全将直接受到威胁，引起的后果将难以估量。国际舆论战已被世界各国提高到一个非常重要的战略地位。“利用传媒力量对敌对势力进行‘软打击’，已变成美国为首的西方国家的一种重要的战略选择”。[①] 西方进行舆论战的最初目标要么是直接发动一场舆论战争，解除对手

① 胡鞍钢、张晓群：《中国：一个迅速崛起的传媒大国——传媒实力实证分析与国际比较》，《战略与管理》2004年第3期。

的武装，实现不战而胜的目的，要么是争取国际支持，为发动热战做舆论准备，把国际舆论战当作热战的前兆。

第二节　新媒体时代的国际传播能力与国家“软实力”

一、媒体国际传播能力与国家“软实力”

媒体的国际传播能力是一个国家“软实力”的重要衡量指标。一国在国际社会的话语权多数情况下取决于该国媒体的国际传播能力，包括媒体规模、实力和国际影响力。无论是垄断国际话语权的西方大国，还是为了在国际事务中获得发言权的发展中国家，都正在努力打造有国际影响力的媒体，试图在国际舆论竞争中赢得主动权，继而提高自身领导力与影响国际事务的能力。在全球化进程深入发展的背景下，媒体国际传播能力是各国在寻求发展过程中的必然选择、必要能力和手段。其在国际交流与发展等方面发挥着重要作用，将帮助世界各国通过积极广泛的国际对话和交流趋利避害，抓住机遇，谋求发展。因此，国际传播力量的强弱与一国在国际事务中维护本国国家利益的效果密切相关。作为国家综合国力的重要组成部分，国际传播能力是主权国家的政府和民间组织在国际社会交流信息的能力和效力。

由上述分析可以得出，国际传播力由国际传播能力与效力两大要素构成。国际传播能力体现在该国现有的国际媒体机构的现状中，即国际传媒机构数量、基础设施状况、人员配备和培训等。国际传播效力体现在一个国家的国际传播实践所取得的效果，即该国国际传播工作的“产出”，如受众数量、受众认知程度、国内外舆论引导的力度等。国际传播的效力通常与能力是成正比的，即一国的国际传播能力越强，其效力越大，整体的国际传播力越强。[①]

通常情况下，国际传播能力建设作为一种大规模、高投入、高技术含量的信息传播活动，支撑其产出的重要因素包括资金、人力、物力以及技术等。因此，国家实力是国际媒体发展、增长和繁荣的重要基础和基本支持。此外，一个国家的综合国力，包括政治、经济、文化、军事、外交等国内外因素，也都对国际传播力的发挥和效力的实现产生着影响，国家的国际传播能力建

① 赵雪波主编《传播视野中的国际关系》，中国传媒大学出版社，2006，第145页。

立在综合国力基础上。

纵览对世界传播格局产生影响的大型传媒集团的发展演变历程，可以看出，媒体国际影响力得到充分提升几乎都与本国综合实力强大、国家国际影响力突出有密切关系。以两个主要通讯社——美联社和塔斯社为例，前者随着增长的国家实力后来居上，成为二战后世界三大通讯社之一；后者随着国家解体，其影响力大大下降，最终被挤出世界著名通讯社的行列。以纸媒为例，英国《泰晤士报》成立于1785年，它得到了首先完成工业革命的大英帝国的支持，成为19世纪中期世界著名媒体。《纽约时报》于1851年在美国成立，得益于美国19世纪末迅速崛起，于20世纪初逐步进入国际市场。20世纪，其在欧洲的发行量接近世界的一半，北美的发行量是世界的五分之一，而非洲和拉丁美洲的发行量仅占全球发行量的4%。

目前，国际传播格局中各国国际传播力的发展呈现不平衡状态，这种状态形成的根本原因在于各国综合国力之间存在的客观差异。西方媒体因为具备西方发达国家强大的综合国力的背景支撑，能够雇佣一大批优秀的媒体人才，向世界各地派遣大量记者，通过国际媒体传播自己的声音，迅速、高效地报道国际事务和事件，在国际政治传播格局中占据领先地位。而发展中国家媒体由于受各方面因素和条件的限制和制约，无法满足国际媒体发展所需要的诸多要求，在国际传播领域难以与西方发达国家媒体分庭抗礼，有的甚至连自己本国的市场都无暇顾及。因此，提升国家的综合国力是从根本上增强该国国际传播力的途径和有效方法。

媒体国际传播能力为主权国家政府和非政府组织在国际社会中提升影响力发挥了重要作用。一个主权国家经常通过该国的国际媒体在国际社会中展示自己的形象、价值观以及对世界的认知和看法，并且将其观点及信息向全世界广泛传播并形成影响力。因此，很多时候一个主权国家需要国际媒体配合国家的活动，承担试探国际舆论的职责和任务，同时，主权国家也需要借助国际媒体在国际社会维护和谋求本国利益，实施其国际战略。从客体来看，“软实力”与国际传播的主要客体基本一致，即他国政府和民众。国际传播以外国受众为主要传播对象，是一种跨文化、跨语言、跨民族、跨国界、跨地域，在具体语言、文化、民族风俗和接受方式上存在差异的信息交流。因此，在国际传播过程中，只有准确把握传播目标，做到知己知彼，有的放矢，才能使得传播更有针对性，真正发挥其作用，促使国际受众转变态度，有效改善本国的国家形象。从目的来看，国际传播与“软实力”都是以吸引、影响他国民众或政府并获得认同作为目标。在这一点上，两者趋于一致。一国的大众传媒肩负着促进本国文化和价值观向国际社会传播，在国际社会赢取受众的接受和认同，使其上升和转化为相关国家共同认可的国际文化乃至世界文化的使命。一旦这些观念被相关国家所认同，就可以同化对方的思想观念，进而影响对方的国家行为。[①] 因此，加强“软实力”的过程和手段与国际传播的进程密切相关。

从上述分析中可以看出，改善一国“软实力”的过程是使其文化、政治价值和外交政策获得国际认可的过程。这一进程与该国的国际传播活动密切相关，因为国际交流的过程主要是把国家的政治、经济、文化等信息传播到其他国家，以及加强有关各方的理解和了解，以便获得国际认可的过程。美国可以被看作一个将“软实力”的制度、价值、文化和意识形态演变为影响国际社会外生变量的重要资源力量的典范，约瑟夫·奈的“软实力”理论就是针对美国实力“衰败论”而提出的。

提升媒体的国际传播力是提升国家“软实力”的重要过程与途径，实现“软实力”“吸引”和“同化”目的的重要手段。约瑟夫·奈更进一步指出，新闻、广告、娱乐等通过媒体进行传播的形式是一种“软实力”，它实际上代表了国家对信息权力的控制和运用能力。[②] 伴随国际交流的增加和信息技术的飞速发展，依靠文化力量通过道德和精神教化说服人们相信特定的行为准则、价值观和政治制度来增强“软实力”的影响，已逐渐成为国家提升综合国力的重要方式。

二、大众传媒与国家“软实力”

在全球化新媒体时代，大众传媒作为国际传播的重要工具和载体，在国际政治格局的演变进程当中发挥着重要的作用。从历史演变的进程中可以看到，大众传媒对社会的强大而深远的影响导致了深刻的社会变革。媒体深刻

① 李智：《文化软权力化与中国对外传播战略》，《北京行政学院学报》2010年第3期。

② 约瑟夫·奈：《软力量：世界政坛成功之道》，第11—14页。

影响了社会经济、政治和文化的方方面面，尤其是在现代社会。美国学者吉尔伯特·罗兹曼认为，“现代化是一个在科学和技术革命的影响下，社会已经或正在发生着变化的过程”。[①] 在这个过程中，发展中国家往往动用一切可支配的社会资源，以实现现代化的发展目标。[②] 作为输出国家意识形态的重要组成部分，大众媒介在国家现代化进程中发挥着重要作用。

“软实力”理论本身就是一种国际关系理论。当前，在全球化和信息技术加速发展的趋势下，大众传媒在国际关系中背负着重要使命。因此，理解大众传媒与国际关系的关系，有助于从宏观角度把握大众传媒与“软实力”的关系。在国际关系中占有重要地位的因素在不同时期的不同流派中有不同的阐述。长期主导西方国际关系理论的现实主义学派认为，国家利益是由实力决定的，国家利益在根本上不相容，国际关系的核心是国家间的权力与利益之争。20世纪70年代末，强调国际政治结构对国际关系起决定性作用的新现实主义开始具有巨大影响力。新现实主义认为，引起国际政治格局变化的是国家间力量对比的变化。国际关系中的实力集中在经济规模、军事实力等物质方面。在新现实主义结构决定论中，国际传播能力不是一个重要的因素。20世纪80年代中期兴起的新自由主义和建构主义学派重新阐述了国际关系理论中的重点。新自由主义学派继承了西方思想的自由传统，强调国际关系中交流与合作的能力，并高度重视各方互动对国际关系的影响。建构主义从20世纪90年代起开始流行，其进一步强调了非物质因素在国际关系中的作用。建构主义认为，国家行为的基本追求是国家利益，但国家利益并不是固定的。渐渐地，新的概念、规则和规范被建立起来，一旦一个国家接受了这些新理论，它对自身利益的定义就会改变，外交政策和行为也会改变。与新自由主义一样，建构主义也重视国际关系参与者之间的互动。建构主义认为，非物质因素，如认可和赞同等，是由相互作用的因素决定的。在这个过程中，国际参与者不断地改变他们对自己和他人的看法，创造新的认同，确定自己的利益。

上面两大流派的发展体现了传播学与国际关系学的整合。交流是一个使

① 吉尔伯特·罗兹曼主编《中国的现代化》，陶骅等译，上海人民出版社，1989，第3—4页。

② 杨珍：《跨文化传播视野中体育交往的理论逻辑》，《新闻界》2009年第4期。

用符号的过程，在这个过程中，人们交换认识，形成对社会的知识储备，建构现实。因此，建构主义者认为国家利益本身不是一成不变的，它是通过行为体的互动，例如包括跨境通信在内的各种形式的信息传输建立的。考虑到国家利益的现实是通过信息的传播而建立的，在许多方面，这可被称为“虚拟的国家利益”。

国际传播的方式各式各样，其中以大众传媒的国际传播能力为主要形式。本书将大众传媒在国际关系中的作用分析如下。

一是大众传媒有助于提升国家的国际形象。一个国家的外交政策和对国际事务的处理态度直接树立了该国在国际社会的国家形象。所以，一国政府需要及时向国际社会表达自己的外交政策和立场，促进国际社会对自身的认识和理解，加强国家间的相互了解，从而取得沟通互信的效果。国际社会各主体之间面对面的思想交流非常有限，在繁杂多变的国际关系背景下，频繁交流沟通是各国谋求发展的现实需要，而大众传媒正是能够满足这一需求的重要途径。大众传媒可以在短时间内塑造国家在国际社会中的形象。通常在关注具体的事件时，国际社会往往关注大众传媒在第一时间的反应。而其他外交工具，例如经济援助和文化出口的效果则都是长期的，要经历一个循序渐进的过程，无法取得立竿见影的效果。在重大国际事件中，总能看到大众传媒的身影，所以在国际政治中，有人认为“政治逻辑”或“媒体逻辑”主导着国际关系的发展。埃斯德和斯诺提出的“媒介逻辑”的概念指的是媒介作为具有文化内涵的技术和形式的组织，其文化包括“真实世界”和构建“真实世界”的影响。近年来，埃斯德和斯诺把媒介逻辑描写成“理解和解释社会事件的方法……这种传播形式的成分包括不同传播媒介和传播形式。形式的要素包括材料怎么组织，材料呈现的风格，关注和强调的重点以及媒介传播的法则”。[①] 美国著名未来学家阿尔文·托夫勒甚至断言，对未来战争苦苦思索的人们都知道，未来某些最重要的战争将发生在传媒战场上。[②] 不是它们如何影响公众对具体事件的看法，而是它们提供的信息以及它们如何提供信息，让公众知道什么是重要的，什么是不重要的。它们通过一种微妙的方式，

① 丹尼斯·麦奎尔:《麦奎尔大众传播理论》，崔保国、李琨译，清华大学出版社，2006，第92页。

② 文武英:《战争新闻研究的三个基本理论问题》,《军事记者》2002年第2期。

在不知不觉中影响公众，并最后在公众的意识中形成一些结论，产生某种舆论，间接影响决策议程。所以，大众传媒对统治者的言行具有牵制作用，美国前总统卡特的白宫律师劳埃德·卡特就曾在《外交政策》杂志上撰文，抱怨政府被媒体牵着鼻子走。

二是大众传媒架起了国家或地区同国际社会传递信息的桥梁，传播信息也是大众传媒最基本的功能之一，其帮助国家间交流信息并加强国家和民族间的沟通和了解。一个国家想在国际社会获得更多的支持和理解，需要依靠大众传媒向世界上其他国家受众展示自己的政治观念、施政方针、经济动态、文化传统和发展理念。同样，一个国家或地区也需要通过大众传媒了解他国的政治、经济、文化等各方面的信息。从促进经济交流到平衡文化冲突，从政府立场表达到民意沟通，从国际战略角逐到权力转移，大众传媒都起到重要作用。随着信息科学技术的不断发展，其为大众传媒发展提供更大空间，促进全球各国彼此之间的沟通和了解。以短波广播为主的国际广播，自20世纪初以来，承担了两次世界大战的主要传播任务，当今世界各国和地区的政府都设立了国际广播，如美国外交政策对外传播的积极践行者——美国之音。美国政府的国际喉舌美国之音隶属美国新闻总署。对美国联邦政府来说，这是一个向世界展示美国的重要平台。它的工作人员包括美国外交官和专业记者。该机构每周用40多种语言向全世界广播近1000小时的节目。前美国之音导演杰弗里·科恩写了一篇文章，解释了冷战后美国之音的六个主要目标，包括让世界更好地理解美国和重要价值观，以及美国认可的规则，向世界解释美国的政治和文化，发展其贸易、文化、旅游等。21世纪以来，互联网技术不断发展和更新，衍生出各种新媒体和新型传播手段，为信息的国际传播提供了更多选择。

三是大众传媒在社会整合问题上发挥着重要作用。整合是使目标和方法一致的必要手段，为实现目的而进行的协调行动的前提只有目标和方法相互整合。大众媒体是能够完成这项任务的社会机构之一。大众媒体对社会融合的促进基于大众媒体的其他特征，例如大众媒体能够将分散的个体聚集在广泛的大众群体中，或是通过一套共同的价值观与信息，将新来的人融入城市社群中，并敦促形成认同。与传统的宗教、家庭或群体相比，大众传媒的整合过程更具包容性和开放性，能够更有效地整合庞大而多样的现代社会。换句话说，大众媒体原则上似乎既能帮助也能够破坏社会整合。这两种情况，一个强调离心趋势，另一个强调向心趋势，看起来似乎有天壤之别，但其实在复杂且多变的社会通常是同时运行，一种力量是另一种力量的补充。在全球化背景下，“软实力”的意义不在于自身拥有，而在于对外功能。衡量一个国家的“软实力”质量，不仅要看其资源的数量，还要看其资源的质量，以及对其他国家施加影响的程度和范围。约瑟夫·奈在其著作《软力量：世界政坛成功之道》中指出，“软实力”不仅是影响力和说服力，它更是一种吸引力，而吸引常常导致默认。[①] 所以，影响力、说服力和吸引力三力组合体才是奈的“软实力”。从“软实力”的相关理论表述中可以得出，“软实力”的目标是对其他国家的政府和人民产生“吸引力”“认同力”“同化力”等。

种种分析和迹象表明，大众传媒在提升国家“软实力”方面具有重要的作用。一个国家可以根据自己的利益和需要，通过大众媒体设定有利于自己的国际议程，将有利的国际舆论形势演变成一种社会控制。由此看来，大众传媒的影响力是一个国家强大的“软实力”。

有关学者曾以约瑟夫·奈的“软实力”理论为基础，提出“‘软实力’的形成与强大，得益于以美国为大本营的由西方强大的跨国媒体控制的全球信息传播体系。在这个体系内制造和流通的新闻和娱乐产品弘扬西方的制度、组织机构和主流价值观，并使其合法化”。[②] 美国的全球性媒体，不管有意无意，已经成为美国推行“软实力”政策的排头兵。

事实上，我们生活在两个世界中，一个是被称作“第一经验环境”的现实世界，人们通过感官来体验“第一经验”；另一个被称为“第二经验环境”，即由媒介构建的“媒介世界”。对于无法直接体验的外部世界，人们利用媒体获取信息，形成“第二经验”。人们在某种程度上确实生活在“媒体现实”中，人们得到的信息很大程度上取决于媒体传递什么样的信息，这些信息为人们思考问题、形成经验以及对周围环境作出反应提供了基础。

新闻报道是为了及时，甚至实时、长期、不间断地告诉人们周围发生的事情，从而给公众建立起“媒体现实”。“我们今天对整个世界的认识，对全

① 刘绛华：《国家软实力分析》，《江西行政学院学报》2007年第4期。

② 李希光：《软力量与全球化传播》，载李希光、赵心树主编《媒体的力量》，南方日报出版社，2002，第22页。

国以至全球的政治、经济形势的观察，对周围社会的观察，主要是新闻报道反映给我们的”，[①] 因此，大众传媒通常引导和决定了公众对外界的认识，这也是新闻报道能够动员民众、引导舆论走向甚至有时能制造舆论的关键原因。但是新闻事实一旦被报道，就是经过了意识加工的产品。传媒学者戈夫曼作了个类比，以让观众更好地理解新闻事实。他认为新闻事实“取决于照相机”，而不是“被相机拍摄的物体”，通过不同的拍摄角度和取景方法所还原出的事实也不尽相同。大众媒体在公开报道新闻之前，首先要对既有的新闻事实进行构建，并且用不同的技巧以“某种意识形态”为观众构建一种现实。因此，新闻报道的内容深受各种特定价值观和意识形态的影响，并受到媒体所有者和政府等各种利益集团的控制。换句话说，新闻报道展现出来的是带有主观价值观和意识形态价值取向的内容。

全球传播时代的到来改变了人类的知识结构以及观察世界的方法和思想过程，海量信息使人类难以进行理性分析和判断，使得独立思考的时间和空间受到挤压，人们越来越依赖媒体。面对重大问题，尤其是与国际事务相关的重大问题，公众的价值取向大同小异，甚至出现了舆论同化的趋势，而且这种趋势不声不响、潜移默化地渗透、蔓延到世界的每一个角落。越来越多没有强大话语权的个体和群体发出的不同声音被埋没压服，无法形成多元价值观平等共存的自由氛围，传统意义上多数人享有权利的民主梦想似乎距离人类更加遥远了。

第三节　俄罗斯大众传媒和国际传播发展现状

一、俄罗斯大众传媒格局现状和特点

普京2000年当选俄罗斯总统以后，俄罗斯的政局发生了巨大变化，传媒业也迎来了重大变革和重组。为了减少寡头对俄罗斯政治的影响，俄罗斯开始对传媒业进行改革，政府成为媒体管理的主体，俄罗斯媒体管理开始进入国家控制下的市场模式时期。基于俄罗斯独特国情的市场化改革，体现了俄罗斯经济发展的一些特点。俄罗斯独特的经济特征、国家对媒体市场的监管、

① 刘建明:《现代新闻理论》，民族出版社，1999，第105页。

媒体市场化改革与俄罗斯的文化习惯之间的协同作用，使得俄罗斯媒体市场的发展显示出自身的特点和趋势。

经过一系列改革，俄罗斯逐渐形成了以国有媒体为主，国有媒体与商业媒体并存的媒体结构。俄罗斯目前广播电视管理的主体是俄罗斯联邦通信和大众传媒部，该部负责控制与媒体相关的许可证和频率资源的分配。其下属的新闻出版和大众传媒署，俄罗斯联邦通信、信息技术和大众媒体监督局共同监督广播电视媒体。除了监管机制，政府还利用经济手段实现对媒体的控制。俄罗斯媒体一般由三种基本所有制类型组成，分别为国有制（全部或部分）、私有制和公司所有制媒体。在所有形式的公司中，媒体背后的"大业主"包括国有媒体集团（如全俄国家电视广播公司）、国有控股企业（如俄罗斯天然气工业股份公司）旗下的媒体集团和大型媒体集团。私营媒体集团有俄罗斯国家媒体集团、CTC传媒集团、乌斯马诺夫传媒集团等。在行业竞争日益激烈的环境下，独立媒体往往无法摆脱发展资金不足的困境，它们依靠强势集团偶尔获得必要的发展资金。这种国有化、商业化的混合媒体模式，保证了政府作为媒体的政策管理者和宏观调控者的地位，防止了媒体过多地传播有关本国政府的负面声音。

在这种看似双赢的背景下，政府利用国有媒体和大型国企控股传媒集团，实际上是在加强对大众传媒和舆论的控制。在俄罗斯总统普京的传播哲学中，媒体必须为国家利益服务。他认为，强大的国家权力体系是俄罗斯复兴的唯一资源，[①] 媒体必须在此基础上开展活动。因此他整肃了执政初期寡头们建立的媒体帝国，大力推进媒体国有化，通过不断加强对媒体（包括新兴网络媒体）的控制，强化了国家媒体居主导地位的发展模式。虽然俄罗斯大型私营媒体集团也拥有一定数量的媒体，但核心广播媒体和大型通讯社仍然由大型国有集团控制。

（一）俄罗斯大众传媒格局的现状

目前，俄罗斯媒体大致可分为以下几类。第一类是国有官方媒体，即政府或官方机构成立的全资媒体集团。其运营资金一小部分来自自身广告收入，更多来自政府预算，如政府机关报《俄罗斯报》和在俄罗斯收视率排名

① 杨光斌、郑伟铭:《国家形态与国家治理》,《中国社会科学》2007年第4期。

第一的全俄国家电视广播公司（VGTRK）。2015年，政府补贴占全俄国家电视广播公司总收入的55%，市场收入占45%。第二类是国有媒体，即政府持有51%以上股权的媒体。国家财政对这类媒体的财政支持比第一类官媒要少，广告收入占这类媒体收入的很大比例。例如，在俄罗斯收视率第二的第一频道（1TV），2015年政府补贴占总收入的32%，市场收入占68%。第三类是国有商业媒体，即政府通过国有企业或国有控股公司间接控制的媒体。例如，俄罗斯排名第三的独立电视台的所有者是俄罗斯天然气工业股份公司（Gazprom）媒体控股集团。另外，政府对媒体的操控还体现在严格限制外资准入上。根据俄罗斯现行法律，外国股东持有俄媒注册资本不得超过20%。俄罗斯禁止外国人和具有双重国籍的俄罗斯人成为俄罗斯媒体创始人，禁止俄罗斯的外国电视台进入商业广告系统。外国公司在俄罗斯独立进行收视率统计。

到目前为止，俄罗斯公认的五大媒体集团是全俄国家电视广播公司、俄气传媒集团、俄罗斯国家媒体集团、CTC传媒集团和乌斯马诺夫传媒集团。同时，俄罗斯也有一些有影响力的二线媒体公司，如《共青团真理报》、《莫斯科共青团成员》、俄罗斯今日通讯社、RT电视台、Yandex等。

俄罗斯媒体格局的整体变化一直受到俄罗斯政治的相对较大的影响。大型传媒集团的形成和解散与俄罗斯政局密切相关。到目前为止，控制俄罗斯媒体格局的大型传媒集团直接或间接地处于国家控制之下。

全俄国家电视广播公司是俄罗斯国有广播电视机构，也是俄罗斯最大的媒体集团之一，总部设在莫斯科。它几乎覆盖了俄罗斯领土的每一个角落。全俄国家电视广播公司旗下的电视频道包括俄罗斯国家电视台（Россия）、俄罗斯国家新闻24小时（Россия24）、俄罗斯国家电视一台（Рсcия1）、俄罗斯国家文化电视台（Рсcия К）和俄罗斯国家动画频道（Карусель控股50%）；有线电视频道包括俄罗斯音乐频道（Русский роман）、拳击频道（Бойцовский клуб）、体育（Спорт）、体育一台（Спорт）、科学（Наука 2.0）、俄罗斯卫星电视台（РТР-Планета）、我的卫星（Моя планета）；广播电台包括俄罗斯电台（Радио России）、俄罗斯文化电台（Радио России-Культура）、新闻电台（Вести FM）、灯塔电台（Маяк）和你电台（ЮFM）；网站包括Filmpro.ru、Rutv.ru、Sportbox.ru、Strana.ru、Vesti.ru、Live.Russia.ru、Avto.Vesti.ru、

Hitech.Vesti.ru和VestiFinance.ru。全俄国家电视广播公司覆盖所有行政机构的地方国家广播电视公司。它还控制着欧洲新闻电视频道Euronews 16%的股份。[①]

俄气传媒集团旗下的无线电视频道包括独立电视台（НТВ，在国际落地后为"NTV International"）和 Т Н Т 电视台（娱乐性质）；有线电视频道包括独立电视台电影（НТВ-Плюс. Наше кино）、独立电视台体育（НТВ-Плюс. Спорт）、独立电视台足球（НТВ-Плюс. Футбол）、独立电视台少儿（НТВ-Плюс. Детский мир）、卫星电视有独立电视台（НТВ Плюс）和法律频道（Закон ТВ）；报纸有《论坛报》（*Три буна*）；杂志包括《总结》杂志（*Итоги*，于2014年3月停刊）、《七天》、《电视全景》杂志（*Панорама ТВ*）和《大篷车的历史》（*Караван историй*）等；广播电台包括莫斯科之声、浪漫电台、汽车广播、休闲电台（Relax-FM）、城市FM（Сити FM）、喜剧电台（Comedy Radio）和少儿电台（Детское радио）；电影工作室为独立电影（НТВ-Кино）；院线包括十月和水晶宫（Кристалл Палас）；门户网站包括Rutube.ru、Now.ru；传媒中介包括俄气传媒（Газпром-Медиа）、数位俄气传媒（Газпром-Медиа Digital）。[②]

乌斯马诺夫传媒集团旗下报纸有《生意人报》（*Коммерсантъ*）、《生意人报》（乌克兰版）（*Коммерсантъ. Украин*于2014年停刊）；杂志包括《生意人目录》（*Коммерсантъ.Каталог*）、《生意人金钱》（*Коммерсантъ.Деньги*）、《生意人政权》（*Коммерсантъ.Власть*）、《生意人周末》（*Коммерсантъ. Weekend*）、《星火》杂志（*Огонек*）、《电影的秘密》（*Секрет фирмы*）和《汽车自动驾驶仪》（*Автопилот*）；广播电台为生意人调频（Коммерсантъ FM）；无线电视频道包括你电视台（Ю）、迪斯尼电视台（Disney）；有线电视频道为音乐电视（Муз ТВ）；视频网站为：Clipyou.ru；网站包括Kommersant.ru、你电视媒体（ЮТВ Медиа）；以及俄罗斯最大的信箱网站集团Mail.ru集团，该集团拥有门户网站Mail.ru、社交网站Vkontakte.com和Odnoklassniki.ru、招聘网站Headhunter.ru、拍卖网站Molotok.ru、短信服务ICQ、支付服务

---

① 吴非:《俄罗斯媒体外宣：寡头媒体的调整及延伸》,《学术前沿》2019年第6期。

② 同上。

Qiwi等。①

俄罗斯国家媒体集团（NMG）成立于2008年，总部位于莫斯科。旗下的媒体资源包括圣彼得堡第五频道（72.4%股份）、综合性电视台REN TV（68%股份）、俄罗斯第一频道（25%股份）、家庭影院、第一频道音乐台、时间、电视咖啡馆、第一频道国际版、俄罗斯新闻电台《消息报》（73.2%股份）、周报《生活》、日报《你的日子》、杂志《火热》、杂志气泡（*Buble*）、网站LifeNews.ru、网站LifeSports.ru、网站Super.ru、网站Marker.ru等。

CTC传媒集团成立于1989年，是俄罗斯最大的独立媒体控股公司，在美国注册，总部设在莫斯科。其各个领域的媒体包括CTC、家庭电视、Pepper TV、CTC Love、31电视频道、TV Dixi、Orion、Rio、网站Videomore.ru、网站Domashniy.ru等。

根据俄罗斯媒体监督委员会2017年9月19日的统计，俄罗斯当时有78355家注册媒体，使用102种语言。在这些媒体中，37%是杂志，28%是报纸，11%是网络媒体，10%是电视媒体，7%是媒体广播，通讯社占2%，特刊和其他媒体占5%。尽管所占比例最高的是杂志媒体，但其社会影响力并不是最高的。

电视媒体是俄罗斯媒体的核心，也是俄罗斯人民最喜爱的媒体。俄罗斯收视率排名前三的电视台分别是：俄罗斯第一频道（Россия 1）、第一频道（Первый канал）和独立电视台（НТВ）。俄罗斯大约有20多个国家级电视台，900多个地方电视台。国家电视台在获得大量国家资金的同时，也通过广告等方式获得自营收入，而地方电视台则完全依赖国家资金。在俄罗斯，电视是家庭媒体的主要形式。调查显示，俄罗斯100%的家庭拥有电视，超过一半（57%）的城市家庭拥有两台以上电视。数字电视技术正在迅速发展，带有数字电视调谐器的等离子电视可以直接连接到互联网，覆盖了近一半的城市家庭（49%）。90%的城市居民几乎每天都使用电视。54%的受访者表示，在家时他们都会打开电视。

俄罗斯人仍然喜欢听广播节目。据统计，60%以上的俄罗斯人每天会收听广播，平均每天收听时间超过2小时。俄罗斯广播听众的总数约为4600万。

① 吴非：《俄罗斯媒体外宣：寡头媒体的调整及延伸》，《学术前沿》2019年第6期。

《俄罗斯联邦2009年广播电视目标发展计划》指出，俄罗斯全国广播覆盖率总体呈下降趋势。城市无线电只覆盖2500万人，不到城市人口的70%；立体声调频广播覆盖率也在下降。全俄社会舆论研究中心的统计数据显示，73%的居民表示家中至少有一台收音机，27%的居民家中没有任何无线电设备，22%的居民通过互联网收听广播。[①]

近年来，俄罗斯报刊业在衰落。主要原因有两个：第一，在网络和移动通信设备的影响下，居民的信息需求正在发生变化；第二，居民购买力逐渐下降。充斥于人们生活各处的互联网和数字技术，是如今报纸和媒体面临的最重要的挑战。研究表明，俄罗斯纸业媒体的总发行量下降，对互联网电子出版物的需求在上升。读者需求很少的出版物面临着重组，在莫斯科和其他主要城市，发行量减少了，付费报纸的读者受众减少了，读者对“不那么活跃”的印刷杂志的兴趣也减少了。纸质出版物已不能满足读者的各种需求。印刷工业的技术限制也影响了读者的选择。利用期刊主导舆论是各地方政府的主要手段。地方出版社，即共和国、地区、州和市的出版组织，而不是联邦一级的印刷媒体，在这一领域发挥着巨大的作用。这是因为报刊的半官方性质被地方政府机关努力保持着，特别是报纸。现在，大多数地区性报纸的创办人是联邦政府和市政府机构，其从地区和地方预算中拨款给报纸，即政府资助自己的报纸和媒体。

俄罗斯互联网和社交媒体近年来发展快速，目前在全球排名第六，俄罗斯拥有大约600万个网站。根据俄罗斯法律，每天有3000多次点击的在线出版物可以申请媒体注册。据统计，2016年，俄罗斯有8600万互联网用户(12岁以上)，其中70%是俄罗斯成年人。俄罗斯最大的三家互联网公司Yandex、Mail.ru和Rambler & Co都是本土公司。Yandex是俄罗斯最大的搜索网站，提供了广泛的新闻和信息。

（二）俄罗斯大众传媒行业特点

近年来，随着俄罗斯经济的逐步好转，俄罗斯传媒市场逐步转型，主要呈现出以下几个特点。

---

① 李芳、徐龙稷：《俄罗斯媒体空间：现状与趋势》，《西伯利亚研究》2017年第1期。

1. 媒体市场监管趋于规范化、法制化

20世纪90年代初俄罗斯联邦成立后，在整个政治经济体制转型的背景下，大众传媒业也经历了一个从无序到有序、从完全放松管制到金融寡头控制的转型过程，后来国家恢复对媒体的有效管控，使其最后形成了目前相对平衡的发展格局。当下，虽然俄罗斯传媒业的所有制形式五花八门，其中包括国有媒体、国有公司控股媒体和民营商业媒体，但国有媒体仍然主导着媒体领域。在俄罗斯，媒体必须为国家利益服务，国家安全是一条难以逾越的底线。政府控制的国有媒体控制着舆论的方向。国家对媒体市场的监管主要分为两部分，一是设置媒体市场准入门槛，审查媒体资质，监督管理各类媒体机构的市场活动。这部分管理工作由俄罗斯联邦通信、信息技术和大众媒体监督局负责。二是通过立法和发布行政命令，实现对媒体市场的监管。

俄罗斯现行的《大众传媒法》于1991年12月27日颁布。在随后的20年里，它经历了数十次修订，其中自2000年普京就任总统以来，共进行了26次修订。最密集的修订集中在1995年和2013年，仅这两年就进行了8次修订。在历史上所有的修订中，只有第三章关于禁止新闻审查的规定没有调整。它明确规定禁止新闻审查要求，领导、国家机关、组织、机构或社会团体不得要求大众传媒机构就播发的消息和材料与之事先进行协商，不得禁止播放全部或部分新闻资料，不得设立和投资于实行新闻审查的组织、机构和个人。

尽管俄罗斯通过了禁止新闻审查的立法，但俄罗斯媒体并非绝对自由。国家对传媒业的控制暂时没有放松。俄罗斯总统普京认为，只要媒体不触及政治安全和国家安全，在追求经济利益、为国家提供服务、充当良好舆论领袖时，基本上是自由的。游戏规则最终制定者是政府，它通过发布行业行为准则加强对媒体的管控。媒体报道的内容被普京施加了许多限制，例如，禁止媒体攻击国家领导人，并且有关紧急情况的报道要受到审查。每周各联邦频道的主管们都会去克里姆林宫接收政府的消息。媒体自我审查制度比国家新闻审查制度更具限制性。俄罗斯仍有一定数量的独立媒体。然而，近年来，政府通过了一系列涉及媒体领域的限制性法案，不断挤压这些独立媒体的生存空间。

除了专门的《大众传媒法》，在俄罗斯，媒体的行为也受其他法律法规规范。《俄罗斯联邦宪法》《俄罗斯联邦劳动法》《俄罗斯联邦刑法》《刑事诉讼法》《俄罗斯联邦民法典》《税法》和《总统法》对媒体有大量的规定。此外，俄罗斯还有许多涉及传媒的专项联邦法，如《国家机密法》《国家权力机构在国家新闻媒体中的活动阐明程序》《信息、信息技术和保护信息法》《广告法》《关于个别形式媒体的许可证制度法》《紧急状态法》等。除了这些特殊的联邦法律外，俄罗斯总统令和联邦政府决议也在规范媒体行为方面发挥着重要作用。

俄罗斯政府还通过立法，进一步加强了对网络空间的监管。2014年8月1日起，《俄罗斯知名博主新规》正式生效。2014年4月，俄罗斯杜马和联邦委员会审议通过了这一条例，并于5月初由俄罗斯总统普京签署。这项法律进一步规范了俄罗斯的网络环境。《俄罗斯知名博主新规》规定，每天页面浏览量超过3000次的博主被认定为知名博主。他们的博客相当于新闻媒体，必须遵守俄罗斯大众媒体法的相关规定，不能匿名，其个人信息和联系方式必须在网页上明确说明。新法要求知名博主核实所发布信息的真实性；不得传播侵犯公民隐私权的信息；不得利用网站或自己的网页从事非法活动；不得泄露国家机密；不鼓吹包含公开呼吁实施恐怖活动的材料或公开美化恐怖主义和其他极端主义的材料；不传播宣扬色情或暴力的材料；不传播含有淫秽语言的材料；不得散布已发布的虚假信息。知名博主滥用信息发布权将承担刑事责任。《俄罗斯知名博主新规》规定，所有知名博主必须在俄罗斯联邦通信、信息技术和大众媒体监督局登记或等待监督局向其发出注册通知；知名博主注册后必须提交个人信息并在博客上发布公告，不得冒充他人或发布虚假信息。俄罗斯监管机构如果无法确定知名博主的身份，那么它将会向网站托管服务提供商发出通知，通知他们必须提供相关信息。为了净化网络空间，保护儿童远离有害信息，俄罗斯于2010年12月31日颁布了《保护儿童免受不良信息危害网络审查法》。根据新法案，网站如果不及时清理传播儿童色情、毒品、诱导儿童自残等内容的网站，那么其IP地址将被俄罗斯联邦通信、信息技术和大众媒体监督局列入“黑名单”，记录在这份黑名单上的网站将被勒令关闭。该法案于2012年9月生效。

此外，俄罗斯联邦政府为打击极端主义思想通过互联网传播、制造社会不稳定，修订《信息、信息技术和信息保护法》，并重组与政府背道而驰的网站。该法案于2014年2月1日生效。2014年3月，俄罗斯联邦通信、信息技术和大众媒体监督局关闭了日刊网站和反政府活动人士纳瓦尔尼的社交网站livejournal和莫斯科回声电台的个人博客。截至2014年年底，多达4.6万个网络链接被俄罗斯联邦通信、信息技术和大众媒体监督局列入“黑名单”。

2. 媒体发展趋向集团化

在当今俄罗斯媒体领域，集团化已成为一种重要的发展模式。其中包括全俄国家电视广播公司等国有媒体集团、俄罗斯天然气工业股份公司媒体控股集团（Gazprom media Holdings）等大型国有控股公司旗下的媒体集团，以及俄罗斯国家媒体集团和乌斯马诺夫传媒集团等媒体集团。在传媒集团化的过程中，民营传媒集团通过并购重组，不断优化和壮大自身实力，将一度分散的媒体集中起来，涵盖从传统媒体到新媒体的所有媒体形态。俄罗斯国内优质的媒体资源日益集中于少数媒体集团。此外，一些正在进行或正在讨论的媒体并购间接表明，行业内具有绝对影响力的大型传媒联合体是未来新的发展趋势。

在这种传媒集团化的发展模式下，似乎可以看到20世纪90年代的商业集团分割占领媒体的影子。两者的共同点是，媒体与国家最高权力机构保持着密切的关系，但本质区别在于，当时的工业金融寡头利用媒体作为工具，参与和控制国家的政治生活，并利用手中的媒体进行干预高层政治团体的斗争。现在，媒体集团与当权者达成共识，保持统一的声音。尽管俄罗斯媒体运营组织存在明显差异，但俄罗斯媒体控股集团和媒体集团仍有一些共同的特点。共同点体现在媒体的聚集空间和策略上。当地市场的发展和对新技术的投入是值得关注的特点之一。产业链的垂直融合是当前一种特殊的趋势，尤其是大型传媒集团。最著名的例子是俄气媒体的TNT电视网收购以制作娱乐搞笑节目为主的喜剧俱乐部。此外，几乎所有的媒体都在互联网上发布自己的节目，以保持或扩大受众，并开辟更多的广告平台。依托下属网络项目建设进行垂直扩张也是最普遍、最受重视的发展方向。2014年11月，全俄国家电视广播公司、俄罗斯国家媒体集团和CTC传媒集团联合成立了一家全新的影视公司。新公司于2015年1月1日投入运营，计划在3—5年内成为行业内旗舰。根据协议，三家公司将按照三等分的原则获得新公司90%的股份。

从战略角度看俄罗斯媒体集团化的发展，在经济目的不明确的并购中媒体所有权被无序多元化，比如《消息报》在profmedia、乌斯马诺夫、俄气传媒集团和俄罗斯国家媒体集团间转卖。还有一个相反的例子，那就是俄罗斯首富乌斯马诺夫收购了《俄罗斯日报》和俄罗斯排名前三位的社交网站、俄语世界最大的互联网公司“Mail.ru”，彻底巩固和提高了自己在传媒领域的地位。在媒体发展战略规划中注入成熟的商业运营内容，是俄罗斯传媒集团发展的最普遍趋势。

从区域市场发展的角度看，目前俄罗斯媒体聚集的趋势主要表现为向心化，即媒体集团覆盖全境的大部分节目，媒体总部都在首都莫斯科。因此，出现了整个俄罗斯联邦的媒体市场几乎就等于莫斯科媒体市场的现象。所有的媒体资源都集中于资本，这是一个重要的问题，它导致俄罗斯国内媒体市场发生严重的不对称性。媒体市场主要参与者对区域市场的不对称扩张导致中央和地方政府之间的收入分配长期失衡，以及莫斯科以外地区的传媒产业资本过少。例如，2012年俄罗斯所有地方电视频道的广告收入为315亿卢布，仅占整个市场的22%。在这种情况下，地方媒体公司不可避免地受到联邦政府的影响。

3. 传统媒体与新媒体发展趋于高度融合

在互联网兴起初期，传统媒体通过推出自己的网络版来实现新媒体化。但是，它的内容基本上是传统媒体发布内容的复制品。很快，这些网络版开始探索更符合互联网自身规律的生存方式。随着数字技术以及网络技术的蒸蒸日上，新的信息传播方式和出版终端的出现，传统媒体进一步转型。现在，它与新媒体内容、渠道、平台、运营等深度融合，充分发挥各自优势，衍生出更加多样化、更加丰富、更符合不同平台用户需求的信息产品。

在俄罗斯，媒体融合已成为传媒业发展的大势所趋，是新技术驱动、产业竞争激发下媒体所采取的必然选择。整合程度与媒体规模和资金基础密切相关。总体而言，国有媒体、联邦级媒体、大型传媒集团发展最快，媒体整合程度最高，信息产品形式和传播渠道更加丰富。然而，由于资金和人力的限制，地方媒体在媒体整合方面进展缓慢。俄罗斯传统媒体与新媒体融合的趋势主要呈现以下特点。

首先是传统媒体网络化、电子化和数字化。在互联网快速发展的时代，传统的报纸、媒体、电视、广播都与互联网资源相连接，普遍开始实现网络化、电子化、数字化，以更适应社会经济新发展，实现与网络媒体互动。俄罗斯媒体产业的数字化与互联网的进步和发展密切相关，2017年媒体月度受众占总人口的70%以上。互联网作为一种传播空间及其媒体内容分布的独特性，不可避免地使其成为俄罗斯媒体业务的重要组成部分。随着互联网的不断普及，互联网已经成为传统电视、广播电视行业的主要竞争对手。许多媒体正在为手持智能移动终端开发发布平台（App客户端），其发布的信息产品同时面向多个平台。除了建立自己的出版平台，大多数媒体的网页上都有社交网站的链接。出版平台的多元化推动了内容生产方式的转变。《消息报》《生意人》《每日商业资讯》等主要纸媒在内容上采用了原有的传统媒体平台和新媒体平台。生产方式的深度整合重新安排了工作场所，而且在整合了原有传统媒体平台的基础上，传媒机构建立了统一的多媒体媒体平台。编辑部增设了文字编辑、多媒体制作和图形编辑等岗位，也提出了对编辑记者的采编技能的新要求，凡掌握文字、音像采集、图标制作等技能的媒体人才都受到青睐。记者在新闻网站收集到的文字、图片、音像资料存放在统一的媒体资产管理平台，经过筛选、再加工后，在不同媒体平台发布。在一些拥有平面媒体、广播电视、网站等媒体形式的大型媒体集团中，不同媒体平台可以共享资源，进而制作出不同形式的信息产品。

其次是品牌整合。传统媒体依托主营业务的品牌优势，构建多元化的产品链，以主营核心业务为基础，逐步向其他行业或产品延伸，实现传媒品牌跨区域、跨媒体、跨行业的运营。例如俄罗斯商业咨询传媒集团，1993年成立的俄罗斯商业信息局是它的前身。经过二十多年的发展，公司已成为一家集互联网业务、电视媒体、平面媒体于一体的多媒体集团。互联网是公司的核心业务，公司旗下拥有20个知名的在线品牌，包括一个专注于发布商业报告的商务咨询网站和一个专业的技术信息网站C.News。此外，它还拥有俄罗斯唯一的商业电视频道商业咨询-TV和两个同名平面媒体——《商业咨询日报》和《商业咨询》月刊。

最后是制度整合。制度整合不是各种媒体优势的简单叠加，而是通过媒体集团结构性能的整合，从而形成更有效的发展形式。传统媒体、互联网公司和社交媒体等媒体形式正在融合。传统媒体、互联网企业、社交媒体等媒体形式存在趋同现象，运营上开发商与分销商同样存在趋同。得益于互联网，社交网站快速发展，多媒体设计也在随之迅速发展。一些互联网应用，如搜索网站、电子邮件等，开始集成到更复杂的多功能应用中。一些社交网站已经成为讨论电视节目和媒体标准的平台。融合平台使传统媒体能够寻找到新的发展战略，包括内容整合、平台整合和与受众互动。尤其是在数字媒体时代，年轻一代的数字消费模式越来越受到社交媒体的影响。就数字媒体业务模式而言，混合解决方案的方法是在广告和基于订阅的个性化广告、跨设备定位和附加应用程序、电子邮件支持、博客和新闻聚合服务之间取得平衡。由于俄罗斯媒体产业数字化大规模转型的影响，数字媒体生态系统出现了。这个由最大的数字媒体公司（例如Yandex和Mail.ru搜索引擎，VKontakte社交网络或Telegram Messenger）组成的生态系统现在已经代表了相互依存的经济和技术要素的环境，形成了一定的生产、存储、分配和传播数字内容的能力。

2013年年底，俄罗斯总统普京签署总统令，撤销俄罗斯著名的老牌通讯社俄新社和世界上第一家国际广播电视台俄罗斯之声。在这两家媒体的基础上，成立今日俄罗斯国际通讯社，它专注于报道俄罗斯的国家政策和海外社会生活，提高了国家对外宣传的效率。这是近年来俄罗斯媒体机构整合的一个典型案例。2014年11月，今日俄罗斯国际通讯社推出了自己的国际新媒体项目卫星通讯社。它计划在全球建立30多个新闻中心，招募数百名海外记者，并进行本土化的新闻采编和发布。卫星通讯社的平台包括新闻通讯社、网站Sputniknews.com、新闻中心以及用30种语言进行播报的广播电台。据其创始人介绍，这一新媒体项目最大的特点是，其内容并非在莫斯科，而是在事件发生地制作，即实现从新闻采集到发布的本土化运作。在北京设立的中文信息专线使用中文进行报道。报道内容包括中俄外交政策、两国在国际舞台上的战略合作、全球经济改革、双边经济合作、军事技术和先进技术等、两国参加的国际和地区组织（包括联合国、上海合作组织、金砖国家）框架下的活动和项目、俄罗斯和独联体国家的投资环境和外国公司的经营特点等。在北京开通的中文信息专线的受众主要是中国媒体、国际中文新闻广播媒体、商界人士、包括各部委在内的国家机关、外交使团、科研单位和非营利组织。

总之，俄罗斯媒体顺应了时代的发展。国家直接或间接掌握着俄罗斯主流媒体的所有权和控制权。其媒体结构呈现出传统媒体与新媒体高度融合的格局，形成了一个综合性的立体媒体空间。媒体的发展适应了受众多样化的需求，呈现出多元化的发展态势。在社会经济转型的条件下，当代俄罗斯传媒体制也被经济力量所改变。市场的兴起给传媒公司的经营带来了新的商业模式，带来了受众竞争和广告收入，成为影响媒体结构和行为的重要推动力。内容生产和发行的数字化，以及媒体、通信、网络的融合，扩大了传统媒体传播的范围，促进了媒体领域的发展，成为创业和投资的新领域。可以说，俄罗斯的媒体转型为媒体系统的出现和发展提供了一个有趣而独特的例子。媒体系统处于多种压力之间，既有世界市场驱动的压力，也有特定国家和历史带来的压力。全球传媒业共有的过程，包括媒体公司和内容市场的商业化、媒体所有权的集中化以及不断变化的社会动态，导致了应对数字革命的新媒体消费模式的出现。所有这些在俄罗斯都是显而易见的。另外，俄罗斯传媒业仍有许多民族特色，这可以用俄罗斯经济政治变迁的制度特征和历史文化的路径依赖来解释。国家与媒体之间的特殊联系，导致了国家机构在俄罗斯传媒业中的多重角色，包括决策者、监管者、所有者和金融支持者的角色，这既体现了传统媒体经济环境的延续性，也体现了后经济时代的特殊性。

（三）俄罗斯社交媒体发展现状

目前，在俄罗斯，信息基础设施的关键系统和要素仍然依赖国外的生产、监控中心。并非所有世界上最大的互联网和社交网络用户（如谷歌、油管、脸书和推特）都是俄罗斯居民。现代数字技术，特别是大数据分析系统，不仅可以为固定用户提供网络定位，还可以形成一个系统的信息文件，用于定向广告，并传输给第三方，用于数字控制。在利用全球网络的技术工具制作和传播信息的同时，还出现了审查和监测公民的新机制。由于数字控制策略是一个镜像，并日益深入各个利益群体和影响中心的实践中，在互联网上充分实现一个开放、平等的社会互动平台的功能已经成为一种幻想。在这种情况下，它不仅会对俄罗斯的网络环境产生内部影响，还会对外部政治产生影响。在信息的背后，有一定的力量可以用来形成一个文化和政治空间，从而形成公众意识。数字信息流的细节及其在现代社会中的感知特征对这类工作的实现起着重要的作用。由于最新的传播工具既大又好用，越来越多的人发表和传播自己的评价和判断，从而产生了“多重事实”的真实性有待证实的情况。信息的数量和密度决定了人们快速感知事件序列的能力，也降低了他们批判性解释的能力。压制公共信息是一种普遍现象。只有9%的俄罗斯人确信他们有能力分辨真假信息，另有46%的俄罗斯人承认他们在信息流中无法分辨真假。对于消费者来说，信息准确性的标准不再是首要问题。近半数的俄罗斯居民认为，如果这些信息与他们没有直接关系，那么他们不需要获得真实可靠的信息。这一切为通过虚拟网络和社交媒体大规模操纵公民的意识和行为创造了前提。

1. 俄罗斯常见社交媒体平台

俄罗斯最主流的社交媒体平台不是国际上使用率很高的脸书和推特。在俄罗斯使用的西方社交媒体软件中，油管是市场的领导者，拥有85%的活跃用户，其次是沃茨阿普（WhatsApp，59%）和照片墙（46%）。本书主要介绍了一些在俄罗斯常见的社交媒体网站，如油管、脸书、照片墙、联系（Вконтакте，Vkontakte，简称VK）、同学社交网和我的世界（Moi Mir）。在俄罗斯，最早的社交媒体博客出现在1999年，其中生活杂志是最具影响力的。之后，一些传统媒体开始在网上提供博客服务。俄罗斯本土社交网站自2006年以来相继建立，例如同班同学（Одноклассники）、联系、我的世界等。并且，国外的社交网站如推特、脸书等也相继成立，油管在俄罗斯也被广泛使用。目前，联系是俄罗斯用户最多的地方社交网站。根据2017年1月的数据，联系日夜用户平均达到8771万人，注册用户4.1亿人。此外，根据2017年2月的数据，联系仍然是全球第四大受欢迎的社交网络。在手机应用中，使用最多的也是联系，它每月有1.07亿用户。由于社交媒体的用户数量可以与传统媒体相媲美，所以它成为影响包括政治传播在内的社会生活的重要媒体。

（1）联系

联系是俄罗斯最大的社交媒体平台。该国83%的社交媒体用户正在使用该网站。这意味着联系每月有近4000万的独立用户，许多年轻人都热衷于使用这个网站。在风格和功能上，联系与脸书非常相似。它的普及很大程度上取决于它集成的文件共享功能，用户可以直接在联系上发布视频和音乐。视频方面，联系是俄罗斯最受欢迎的视频网站之一，在俄罗斯市场的表现可以与油管竞争。联系的英文界面为国际品牌提供了绝佳的机会。该平台的定位工具也使品牌能够实现特定的广告投放。

（2）同班同学

同班同学是俄罗斯第二大本地社交媒体平台。在俄罗斯，大约55%的社交媒体用户在该网站上拥有账户。这意味着该网站在俄罗斯市场的表现仅次于油管、联系和沃茨阿普。该平台每月拥有超过3000万的独立用户，比照片墙、脸书和推特更受欢迎。联系、同班同学更受俄罗斯老年人的欢迎，女性用户多于男性用户。其用户的年龄特征可以从平台的性质来解释。该平台的定位类似于现已停业的英国社交网络友聚，旨在重建学生时代的老同学和老朋友之间的联系。

（3）我的世界

我的世界是俄罗斯第三大本土社交媒体平台。它的受欢迎程度不如联系或同班同学，但在俄罗斯社交媒体市场仍占有重要地位。它是由俄罗斯的电子邮箱平台Mail.ru拥有并运营的。实质上，我的世界是一个集博客功能和照片、视频存储以及共享的平台。与此同时，它还具有由Mail.ru电子邮件客户端提供的即时消息推送功能。

（4）电报

电报在俄罗斯，特别是在莫斯科和圣彼得堡及周边地区的市场份额越来越大。它每天有超过340万用户登录。在其他社交网络的隐私被侵犯后，这个平台变得更受欢迎。俄罗斯政府试图拦截信息造成了负面影响，使这个社交媒体平台广为人知。因此，电报被称为“安全的新闻和谈话场所”，提供新闻的主要广播频道每天访问量已达500万人次。电报的首席执行官和创始人帕维尔·杜罗夫也是联系的首席执行官。他所有的演讲、采访和活动都备受关注。

（5）油管

油管是俄罗斯使用最广泛的视频网站。这个平台吸引了许多不同年龄段的俄罗斯人的兴趣。例如，俄罗斯最受欢迎的10个油管频道都以儿童为目标，可以在那里观看儿童动画片。

（6）脸书

如果想瞄准莫斯科及其周边地区的受众，脸书是一个非常可行的渠道。根据脸书提供的数据，1300万俄罗斯用户可以成为广告活动的目标。尽管这听起来不错，但事实上，该平台的广告收入在2018年每季度下降了7.1%。这表明广告商正选择将营销预算用于其他平台。造成这一问题的一个潜在因素可能是俄罗斯政府对脸书的压力。

（7）照片墙

在国际平台中，照片墙表现相当出色。事实上，照片墙可以说是俄罗斯市场上最重要的国际社交媒体。它在俄罗斯的普及速度比任何其他平台都快，可以说是风靡一时。根据脸书提供的数据，照片墙可通过平台上的广告活动来锁定3700万俄罗斯用户。该平台在俄罗斯的受欢迎程度正在迅速上升，并提供了很多广告宣传的机会。

2. 俄罗斯社交媒体用户群体

媒体视野（Mediascope）的研究显示，每月共有9360万俄罗斯人使用互联网，每周有9070万人上网，每天有8280万人上网。其中，8050万人使用移动设备，6390万人使用个人电脑。根据德勤会计师事务所2019年的统计，俄罗斯每天有3090万人在个人电脑或手机上使用社交网络。在所有社交终端用户中，有22%的用户参与到社交终端的讨论中，占10%。据统计，用户每月使用个人电脑终端登录和浏览社交媒体的时间占21%，而使用移动终端占26%。但需要指出的是，在这种情况下，使用个人电脑播放视频的长度占主导地位。所有年龄在12—64岁的用户平均每天花52分钟浏览社交网站，而这一数字在12—24岁的年轻人中则更长，为平均每天83分钟，其总数占社交网站全部访问时长的22%。3020万网民通过电脑使用社交网络，87%的网民通过移动终端使用社交网络。其中，只使用计算机终端的用户占18%，只使用移动终端的用户占33%，同时使用计算机终端和移动终端的用户占49%。捷孚凯市场研究集团（GFK）俄罗斯公司的研究也显示了类似的结果：到2018年年底，有9000万16岁以上的俄罗斯人使用互联网，7300万俄罗斯人使用移动互联网。

在所有互联网用户中，搜索引擎是最受欢迎的网站，紧接着就是社交网络。每月有4120万俄罗斯用户登录油管，其次是联系，每月活跃用户为3820万。此外，拥有3070万月用户的照片墙和2340万用户的同班同学也是俄罗斯社交媒体中非常受欢迎的平台网站。其中，联系和照片墙最受16—24岁用户欢迎，脸书在45岁以上用户中最受欢迎。在年龄较大的用户（55岁及以上）中，油管、同班同学和联系很受欢迎。说到用户发布内容的活动，联系可以说是遥遥领先。根据品牌分析（Brand Analytics）的一项研究，联系每月有超过100万条更新。同班同学以36.4万个帖子排名第二，照片墙排名第三（30.4

万个帖子）。每月最活跃的用户群是联系用户，同班同学位居第二，其次是脸书和照片墙，推特居第五。有2040万用户同时使用脸书和联系。俄罗斯有1840万用户只使用联系，270万用户只使用脸书。

联系是俄罗斯最受欢迎的社交网络之一。根据媒体视野的数据，来自俄罗斯联邦的3820万用户每月访问联系，2300万用户每天访问联系。超过一半（54.4%）的联系用户是女性。2019年6月，联系宣布该平台拥有5880万用户。在这些用户中，有2740万男性和3100万女性。同班同学在俄罗斯每月有2300万用户。每天有900万用户访问这个社交网站。平均来说，用户每天在同班同学上花费大约20分钟。在这个社交媒体平台上，女性占主导地位：61%的用户是女性。成人用户非常活跃，尤其是35—64岁的用户群体。此网站的用户最低年龄为12—24岁。我的目标（MyTarget）的信息中心显示，同班同学上的广告大约覆盖1620万用户。照片墙在俄罗斯一直保持着流行趋势。每月有3070万用户使用照片墙。每天有1430万人访问这个社交网站。社交媒体用户平均每天花25分钟在照片墙上。与此同时，照片墙每月活跃用户数量仍在增长。每月有1030万俄罗斯用户登录脸书。据统计，脸书平台13岁及以上的俄罗斯用户数量为860万（数据截至2019年6月）。

3. 俄罗斯对社交媒体的管理措施

2012年前，虽然俄政府也在一定程度上对互联网进行了正式和非正式的控制，但俄罗斯对社交媒体的管理措施相对宽松，很多措施并未真正落实。俄罗斯政府尊重宪法对公民的保护，强调公民在互联网获取和使用信息上的权利和自由；同时，俄罗斯政府还将互联网自由视为推动经济创新的重要力量和源泉。但是，普京开始第三个总统任期以来，由于在总统选举过程中出现了影响社会和政治稳定的因素，俄罗斯政府开始加强对社交媒体的管理和控制，转向规范化管理，主要从以下三个方面对社交媒体进行制约。

一是法律手段。2012年以后，俄罗斯颁布多项涉及社交媒体的相关法律，主要有以下内容。

其一，制定“网络黑名单法”。俄罗斯通过了联邦法律《关于修订〈保护儿童免受不良信息危害网络审查法〉以及防止接触违法信息的系列单行法规》（俗称“网络黑名单法”）。该法增加了一些条款，以过滤基于列表系统的网站，并封锁被禁止的互联网资源。这个列表是一个域名列表和网站地址列表，这些网站在俄罗斯被禁止发布，该列表被称为“黑名单”，之所以颁布“网络黑名单法”，是为了约束那些对儿童成长有害的网站。根据该法，“存在儿童色情、毒品、诱导儿童自残等有害信息的网站如果不及时‘净化’内容，就会被列入‘黑名单’，同时网络运营商将被责成关闭网站”。[①] 该措施的目的是实施互联网审查，有专家认为“限制和监察网络信息的传播因开启了网络检查的制度而有了法律依据”。

其二，制定《反盗版法》。第187号联邦法律《关于修订保护信息与通信网络领域知识产权的系列单行法规》(俗称《反盗版法》)于2013年7月2日通过。该法规定，可以根据版权所有者的要求关闭含有不被许可内容的网站。该法重点指出，相关网站如果在版权所有者警告后，还没有修改或者删除有争议的内容，将会被政府强制关闭。

其三，制定《封闭极端主义网站法案》。2013年12月俄罗斯联邦出台《封闭极端主义网站法案》。根据这项法案，“联邦通信、信息技术和大众传媒监察局根据总检察长或者副总检察长的命令，在不经过司法程序的情况下，就可以关闭会引起大规模骚乱、极端行为、大规模公共活动和破坏稳定行动的网站”。[②] 截至2014年3月，俄罗斯政府关闭了6个宣扬极端主义的网站。

其四，制定《俄罗斯知名博主新规》。2014年5月5日，普京签署《俄罗斯知名博主新规》。根据该法，每日访问3000多次的社交媒体博客应遵守媒体标准。根据该法，知名博主虽有合法身份，但必须进行实名注册，公开邮箱，保证发布信息的准确性，不允许他们发布极端主义内容，否则他们将面临罚款。

其五，修订规范处理信息与通信网络领域个人数据的系列单行法规。2014年7月21日，俄罗斯通过了第242号联邦法律《关于修订规范处理信息

① Федеральный закон от 29.12.2010 № 436-ФЗ «О защите детей от информации, причиняющей вред их здоровью и развитию» / URL: http://www.kremlin.ru/acts/bank/32492, 2012.

② Федеральный закон №398 -ФЗ «О внесении изменений в Федеральный закон» «Об информации, информационных технологиях и о защите информации» / URL: https://tass.ru/obschestvo/930371, 2013.

与通信网络领域个人数据的系列单行法规》，自2016年9月1日起生效。[①]

其六，修订反恐一揽子法案。2016年7月，俄罗斯总统普京签署了第374号联邦法案《关于修订联邦法律〈反恐法〉和俄罗斯联邦单行法律以确立反恐补充措施和保障公共安全》，该法案被称为“反恐一揽子法案”。通信运营商和信息传播组织者根据该法案有义务保留视频内容、音乐、计算机程序、书籍、文本和照片三年。根据该法案，所有在俄罗斯网站上存储的数据应提交给负责调查或保护俄罗斯安全的国家当局。此外，“互联网服务提供商必须单独向联邦安全局提供密钥，以便相关人员能够解码通过这些服务器发送的加密信息。如果拒绝提供密钥，他们将面临高达80万至100万卢布的罚款”。[②]

二是行政管理手段。为了加强对社交媒体的制约和管理，除法律手段外，俄罗斯国家当局还采取了一些行政手段。2013年12月，在俄罗斯当局的压力下，社交媒体联系的创始人和经理杜罗夫辞去首席执行官一职。随后，他卖掉了公司股份，并在2014年移民国外。

三是资本手段。除法律和行政管理手段之外，与俄罗斯政权关系密切的寡头通过资本手段控制着社交媒体，间接保证了俄罗斯政权对社交媒体的控制。2013年4月，联合资本合伙人（United Capital Partners）收购了联系创始人杜罗夫48%的股份。据说，这家公司的实际控制人谢钦长期担任普京的秘书并且是俄罗斯石油公司的首席执行官。那时，控制社交网站上的言论取决于收购的意图。Mail.ru Group公司手中掌握着联系另外39.9%的股份，另外12%的股份由杜罗夫掌握。

由于与俄罗斯官员发生冲突，杜罗夫在2014年1月将其12%的股份出售给了朋友，但随后这12%股份在2014年3月初，被转卖给了Mail.ru Group公

① Федеральный закон от 21 июля 2014 г. N 242-ФЗ «О внесении изменений в отдельные законодательные акты Российской Федерации в части уточнения порядка обработки персональных данных в информационно-телекоммуникационных сетях» (с изменениями и дополнениями) / URL: https://base.garant.ru/70700506/, 2014.

② Федеральный закон от 6 июля 2016 г. N 374-ФЗ «О внесении изменений в Федеральный закон» «О противодействии терроризму и отдельные законодательные акты Российской Федерации в части установления дополнительных мер противодействия терроризму и обеспечения общественной безопасности» / URL: http://www.kremlin.ru/acts/bank/41108, 2016.

司。所以，2014年3月以后联系51.99%的股份归Mail.ru Group所有。联合资本合伙人2014年9月将其48%的股份出售给了Mail.ru Group公司，如此，Mail.ru Group公司成为联系的唯一所有者。Mail.ru Group先前已拥有俄罗斯本土社交网站同班同学和我的世界，所以，此时Mail.ru Group拥有俄罗斯三大本土社交网站。而Mail.ru Group的共同拥有者是俄罗斯富商乌斯马诺夫，Mail.ru Group15.2%的股份由母公司乌斯马诺夫传媒集团控制，并且其持有Mail.ru Group公司63.8%的股票权，因此，2014年9月以后俄罗斯三大本土社交网站都被乌斯马诺夫集团控制着。

二、俄罗斯对外传播格局现状和策略

在历史上各种舆论宣传战中都有俄罗斯的身影，作为其中的重要参与者，俄罗斯国际传播历史悠久。在经历了苏联的辉煌和叶利钦时代的低谷后，俄罗斯的国际传播仍在经历着重建和转型。2000年，普京接任俄罗斯总统以来，一方面逐步恢复对国家媒体的控制；另一方面，他加强媒体对外交流合作，开启了俄罗斯媒体全球化进程，限制外国媒体在俄罗斯的活动，反击西方的宣传。

（一）俄罗斯对外传播格局现状

媒体建设是俄罗斯国家战略发展计划的重要组成部分。因此，第一频道、RT电视台和其他媒体公司都被列入俄罗斯国家战略企业名单。俄罗斯电视台、俄罗斯通讯社、《共青团真理报》等媒体的业务能力和影响力持续增长。特别是今日俄罗斯国际通讯社和RT电视台后来居上，成为世界领先的媒体。

根据传播技术的不同，参与国际传播的俄罗斯媒体可分为五类：国际性纸质媒体、国际广播、国际电视台、国际通讯社和网络媒体。

1\. 国际性纸质媒体

（1）《俄罗斯报》

《俄罗斯报》是俄罗斯政府的官方报纸，也是反映官方政策的重要媒体工具。该报主要发布法律、总统法令、俄罗斯政府各部门的报告和官方评论，以及各种政治、经济、社会、文化和体育新闻。由于俄罗斯强大的行政资源，作为俄罗斯权威媒体之一，《俄罗斯报》的发行渠道畅通。《俄罗斯报》下属的《透视俄罗斯》近年来发展迅速，是俄罗斯对外宣传的主要媒体之一。《透视俄罗斯》采用与当地媒体合作出版的方式，以14种语言在21个国家发行，联系起外国读者与俄罗斯。它的合作伙伴是具有国际影响力的报纸。在美国，它们是《纽约时报》《华盛顿邮报》《华尔街日报》。

（2）《共青团真理报》

成立于1925年的《共青团真理报》，是俄罗斯最大的印刷媒体，是报业市场上拥有庞大的读者群和最具影响力的报纸之一。它拥有同名的网站、广播和电视台各一个。报纸的立场与政府的立场相近。它是俄罗斯重要的对外宣传媒体之一，在独联体、中东欧和西欧地区拥有大量读者。

（3）《论据与事实》

《论据与事实》周报成立于1978年，是俄罗斯最受欢迎的报纸之一。它采用的是大众化的报道方式，是了解俄罗斯社会问题的最佳读物。该报有广泛的读者群，可以在包括美英德在内的几十个国家订阅或购买。网络版和手机版的报纸也很受欢迎，在Yandex的互联网媒体资源中排名前列。该报拥有一个庞大的收集和编辑网络，有《论据与事实健康报》和《论据与事实欧洲报》等副刊。

（4）《生意人报》

《生意人报》，1989年创刊，被称为当代俄罗斯商业媒体的奠基者。它是目前俄罗斯最具影响力的商业报纸之一，也是高质量出版物的代表，还是一个拥有报纸、杂志、广播、网站和其他形式媒体的集团。《生意人报》不仅吸引了商业人士，也吸引了许多对金融感兴趣的普通读者。

2. 国际广播

冷战时期，全球广播作为东西方宣传战的一个重要平台发挥了极其重要的作用。冷战结束后，自20世纪90年代以来，短波听众数量逐渐下降，电台在国际传播中的作用也有所下降。俄罗斯之声与苏联的广播相似，其影响仍局限于邻国，尤其是中亚和高加索等传播技术落后的国家。当前，阿塞拜疆、乌兹别克斯坦和土库曼斯坦已经停止俄罗斯之声的播送。互联网取代了传统广播成为传播信息的国际新平台。在今日俄罗斯国际通讯社整合后，俄罗斯之声被重新以卫星广播网络版推出。电台灯塔和莫斯科回声也推出了在线版和客户端。在俄罗斯国际广播电台中，灯塔、俄罗斯之声、欧洲加密电台等收听频率最高。

3. 国际电视台

（1）第一频道

电视台第一频道历史悠久，前身是奥斯坦齐诺一频道和俄罗斯公共电视台。第一频道是在2002年改的名。该电视台的规模和影响力居俄罗斯首位，长期是俄罗斯电视收视率冠军。第一频道不仅满足大众娱乐的需求，也是俄罗斯政府影响舆论的重要工具，并且被列入战略企业名单。1999年，第一频道的国际频道推出。第一频道成为世界上最大的俄语电视频道并覆盖全球。该电视台全天候播出，信号覆盖欧洲、北美、澳大利亚、非洲、中东等地区和国家。为方便欧洲和北美的观众，其开通了两个时区版本。第一频道在不同的国家的标志是不同的。例如，在白俄罗斯是OHT，在亚美尼亚是TV1，而在哈萨克斯坦是亚洲第一频道。

（2）RT电视台

RT电视台前身是今日俄罗斯，于2005年12月成立。这是俄罗斯政府面向欧洲、北非、东亚、中东和北美的观众开办的一个重要的宣传媒介。它的目标是改善俄罗斯电视频道的传播能力，与欧洲和美国媒体争夺国际地位。2009年，今日俄罗斯改名为RT，新名称一方面简洁醒目，另一方面削弱了俄政府宣传工具的色彩。RT坚持在新闻报道中自行获取信息，很少从其他西方媒体获取信息。RT具有独特的视角和立场，在国际媒体领域引起关注，其影响力继续增长。它在欧洲、北美和亚洲获得了很高的收视率，并成为国际交流的重要参与者。RT专注于互联网、社交媒体等新媒体平台的舆论宣传，新媒体战略相当完备。RT除了开办有今日俄罗斯互联网和移动客户端（可通过电脑、手机、平板电脑等观看其在线直播）外，它还在推特、脸书、油管等社交媒体平台上开设了频道主页。

（3）俄罗斯24新闻频道

全俄国家电视广播公司开办了俄罗斯24新闻频道。它于2006年推出，最初被称为信息站。这是俄罗斯最重要的新闻电视频道，该频道是普京直接建立的。经过几年的运营，俄罗斯24新闻频道已成为俄罗斯最权威、最具影响力的资讯频道，获得了俄罗斯媒体管理国家奖、俄罗斯电视学院奖和年度最佳电视公司等奖项。同时，该频道也是世界领先媒体之一，在主流社交媒体平台上拥有大量粉丝。

（4）独立电视台（HTB）

独立电视台于1993年开播，由寡头古辛斯基所创建。2001年国际独立电视台全天候播出，覆盖欧洲、北美、澳大利亚、新西兰、以色列等地区和国家。2001年，俄罗斯天然气工业股份公司媒体控股集团获得了其控制权和管理权。

4. 国际通讯社

（1）塔斯社（TACC）

塔斯社是俄罗斯历史最悠久的通讯社，成立于1904年。它曾与美联社、路透社、法新社和联合报并列为世界五大通讯社。塔斯社是俄罗斯两大国家通讯社之一。塔斯社在63个国家设有代表处、地区中心和记者站。它为俄罗斯总统办公室、俄罗斯政府和其他国家核心机构提供新闻信息。

（2）国际文传电讯社（Interfax）

国际文传电讯社成立于1989年，是独联体地区最大的私营媒体集团，也是俄罗斯最有影响力的政治和经济媒体之一。国际文传电讯社在全球设立了近40家分公司和代表处，拥有欧洲国际文传电讯、乌克兰国际文传电讯、国际文传电讯局美洲站、金融情报局、石油情报局等近20家分公司，出版刊物100多种。国际文传电讯社用7种语言刊发文章。它的主要产品是政治信息和金融新闻。它在全球金融信息市场上占有一席之地。国际文传电讯社在俄罗斯新闻引文榜上排名前列，占据俄罗斯新闻市场三分之一的份额。

（3）今日俄罗斯国际通讯社

成立于2013年的今日俄罗斯国际通讯社，是俄罗斯政府根据俄罗斯国际通讯社、俄罗斯之声电台等权威对外宣传媒体建立的海外宣传旗舰。该通讯社继续在俄罗斯国内使用今日俄罗斯国际通讯社这个名字，但在其对外宣传中使用了新的品牌“卫星”。其下属的卫星网和卫星广播电视台使用45种语言发布无时差全球新闻和信息文化产品。该机构在世界各地建立了80多个记者站和28个海外区域采编中心，拥有俄罗斯最大的图片库，并被列入俄罗斯企业名单。

5. 俄罗斯网络媒体

随着互联网传播技术的发展，国际传播渠道、技术和策略都发生了变化。新形势下，网络和社交媒体可以轻易克服地理障碍的局限。它们自然具有国际交流的特点和优势。它们涉猎广，参与面广，传播速度快，互动性强，已经成为国际性的交流方式。随着互联网的普及和使用，各国民众通过互联网参政的热情不断高涨。互联网越来越与国家安全、利益和意识形态联系在一起，成为一个重要的战略空间。互联网渗透无疑是现代国际政治斗争的有力工具。

美国凭借互联网技术先进的优势，将新媒体融入不同政治进程，促进世界了解美国政治思想、价值观和文化，为其“软实力”提供了新的来源。如果说传统传媒在“颜色革命”中扮演了重要角色，那新媒体则在近年来的国际传播中发挥了关键作用。互联网已成为支持和动员美国、欧洲等国民众反对俄罗斯的重要工具。一系列反对俄罗斯现政权的示威活动通过脸书、推特和油管等平台从线上转移到线下。近年来，在对外传播方面，由于俄平面媒体影响力持续下降，电视节目遭到严格审查甚至禁播，网络媒体和社交媒体在全球兴起，俄罗斯对外传播受到冲击，因此俄罗斯也开始积极运用这些新媒体工具加强对外传播。俄罗斯突破了网络媒体渠道，在传播格局中占据了优势地位。近年来，互联网成为俄罗斯媒体发挥主要作用的阵地，俄罗斯互联网规模远超其他国家。

（1）俄罗斯商务咨询网

多元发展的媒体集团俄罗斯商务咨询网成立于1993年，它不仅是新兴互联网媒体的领导者，也是俄罗斯经济媒体的代表。它拥有一家同名电视台以及各种次级媒体，它自主研发的业务数据交互式处理系统不仅是用户整理信息的工具，也是用户召开会议和进行商务会谈的平台。该网站在互联网媒体和商业金融信息市场上都处于领先地位。

（2）纽带（Lenta.ru）新闻网

纽带新闻网是俄罗斯最受欢迎的网络媒体之一。它由高效政治基金会于1999年成立，主要发布俄罗斯国内外新闻。该网站在2013年俄罗斯网络媒体原创内容转载率中排名第一。

（3）新俄罗斯网

新俄罗斯网最初是一家独立的俄罗斯电视台的官方网站，但后来它与电视台分离，域名也改变了。这个网站的优点是它多次编辑新闻，对其进行全面整合，因此读者可以充分了解新闻事件发生的背景、过程等各种细节。

（4）Yandex

Yandex成立于1997年，是俄罗斯互联网访问次数最多的网站，也是世界上最大的俄语搜索引擎网站。除了网页搜索，Yandex还提供新闻、社交网络、线上支付等服务，是欧洲最有影响力的互联网公司之一，同时在乌克兰、白俄罗斯、哈萨克斯坦与土耳其拥有很高的市场份额。

（5）Mail.ru

Mail.ru Group原名数码天空技术集团（DST），是俄互联网综合资产管理巨头，目前拥有多家社交网络平台，如联系、同班同学、我的世界等，以及俄最大的邮箱门户网站Mail.ru、视频通话软件Mail.ru Agent和即时通信软件ICQ等。除俄本土互联网公司外，该集团还拥有乌克兰和以色列互联网公司和第三方支付工具QIWI的部分股份。

（6）卫星网（Sputnik）

俄罗斯卫星网是今日俄罗斯国际通讯社的门户网站，其核心内容是俄新社的新闻产品。该网络既是新闻内容的提供者又是传播者。该网站拥有强大的采编力量和遍布全球的现代化媒体中心，在世界几十个国家发行多种语言的多媒体内容和新闻报道。其24小时滚动的英文、西班牙文、阿拉伯文和中文版的信息热线是各国媒体的信息来源之一。

（二）俄罗斯对外传播策略

1. 俄罗斯政府的高度重视与支持

2000年，俄罗斯颁布了《俄罗斯联邦信息安全学说》，该学说由总统安全理事会起草。它是俄罗斯联邦国家安全保护领域的战略规划文件，是指导俄罗斯联邦国家安全体系发展的基础。文件认为，威胁俄罗斯信息安全的因素之一是“外国企业将俄罗斯的信息通信社、大众媒体排挤出国内信息市场，增强俄罗斯的精神生活、社会政治、经济领域对国外信息机构的依赖程度”。[①] 因此，“必须及时防止负面信息传播对俄罗斯内部事务的负面影响”。为了实现这一目标，俄罗斯政府加强了对外国媒体的限制，并创造了自己的国际媒体。2002年7月，俄罗斯第一个全球俄语频道俄罗斯全球频道开通。

① Доктрина информационной безопасности Российской Федерации (утв. Президентом РФ от 9 сентября 2000 г. N Пр-1895) / URL: https://base.garant.ru/182535/#friends, 2000.

该频道的卫星信号已覆盖全球，欧洲和中东地区是直播信号的重点地区。欧洲大陆的观众能够在有线网络上观看该频道节目。2005年，俄罗斯对外宣传的主力军——英语版今日俄罗斯频道开通。加强对俄内外政策的对外宣传，使得在国际社会俄罗斯能够对西方媒体施加影响是其主要任务。它试着通过与西方媒体的沟通和合作，有意识地影响西方媒体对俄罗斯的主要报道的趋势和方向。旧的俄新社和俄罗斯之声电台在2013年年底重组合并，构成今日俄罗斯国际通讯社。今日俄罗斯国际通讯社在2014年11月向外国观众推出了新媒体项目卫星通讯社。该项目以海外受众为基础，打造了一个全新的国际新闻网络，为全世界的受众提供一种可选择的、不被西方媒体歪曲的看世界的方式，国外媒体将卫星通讯社项目视为克里姆林宫视野的升级和宣传机器的扩张。2001年，俄罗斯三大权力机构——总统办公厅、大众传媒部和俄罗斯联邦外交部联合宣布，他们将共同努力，为俄罗斯创造积极的形象。

2. 通过全方位、多渠道的方式及时传达俄罗斯声音

一是建立多语种交流网络，特别是英语，让世界上大多数讲英语的人都能听到和了解俄罗斯人的主张和意见。2005年俄罗斯政府拨款创办了今日俄罗斯电视台，2009年改名为RT。目前，RT电视台在全球100多个国家拥有7亿多观众。2017年10月至11月，国际研究公司益普索（Ipsos）在47个国家进行的电视调查发现，每周有1亿人收看RT电视节目。如今，该频道已成为世界级新闻媒体，成功地向全世界观众讲述了俄罗斯社会的发展、人民的生活以及俄罗斯人对国际事件的看法。

二是举办国际论坛和研究机构。2004年，今日俄罗斯国际通讯社、俄罗斯外交和国防政策委员会、《全球化政策中的俄罗斯》杂志、《莫斯科新闻》和《俄罗斯概览》联合举办瓦尔代国际辩论俱乐部。该俱乐部经常与俄罗斯国内外政治、经济、历史、国际关系等领域的著名专家组织研讨会，加强和扩大俄罗斯与外国科学家、政治家和记者的交流，以帮助他们客观科学地了解俄罗斯和世界政治经济。

3. 增强俄罗斯文化和民族精神的吸引力

“在世界传播渠道创建俄罗斯正面形象的重要条件之一，是恢复民族自豪

感和文化的自我高度评价”，[①] 促成俄罗斯民族认同与国家认同。

一是制作具有爱国意义的影视作品。2011年2月，普京在一次政府会议上说：“电影的意义应更多地超越娱乐。这是教育、交往及个人成长的重要手段……该手段应该运用到更广泛的范围。”[②] 2004年，俄罗斯国家杜马、联邦委员会和安全理事会与一些国家机构合作，成立了电影基金会，以支持俄罗斯的爱国主义电影制作。爱国主义电影的制作展现了俄罗斯人民的民族情结、民族观和历史观。

二是举办大型国际运动会。俄罗斯成功举办的2014年索契冬奥会和2018年俄罗斯世界杯足球赛，不仅对俄罗斯经济社会发展产生重大影响，而且改变了许多国家长期以来对俄罗斯的负面看法。俄罗斯世界杯让许多外国球迷感受到了俄罗斯的民族特色。俄罗斯一些机构和大学就这一事件对俄罗斯的影响进行了跟踪调查，结果显示，“2018世界杯足球赛在葡萄牙语系国家大众媒介中的播出，能够影响俄罗斯在这些国家中的形象”。[③]

第四节　俄罗斯通过外宣媒体提升国家“软实力”

一、俄罗斯RT电视台和今日俄罗斯国际通讯社的发展历程

国际传播是指具有明显政治倾向和意识形态色彩的国家或国际组织之间发生的跨文化信息交流。广义的国际传播包括国家间的一切交流活动。本书中所指的国际传播，重点探讨以大众传媒为媒介的国家间的信息交流活动，即通过大众传媒进行的跨民族、跨国家的文化信息交流活动。在当今世界错综复杂的国际格局中，一个国家强力而有效的国际传播体系和对外传播能力，是一个国家塑造国际形象、提升国际影响力的重要手段，是一个国家“软实力”和综合国力的具体体现。国际传播在国际社会的作用不仅是信息的传播，还能使得一个国家的观点、文化、价值观以及政治制度在国际社会得到更多的支持和认可，从而提高国家的国际影响力，维护国家利益。国际传播能力是一个国家“软实力”和综合国力的直接体现，对国家安全和外交战略的实

① 翁泽仁：《当代俄罗斯对外传播手段及策略研究》，《对外传播》2020年第5期。

② 同上。

③ 翁泽仁：《当代俄罗斯对外传播手段及策略研究》，《对外传播》2020年第5期。

施具有极其重要的意义和作用。

在全球化的背景下，一个国家的“软实力”不仅源于文化、社会、政治制度和价值观的吸引力，还包括该国在国际社会的影响力。苏联在世界传媒发展史上曾写下浓重的一笔。无论是在二战时期，还是在冷战时期，苏联依靠其大众传媒强大的国际传播能力，在世界上树立了一个超级大国的形象。苏联解体以后，俄罗斯继承了苏联的衣钵，但是其大众传媒业却一蹶不振，主要媒体被寡头控制，国家丧失了对媒体的控制权，媒体的国际影响力和竞争力一落千丈。与此同时，欧美国家媒体行业持续高速发展，迅速抢占国际传播市场，形成舆论垄断，主导国际传播格局，俄罗斯逐步失去了在国际社会的话语权。

进入21世纪以来，随着俄罗斯综合国力的不断提升，为了塑造良好的国际形象，提升国际话语权和影响力，俄罗斯逐步意识到恢复媒体国际传播能力的重要性。2005年，俄罗斯政府创办了全新的英语电视频道今日俄罗斯电视台，2009年改名为RT电视台，其目的就是打破欧美国家媒体对国际新闻传播的垄断，向世界展现一个全新的俄罗斯国家形象，在国际社会发出俄罗斯的声音。经过十几年的发展，RT电视台已经成为继半岛电视台以后，在国际社会最具影响力的非西方国家媒体之一。因此，全面分析总结俄罗斯RT电视台的成功经验，对进一步提升我国外宣媒体国际传播能力和竞争力具有重要的借鉴意义。

（一）RT电视台发展历程

苏联曾经是世界媒体发展史上的一支重要力量。冷战结束后，俄罗斯国力锐减，媒体国际传播乏力，世界传播格局形成了“西强东弱”的局面。在西方媒体建构的国际话语和传播体系中，俄罗斯国际形象经常被歪曲，俄罗斯的国家立场和声音得不到有效传播，严重损害了俄罗斯国家形象和国家利益。2000年，普京当选总统以后，面临一个破败不堪的媒体国际传播体系：俄罗斯国内重要的媒体资源都被控制在个人寡头手中，国际社会基本听不到俄罗斯媒体的声音，俄罗斯的国家形象完全被西方媒体塑造。为了让世界看到一个崭新的俄罗斯国家形象，让国际社会听到俄罗斯的声音，扩大俄罗斯的国际影响力，维护俄罗斯国家利益，俄罗斯将重要的媒体资源相继收归国有。同时，为了打破欧美国家主流媒体对英文国际新闻传播市场的垄断，塑造良好的国际形象，2005年12月，俄罗斯总统普京宣布斥资3000万美元组建新的俄罗斯英语新闻电视台今日俄罗斯，这是俄罗斯第一个全时英语新闻频道和第一个全数字电视网络，它全天候播放新闻和时事以及纪录片，并注册为非营利组织。俄罗斯联邦的预算划拨给俄罗斯出版和大众传媒署的资金是建立电视台的主要资金来源，其余的资金应俄罗斯政府的要求由商业银行提供。俄罗斯政府建立这家电视台的初衷是创建一个“俄罗斯版的CNN”，是以专业的方式反映俄罗斯对世界的看法，打破西方世界对英语新闻的垄断，向世界展现一个“没有被偏见歪曲的俄罗斯国家形象”。[①] 2009年，为了适应国际传播市场工作需要，全力淡化其俄罗斯官方背景，打造国际化传媒机构形象，今日俄罗斯电视台将其频道名称简化，开始着力打造和推广RT这个品牌和标识。RT成立以后，并没有很快引起国际社会的关注。经过一段时间的积累和几次危机公关以及突发新闻的报道，才逐步脱颖而出，受到西方政府和受众的广泛关注。其中有几个关键节点对于RT的成功提供了前所未有的历史机遇。

一是在俄格冲突报道中，RT电视台崭露头角，对外发出了俄罗斯声音。2008年俄格冲突的爆发给了RT电视台与以美国CNN为代表的西方媒体抗衡的机会。虽然在此次事件中，俄罗斯并没有占据主动，但是RT打破了西方媒体新闻报道的单边模式，以自己独特的视角向世界展示了一幅同西方媒体报道完全不同的冲突画面，尤其是RT新闻报道中出现的对一位在南奥塞梯地区的美国人进行采访的电视画面。RT借此公开谴责美国参与俄格冲突，并指责格鲁吉亚入侵南奥塞梯地区，与西方媒体对俄罗斯入侵格鲁吉亚的一致报道形成了鲜明对比。RT电视台的报道引起了西方主流媒体的强烈反击，它被指责单纯靠采访一个美国人就断然下结论，片面、不专业、不严肃、不可信。当时格鲁吉亚领导人确实下令军队进攻南奥塞梯地区并射杀平民，这一点事后经过欧盟组织的调查报告得以证明，间接地证明了RT当时报道的可信性。经过此次突发事件与西方媒体正面抗衡以后，RT更加坚定了自己在国际突发事件报道中发出俄罗斯声音，用俄罗斯视角报道新闻的发展方向和路径。

① *Губанова М.И.*, О некоторых вопросах современной информационной войны и место телеканала RT в противостоянии России и Англосаксонского мира // *Идеи и новации*, 2018. Т. 6. № 4, С. 48.

正如RT总编辑西蒙尼扬在接受采访时表示的，虽然有人认为信息战只存在于关键时刻或者极端情况下，但是正如平时也需要国防部一样，RT如果不能在和平时期不断发展，关键时刻就难以发挥作用。① 正是在这次冲突中与西方媒体的较量和抗衡，使RT积累了一定的经验，也更加坚定和明确了自己的发展方向。

二是华盛顿新闻大楼的启用，标志着RT在美国本土传播进入了新的阶段。2009年，RT在华盛顿的新闻机构大楼投入使用，标志着其在美国发展的新历史阶段的开始，同时也标志着“用俄罗斯视角报道美国”的战略规划进入了新的实施阶段。新大楼启用以后，RT在美国实施了本土化战略，大量使用美国当地人，制作大量符合当地民众习惯的电视节目，以惊人的发展速度迅速占领受众市场。RT公布的尼尔森媒体受众调查结果表明，RT在北美大陆信号覆盖超过8500万观众；RT在黄金时间的收视率居该地众多外国媒体之首，每日观众数相当于半岛电视台的6倍，每月观众数相当于德国之声的5倍，同时超过了法国24台和欧洲新闻台。② 华盛顿新闻中心启用以后，RT电视台在英国频道中设立了两个独立频道——国际频道（RT International）和美国频道（RT America）。前者在华盛顿、伦敦、巴黎、德里和以色列港口城市设有分社；后者基于华盛顿分社，在纽约、迈阿密和洛杉矶设有演播室。2015年11月益普索调查公司的调查显示，全球有7000万人每周观看、3500万人每天观看RT电视台的节目。③

三是新媒体技术和社交媒体技术的发展，帮助RT电视台快速占领西方受众网络和手机终端市场，使其进入了高速发展期，正式迈入了国际媒体的行列。RT电视台从一开始就购买了先进的数字设备，招聘了足够的技术人员，并发展了多样化的数字技术，为其迅速开展网络媒体、社交媒体以及移动媒

① *Илья Азар.*, Не собираюсь делать вид, что я объективная / Интервью с Маргаритой С имоньян / URL: https://oko-planet.su/politik/politiklist/170704-margarita-simonyan-ne-sobirayus-delat-vidchto-ya-obektivnaya.html.

② *Соломатин А.Н.*, Формирование имиджа России средствами телеканала RT в условиях информационных войн // *Вестник Череповецкого государственного университета*, №1(54), 2014, С. 57.

③ *Соломатин А.Н.*, Формирование имиджа России средствами телеканала RT в условиях информационных войн // *Вестник Череповецкого государственного университета*, №1(54), 2014, С. 58.

体等新兴媒体传播领域工作打下了坚实的基础。2008年，RT成功在油管开立首个账号，2010年开通了免费视频网站。到2011年，RT仅在油管上的注册用户就达到1.65亿，浏览量达到4.65亿人次，远远超过了英国广播公司、有线电视新闻网等西方主流媒体。2013年RT在油管上的浏览量超过10亿人次，当年广告收入超过50万美元，访问量超过了音乐专题频道Vevo。[①] 2014年2月28日，RT宣布在油管上建立一个专门的分区，上传新闻报道、纪录片和电视专题片等，第一个与油管合作传播视频短片的俄罗斯电视台便是RT。除了与油管合作以外，RT还相继在脸书、推特、谷歌+、Live Journal、照片墙以及俄罗斯最大社交网站联系上开设了自己的账号，建立了自己的专门频道，实现了一次内容生产的多元化传播。RT抓住了网络媒体、社交媒体和移动媒体技术重要的历史发展机遇期，利用其丰富的媒体资源和先进的技术手段，很快在网络空间和社交媒体终端市场取得优异的成绩。与社交网络媒体的成功合作让RT电视台进入了高速发展的快车道，很快占领了西方社会网络、移动和社交媒体市场，快速提高了RT的国际影响力和市场占有率。

四是以对2014年乌克兰危机的报道为标志，RT电视台确立了其国际传媒地位。经过成立数年的积累和经验总结，RT已经找到了一条发出俄罗斯声音，抗衡西方媒体新闻垄断，占领西方受众市场，维护俄罗斯国家利益的途径。2014年乌克兰危机爆发以后，RT派出一线记者，用镜头和亲身经历，讲述了西方媒体刻意隐瞒或者不愿意报道的事实真相，维护了俄罗斯的国家利益，赢得了西方受众的支持，对美国等西方国家的乌克兰政策造成了威胁。RT电视台在乌克兰危机中的突出表现正式确立了其国际媒体地位，并引发了西方国家对RT的重新审视。也正是由于对乌克兰危机的报道，RT被西方政府和媒体列为主要管制和竞争的对象，并引发了俄罗斯同美国的外交争议。

乌克兰危机以后，RT电视台在国际社会声名大噪，引起了西方国家的敌视和广泛关注，同时也更加确立了RT电视台作为国际传媒的行业地位。目前，RT电视台总部设在莫斯科，大约有来自40多个国家的3000多名员工。经过十多年发展，RT电视台变成了一个数字平台，拥有8个电视频道和1个

---

① *Соломатин А.Н.*, Телеканал RT в условиях ирформационного противостояния // *Вестник электронных и печатных СМИ*, №1(24), 2016, С. 44.

视频新闻通讯社（RUPTLY），在五大洲100多个国家用6种语言播出，受众规模达到7亿之多，在全球20个国家和地区设立了22个记者站，成为一家名副其实的国际化传媒企业。[①]

（二）今日俄罗斯国际通讯社

鉴于RT电视台的成功实践，2013年12月，俄罗斯政府对外宣媒体进行重新整合，解散原有的俄新社与俄罗斯之声电台，合并两家媒体机构，今日俄罗斯国际通讯社（Russiya Segodnya News Agency）成立。今日俄罗斯国际通讯社社长由俄罗斯著名主持人德米特里·基谢廖夫担任，今日俄罗斯国际通讯社的总编辑是RT电视台总编玛格丽塔·西蒙尼扬。从形式上看，新的今日俄罗斯国际通讯社是俄新社和俄罗斯之声广播电台的合并，但从规模和实力角度看，它绝不是两家媒体的简单相加，而是一家集报纸、杂志、广播、网络等多种媒体形态为一体的外宣传媒集团。今日俄罗斯国际通讯社的成立，标志着俄罗斯完成了对外宣媒体资源的整合和调整，俄罗斯的国际传播战略进入了一个新的发展阶段。新成立的今日俄罗斯国际通讯社和RT电视台虽然在业务上和经费上相对独立，但是总编辑却是同一个人，这就保证了两家媒体在新闻采编和媒体平台等业务方面的资源共享。同时今日俄罗斯国际通讯社内部也作了职能划分，旗下新成立卫星通讯社专门负责对外传播业务，重新注册的俄新社则主要负责俄罗斯对内传播。为了在国际社会发出俄罗斯声音，重振国家形象，维护国家利益，俄罗斯加强了对外宣媒体的管理和调整，通过对外宣媒体资源的优化重组，增强了俄罗斯外宣媒体的国际传播能力和国际竞争力。

由于俄新社是俄罗斯国际通讯社规模和市场份额最大的媒体，机构和组织形式都相对庞大和成熟，因此，俄罗斯政府在宣布改组以来力求在保证稳定的基础上进行改革。为了实现对现有媒体品牌的利用和保护，并在此基础上实现媒体融合，在新的媒体集团内，俄新社的称谓（RIA Novosti）仍被保留。今日俄罗斯国际通讯社作为创办人2014年6月8日重新注册了俄罗斯新闻社（下文称为“新俄新社”）。尽管品牌未变，国际新闻通讯社依然是其定位，

---

① *Попова А.Н.*, Деятельность RT по форированию образа России за рубежом, Отв. ред.. Целикова. Е.В., в сборнике: *Череповецкие научные чтения - 2017 Материалы Всероссийской научно-практической конференции: в 4х частях*, 2018, С. 110-112.

但与以前不同的是它的业务范围。新俄新社的驻外记者用俄语写稿，并将其发回国内，主要为俄罗斯受众和用户服务。重组后，新俄新社在组织结构上隶属于今日俄罗斯国际通讯社。

2014年11月10日，以俄新社和俄罗斯之声电台海外站点为基础，年轻时尚的媒体品牌卫星通讯社成立，隶属于今日俄罗斯国际通讯社，工作任务是对外宣传。在通讯社中文网站上这样写道，“卫星通讯社敢于报道其他媒体缄口不言的事件，集多样化新闻内容供应商和广播公司于一身，具有独特地位”。由此可见，卫星通讯社不仅注重本土化传播，而且重视面向所在国市场开发新闻产品和文化产品。卫星通讯社产品包含新闻专线、新闻网站、社交网站、移动应用程序、广播电台和媒体中心。到目前为止，它已经在世界各地建立了25个网站，每个网站都是拥有一个庞大的编辑团队和独立的新闻产品的海外多媒体中心。在北京、华盛顿、开罗等地区实现了每周7天，每天24小时全球时区接力播放，使用30多种语言在40多个国家发布新闻和文化产品，并在130多个城市开设在线广播，总播音时长超过了800个小时。卫星通讯社的海外受众主要包括三类人群：一是外国媒体；二是各国精英，包括政治、经济、文化人士；三是普通受众。卫星通讯社在全球各地广泛发行使用所在国语言的新闻产品，坚持对世界和俄罗斯新闻的客观报道，尽量减少使用西方媒体在世界范围内报道俄罗斯新闻。在国际舆论领域，俄罗斯之声的发出，展示了俄罗斯的客观形象，扩大了俄罗斯在国际舆论斗争领域的竞争力。正是由于其及时性、语言多样性和广泛的传播渠道，卫星通讯社业务显著增长。2015年1—8月，卫星通讯社的微博订阅量从290万增加到407万，远超美联社和路透社。根据SimilarWeb公司数据，2016年10月卫星通讯社网站的总访问人数达到4100万，大多数用户来自德国、土耳其、法国和美国，在社交媒体上，卫星通讯社拥有1400万左右的用户。

今日俄罗斯国际通讯社旗下包括平面媒体、报纸杂志、电视与网络等多种形式的媒体，整合多种资源，实现了全媒体传播，大幅提升了文字、视频、图片和音频等媒体手段的协调性，开展了全方位、深层次的国际传播。新的今日俄罗斯国际通讯社是俄罗斯政府在媒介融合下集合了媒体资源优势，应用了新媒体技术打造的国际媒体航母，是提升国家国际传播能力和“软实力”的重要手段。俄罗斯正试图以今日俄罗斯国际通讯社的建立来改善俄罗斯的国际传播体系，增强俄罗斯在国际传播领域的能力，扩大国家话语权。西蒙尼扬同时兼任两家媒体的总编，表明政府打算建立一个对外宣传的统一品牌，扩大全球话语权。从结构上看，今日俄罗斯国际通讯社与RT是独立的，尽管它们都属于国家。今日俄罗斯国际通讯社总经理德米特里·基谢廖夫在接受采访时说，新通讯社的任务是报道俄罗斯联邦的国家政策和社会生活，其任务是“恢复世界对强国俄罗斯的友好态度”。这与2005年“Russia Today”（今日俄罗斯电视台）成立时的初衷没什么不同。当时，“Russia Today”提出的任务是“反映俄罗斯在国际政治的核心问题上的立场”以及“向受众通报俄罗斯生活中的事件与现象”。因此，双方都有责任为国家利益服务，改善国家形象。

（三）俄罗斯组建RT电视台和今日俄罗斯国际通讯社的考虑

俄罗斯组建RT电视台和今日俄罗斯国际通讯社，打造今日俄罗斯外宣品牌，主要出于以下几个方面考虑。

一是需要发展国际战略。随着普京2012年再次当选俄罗斯总统，俄罗斯逐渐意识到一个国家的国际传播能力在国际政治舞台上的重要性，尤其是中亚国家的“颜色革命”之后，俄罗斯政府越来越重视媒体的国际传播效果。为了塑造良好的国际形象，俄罗斯政府争夺国际话语权，打破西方媒体主导的国际传播体系，在国际社会发出俄罗斯声音，表达俄罗斯立场，制定了一系列旨在包装政府形象、强化“软实力”外交的计划。加上之前RT电视台的成功实践，俄罗斯政府汇集了现有媒体资源，成立了今日俄罗斯国际通讯社，以打造一家传播手段多样化、传播内容和立场更符合俄罗斯国家利益的全媒体国际传播组织。今日俄罗斯国际通讯社总编西蒙尼扬说：“在未来一段时间内，今日俄罗斯旨在将大多数西方媒体的独家新闻产品列入国际议程。不论对于国内、国际或是西方世界的内部问题，今日俄罗斯都将发出不同的声音，并试图全面精准、确切直接地将俄罗斯的立场和观点传达给世界，特别是西方社会。”因此，新成立的今日俄罗斯国际通讯社根据最初工作模式，吸引国外高素质传播人才，建立海外新闻采编中心，坚持本土化策略，创造高质量新闻产品。今日俄罗斯国际通讯社充分参与当地新闻舆论的形成，对当地受众热议话题进行快速反应，用准确的当地语言进行传播表达。今日俄罗斯国际通讯社成为一家集合了报纸、杂志、广播、电视、网络等多种媒体形态的全球传媒集团。此外，通讯社还要求海外各分社必须维护各自对象国语言网站和各类新闻平台、终端，并拓展各自所在地的多媒体传播平台，定期组织新闻发布会，与其他海外采编中心联合组织各类主题的视频连线会议。今日俄罗斯国际通讯社定期报道俄罗斯政治和社会新闻，对目标国重大事件进行客观报道，并根据国内受众的需求制作相关新闻产品，大大增强了俄罗斯设置国际议程和引导国际舆论的能力。今日俄罗斯国际通讯社在世界主要城市开设了新闻中心，实现了全时区覆盖和全球布局。在当今世界的全球信息战和传播竞争过程里，俄罗斯政府希望今日俄罗斯国际通讯社成为俄罗斯和国际市场最具影响力的新闻来源之一，成为俄罗斯国家“软实力”战略的重要力量，打破西方国家在国际传播领域的霸权。俄罗斯根据自身的优势和现状，集中优势资源，充分利用新媒体，顺应媒体融合发展趋势，打造自己独树一帜的国际传播机构和体系，向全世界坚定地传递俄罗斯的国家立场，发出国家声音，赢得国际话语权，提高国家形象和国家“软实力”。

二是出于资源配置使用方面的考虑。俄罗斯政府为了集中使用有限的财力，打造成功的国际传播机构，要求RT电视台和今日俄罗斯国际通讯社综合有效利用政府用于国际传播的财政拨款。同时俄罗斯政府把RT电视台列入国家战略企业名单，这意味着通讯社将在人力、资金、信息等方面获得国家特殊支持和关照。俄罗斯在财政困难的情况下，一直保持并增加了对RT电视台和今日俄罗斯国际通讯社的财政支持和预算。2014年，俄罗斯的经济发展受到世界能源价格、货币贬值和西方制裁等各种因素的严重影响，全年GDP增长仅为0.6%，财政收支严重失衡。2008—2015年，政府收入共增长0.8%，实际支出增长27%。在这样的经济条件下，俄罗斯政府依然大幅增加对RT电视台和今日俄罗斯国际通讯社的预算拨款。俄罗斯《商业咨询日报》报道，RT电视台2014年获得政府财政拨款118.7亿卢布，如果按照公布的2014—2016年度财政预算，2015年拨款为109亿卢布，比2014年下降7.8%，但2015—2017年度预算实际应拨款却为153.8亿卢布，比上一年增加29.5%。今日俄罗斯国际通讯社也是如此。政府2014年拨款给通讯社26.7亿卢布，但在公布的2014—2016年度财政预算中，2015年应拨款23.5亿卢布，比2014年下降12%。2015—2017年度财政预算实际应拨款为64.8亿卢布，相比2014年增幅高达142%。从行业内部看，俄罗斯政府对行业内各媒体的支持力度并没有那么大。所以，种种迹象表明，俄罗斯政府在财政紧张的情况下仍然大幅提高对RT电视台和今日俄罗斯国际通讯社的财政支持，是为了集中有限的财力资源，产生合力，打造外宣航母，树立俄罗斯传媒品牌，传播俄罗斯声音。

三是俄罗斯对媒体国际传播工作的需要。从成立以来，对外传播工作一直是俄新社的主要工作方向，并且俄新社积累了丰富的经验，是俄罗斯传媒界公认的技术领头羊，特别是在新媒体技术方面，俄新社有较好的基础，这为将来的外宣航母提供了较好的技术基础；同时俄罗斯之声电台是一家老牌外宣机构，近年来做了大量境外本土化尝试，外语人才众多。2005年组建成立的今日俄罗斯电视频道在国际社会影响力逐步提升。鉴于这些基本情况，将俄新社和俄罗斯之声广播电台进行整合，并冠以外宣品牌今日俄罗斯，有利于俄罗斯政府更加统一高效管理对外宣传，同时将各家媒体优势互相结合，形成合力，避免资源浪费，集中精力打造对外宣传的传媒航母。从形式上看，新的今日俄罗斯国际通讯社是俄新社和俄罗斯之声广播电台的合并，但实际上它已成为一家集报纸、杂志、广播、网络等多种媒体形态的外宣传媒集团。今日俄罗斯电视台的创办和今日俄罗斯国际通讯社的成立，标志着俄罗斯完成了对外宣媒体的资源整合和调整。俄罗斯国家的外宣战略进入了一个新的阶段。俄罗斯为了重振形象，维护国家利益，在国际社会体现国家立场，正在加强对外宣媒体的管理和强化，通过对外宣媒体资源的调整重组，增强外宣媒体国际传播能力和实力。

纵观RT电视台和今日俄罗斯国际通讯社的发展过程，这两家媒体的发展壮大都离不开俄罗斯国家的支持和经济的复苏，以及俄罗斯综合国力的不断提升。在当今世界的信息战和宣传战中，俄罗斯为了在国际传播格局中打破西方国家新闻垄断，充分表达俄罗斯立场，传播俄罗斯声音，使俄罗斯国家形象得以展现，俄罗斯国家利益得以维护，集中自己的优势资源，打造RT电视台和今日俄罗斯国际通讯社，使之成为俄罗斯实施国际传播战略和国家“软实力”战略的重要抓手，取得了良好的效果。虽然从表面上看两家媒体联系并不大，但是其背后折射出俄罗斯政府更多的布局和考量。可以说，没有RT电视台的成功实践，就不可能出现今日俄罗斯国际通讯社。无论是从两家媒体的品牌设计，还是从媒体高层的人事安排以及职能划分等方面，都可以看出俄罗斯政府对外宣工作的战略考虑。由于RT电视台和今日俄罗斯国际通讯社有浓郁的俄罗斯特色，国家特征明显，战略目标明确，它们引起了西方国家的关注和警惕。2010年秋，有线电视新闻网前董事长兼首席执行官沃尔特・艾萨克森曾说:“RT是美国的敌人之一，我们绝不允许我们的敌人与世界的交流胜过我们。”[①] 2011年3月，美国国务卿希拉里・克林顿曾说过，国务院需要更多资金，以在全球范围内推广美国的价值观，因为美国已经处于信息战中，而且正在输给包括RT在内的外国英文媒体。[②]

RT电视台在成立后的十几年的时间里不断发展壮大，迅速扩大影响力，吸引西方受众，挑战了西方媒体的国际舆论主导权和话语权。从这个意义上说，俄罗斯的外宣战略取得了阶段性成功。俄罗斯媒体与西方主流媒体在国际传播市场的博弈展现出新兴市场国家与西方大国之间的价值观和文明的冲突。国际传播领域的竞争是国家“软实力”和综合国力的角逐，国际传播格局在未来的发展过程中也还将面临重大的挑战和不确定性。我们要分析研究俄罗斯外宣媒体的成功经验，结合我国媒体和国际传播实际情况，找准定位，优化资源配置，在国际传播格局中打造具有国际影响力的外宣媒体并占有一席之地，使得我国国际形象和国际影响力得到维护，并保障我国国家安全和利益。

二、RT电视台的成功经验分析

RT电视台的成功实践，打破了二战以后欧美国家主导的“盎格鲁–撒克逊”国际传播体系，通过在国际社会发出不同于西方立场的俄罗斯声音，改善了俄罗斯形象，表达了俄罗斯立场，维护了俄罗斯的国家利益，让受众看到新闻事件的另一面。RT电视台的成功既有外在因素，也有内在因素，归纳起来有以下几点。

（一）俄罗斯政府的外宣优先保障和特殊管理政策

RT电视台从创办初期开始，就受到了俄罗斯政府的全面支持，这其中既包括政策方面的倾斜，也包括人力、物力、财力等方面的支持。

---

① *Соломатин А.Н.*, Коммуникативные стратегии телеканала RT // *Вестник электронных и печатных СМИ*, 2014, С.68.

② Ishaan Tharoor, “Clinton Applauds Al Jazeera, Rolls Eyes at U.S. Media,” *Times*, March 3, 2011, http://world.time.com/2011/03/03/clinton-applauds-al-jazeera-rolls-eyes-at-u-s-media/.

一是在资金和政策方面的全力支持。

区别于原有俄罗斯媒体，RT电视台是一家国际传播媒体，它是俄罗斯第一家全新、全时段英语新闻国际化传媒平台，RT电视台从规划、开放到运营，一直受到俄罗斯政府特别是普京总统的高度关注和大力支持，它属于俄罗斯总统顾问代表的管理序列，被列入俄罗斯联邦财政优先保障项目。俄罗斯总统普京在2013年参观RT电视台新演播中心时表示："2005年设计这个项目时，就是打算在国际舞台上引入一个强大的竞争者。我想强调的是，这个竞争者不仅提供关于俄罗斯的公正报道，也尝试打破'盎格鲁–撒克逊'对全球信息流的垄断……当然这个渠道是由政府资助的，所以它不能不反映俄罗斯政府对我们国家和世界其他地区的事件的官方立场。"① RT电视台成立之初的启动资金就是由俄罗斯联邦预算通过俄罗斯联邦新闻出版和大众传播署提供的，并且随着RT电视台业务的发展，联邦预算资助金额越来越高。2007年预算增加到8000万美元；即使在遭遇全球经济危机重创的2008年，RT当年预算拨款也超过1亿美元。2011年，RT预算达到3.8亿美元；2013年俄罗斯政府各部门预算大幅缩减，但是明文规定不得削减RT电视台的预算，该年RT电视台预算达到112亿卢布（约1.87亿美元）。与之相反的是，当年俄罗斯传统媒体预算大幅下降，例如俄罗斯之声广播电台预算被削减11%；俄新社预算被削减20%；塔斯社预算被削减40%。② 2015—2017年预算草案指出，2015年以来，俄罗斯政府对外宣传机构的拨款大幅增加，同年向RT电视台拨款5亿美元，比上年增长29.5%；2016年俄罗斯在国内各部门大幅削减预算的情况下，给RT电视台预算还是高达190亿卢布（约3.17亿美元）。③ 这些情况充分表明俄罗斯政府对RT电视台的资金支持力度前所未有。

俄罗斯政府除了给予充足的资金支持外，还给予RT电视台特殊的政策支撑。RT电视台的发展战略曾由俄罗斯总统普京亲自确认，他认为打破西方媒体对英语国际新闻的垄断是RT电视台的主要任务，并且RT电视台应向世界

① *Соломатин А.Н.*, Телеканал RT в условиях ирформационного противостояния // *Вестник электронных и печатных СМИ*, №1(24), 2016, С. 48.

② *Губанова М.И.*, О некоторых вопросах современной информационной войны и место телеканала RT в противостоянии России и Англосаксонского мира // *Идеи и новации*, №4., 2018, С.49.

③ *Губанова М.И.*, О некоторых вопросах современной информационной войны и место телеканала RT в противостоянии России и Англосаксонского мира // *Идеи и новации*, №4., 2018, С.50.

展现一个“没有被偏见歪曲的俄罗斯国家形象”。所以，RT电视台也可以被称为“俄罗斯的CNN”。其使命是通过新闻报道的方式反映俄罗斯的世界观，在国际社会发出俄罗斯声音，展现俄罗斯的大国形象和地位。正是由于俄罗斯政府的高度重视和赋予RT电视台特殊的使命，RT电视台获得了许多其他媒体无法取得的优势资源，也因此在国际新闻报道中占据了独特优势。从成立至今，遇到涉及俄罗斯切身利益的重大国际问题时，俄罗斯总统普京曾多次亲自到RT电视台录制节目或者接受采访，使之成为俄罗斯官方表态的第一出口，俄罗斯外长以及外交部官员更是接受RT电视台采访的常客。同时，由于俄罗斯总统的重视，俄罗斯政府高层普遍愿意接受RT电视台采访。RT电视台还和俄罗斯外交部保持密切沟通和联系，能够及时掌握俄罗斯的外交政策和相关信息，从而在对外宣传中保持与俄罗斯外交部一致的口径，保证RT电视台在塑造俄罗斯国家形象，传播俄罗斯声音的过程中始终维护俄罗斯的国家利益。

二是给予RT电视台自由灵活的运营管理机制。

俄罗斯政府较好地处理了政府管控与媒体管理运营之间的关系。RT电视台拥有高度自治权，实行总编负责制，采编队伍和日常运营管理团队都依据事业发展需要和市场原则而定。俄罗斯政府除了对主要负责人任命以外，其他日常事务RT电视台都拥有高度自主权，政府不对电视台日常运营管理做过多干涉。正如普京在RT电视台十周年庆典活动上发表讲话所说：“政府的主要贡献在于松绑、提供可能、不发号施令，RT电视台没有不能报道的题目。”[①] RT电视台从创办开始，就以满足受众市场需求为原则，在机制上进行优化配置，一切机制设置都从有利于电视台快速发展入手，以制作目标受众喜爱的电视节目内容、最大限度吸引受众为原则，打造了自己特有的运营管理体制。

首先，RT电视台打破了传统的选人用人机制，制定了多元化、年轻化的高素质人才队伍选拔使用机制。一切根据事业发展需要，择优而用，使很多拥有不同知识背景、不同国籍、不同专业的优秀人才聚集在这里，多元化的

① Знакомство Владимира Путина с результатами 10 лет работы телеканала // *RT - РИА Новости* / URL: https://ria.ru/20151211/1340045854.html.[2015-12-11].

人才队伍使RT产生了巨大的创新力和生产力。采编队伍的年轻化是RT电视台人才队伍的又一特点。西蒙尼扬出任RT电视台总编辑时刚刚25岁，虽然她已经有了一段时间的媒体工作经验，但是对西蒙尼扬的使用，足以证明俄罗斯政府在大胆起用年轻人提高RT电视台的创新能力。同时RT电视台的员工团队平均年龄也未超过30岁。正是这样一支年轻的新闻采编队伍，带来了不同于传统媒体的思维方式和创新力，使RT电视台创作出独具一格的节目内容，这是RT电视台节目内容吸引广大西方受众的原因之一。

其次，RT电视台在节目内容制作和市场开发方面具有较大自主权，管理模式灵活。电视台依据市场和海外业务发展的需求，建立了海外本土化运营管理模式。RT电视台成立以后，为了迅速扩大海外市场和影响力，建立了海外记者站，招聘当地新闻采编人员，打造符合当地受众习惯的全面海外本土化运营管理模式。美国是RT最看重的市场。2009年RT华盛顿新闻大楼的正式启用标志着RT在美国的本土化进程进入了一个新的发展阶段。同时RT在英文频道中专门成立了美国频道，更加加强了其用俄罗斯视角来报道美国新闻的独特视角。RT在美国站点的大部分员工都是美国当地人，几乎所有时段的节目内容中都看不到俄罗斯记者的身影。除了搭建海外站点，RT电视台还大量招聘当地采编人员，专门聘请当地知名或者有影响力的支持者和嘉宾，制作迎合当地受众口味的节目内容，节目内容的吸引力和亲切感得到增强，拉近了与当地受众的距离。RT美国频道开播以后，花重金聘请到美国著名脱口秀主持人拉里·金主持一档属于RT的节目——拉里·金现场，该节目受到了当地受众的热烈欢迎。对此，英国《泰晤士报》就曾指出："美国最受人欢迎的电视访谈人物竟然跑到了RT，也助其成为在美国最受欢迎的外国新闻电视台。"

RT电视台根据不同国家和市场受众需求，创造出贴合当地民众生活、内容多样且反响较好的产品，使节目真正深入到了当地民众生活中去，赢得了受众广泛欢迎，从心理上打消了海外受众对于RT电视台的隔阂和戒备，从情感上赢得了受众。为了占领英国受众市场，2014年10月，RT英语频道还专门开设了英国频道，覆盖英国大部分地区，每天播出由英国当地新闻编辑部制作的英国本土新闻和全球重大新闻节目，提供与欧美主流媒体不同的新闻视角。同时，RT还开设了俄语频道、法语频道、德语频道、阿拉伯语频道和西班牙语频道，并设置了站点和采编团队，专门服务于满足各语种国家受众需求，打造适应不同国家和民族受众需求的节目内容，传播俄罗斯视角内容产品，提升RT的国际影响力。RT已经在全球范围内的20个国家建立了22个站点，覆盖欧美主要国家和地区，并用6种不同的语言，实时派出一线本土记者报道国际重大新闻事件。同时，RT电视台还遵循电视传播规律，创造了双人编辑工作制度，一名俄罗斯人和一名当地新闻采编人员共同担任编辑，确定报道主题。同时由6个小组负责24小时的新闻制作，每个小组还单独设有一名播出编辑，负责文字工作。全新的新闻采编制度和模式，最大限度地激发了团队的开发创新能力，助力他们创作出了适应不同语种国家受众习惯的新闻报道和各种其他媒体产品。

事实证明，俄罗斯政府的大力支持以及对RT电视台自由灵活的管理体制，电视台自身的海外本土化运营管理机制以及年轻化、多元化的高素质新闻采编队伍和创新性的节目采编管理体制为RT 电视台的发展铺平了道路，使RT电视台具有能够在国际传播市场中参与竞争，并与欧美国家主流媒体抗衡的基础条件。

（二）坚持自采原则，制作特色化、差异化产品内容

RT电视台从创办之初就定位清晰，目标明确，在西方确立的目标受众是受过高等教育、素质比较高、具有独立思考能力的人。据尼尔森媒体（Nielsen Media）研究，RT电视台的主要受众是35—49 岁受过高等教育的男性，大部分为工商界人士和政府官员，20%受众拥有副博士或博士学位。[①] 多一些质疑（Question More）是RT电视台的新闻口号。考虑到西方受众对一切事物保持怀疑的价值观，RT电视台刻意回避意识形态差异和俄罗斯政府官方背景，深耕国际新闻和重大事件报道新闻市场，坚持自采原则和详细报道，以与西方媒体不同的角度和立场以及独特的内容和独到的观点迅速占领了西方受众市场。

一是以新闻立台，坚持自采原则，保证报道内容的客观真实。

RT坚持以新闻立台，其立台根本就是快速、准确、专业报道有重大影响

① *Владимировна Д.К., Ал-Хилфи Хасан Олеиви Абдулнаби*, Специфика отражения проблем международных отношений в СМИ (по материалвм канала RT) // Meridian, №1(35), 2020, С.30.

力的国际新闻事件和世界各国主要新闻事件。自创办以来，RT在节目内容制作上涵盖国内外政治、经济、体育、科技、文化等不同领域，坚持专业化操作。RT建立了一支高素质、专业化的新闻采编团队，并且在世界多个热点地区都设有记者站，向广大受众提供一手的专业化新闻素材，而不是国际同行的翻译稿。这就是其坚持的新闻节目内容自采制作准则。RT电视台总编辑西蒙尼扬曾说："俄罗斯是一个世界大国，其声音应当一直被听到，我们希望国外所有有此意愿的人都能够获取第一手信息，而不仅仅是经过外国媒体解读后的信息。"① RT电视台各语种频道拥有相对独立的新闻采编自主权，因地制宜，建立各自的新闻制播中心，使用当地采编人员，制作出当地受众易于接受的新闻产品，而不仅仅是俄语报道的翻译版。当有重大国际事件和突发事件发生的情况下，RT电视台总能快速反应，派出自己的一线记者，并从俄罗斯视角出发，制作出专业化的符合当地受众习惯的新闻产品进行传播，引导公众舆论。在节目的内容和形式上，RT的节目设置和风格在迎合西方受众习惯的同时，又保持着自己的独特视角。RT电视台熟练运用西方受众易于接受的电视传播形式，它的专业化、真实性、客观性的电视节目内容保证了收视率。

二是应用俄罗斯视角，制作差异化、特色化的产品内容。

RT电视台新闻报道的定位就是用俄罗斯视角观察世界并发出自己的声音，以打破欧美国家主流媒体对世界舆论的垄断。也正是这种独特的俄罗斯视角，使其制作出了同欧美主流媒体差异化的节目内容，向广大受众展现了新闻事实的另外一面，这也是RT电视台赢得受众的又一个取胜之道。尤其在涉及俄罗斯重大利益的问题上，RT电视台更是能巧妙地从维护俄罗斯利益的立场出发，通过不同于西方媒体报道的角度和语言，让受众感受到不同的新闻事实，既保证了新闻报道的客观公正，又呈现出新闻事件的多样性，让受众有了充分的思考空间。例如在2014年乌克兰危机的报道中，当有线电视新闻网等西方主流媒体大肆渲染乌克兰士兵在俄乌边界地区挖战壕备战的情景时，RT电视台却在报道克里米亚士兵获得俄罗斯国籍和护照的喜悦之情。RT

---

① *Соломатин А.Н.*, Телеканал RT в условиях ирформационного противостояния // *Вестник электронных и печатных СМИ*, №1(24), 2016, С.48.

电视台通过叙事手法增强了新闻的可读性。RT电视台通过不同角度的策划报道，衬托出了当时完全不同的局势氛围，展现了完全不同的立场和场景，把更多的思考留给了观众，让他们作出不同的解读和判断。

RT电视台报道内容差异化在涉及俄罗斯国内问题的内容题材上体现得更为明显。RT电视台国外频道报道俄罗斯时，并没有特意回避负面新闻，并且勇于从国内问题下手。许多第一次接触RT的西方受众对于这种情况都感到惊讶，传统观点认为，俄罗斯媒体不得批评政府。2011年年底，俄罗斯爆发了一系列反普京游行示威活动，RT电视台并没有刻意回避，全程进行了跟踪报道，并采访了相关国家的专家学者进行解读，让国外受众充分感受到了其报道内容的中立客观。

RT电视台节目内容差异化的另一个表现是集中精力报道西方主流媒体不关心或者不愿意报道的选题和内容，例如弱势群体、发展中国家、灾难、宗教、就业、环境、民生等现实问题，因此其受到西方民众的喜爱。通过这些选题和内容的报道，RT不仅能够吸引西方受众，还能够从道义上树立自己良好的国际形象。2011年，美国爆发了“占领华尔街运动”，但是当时美国国内主流媒体并没有对该事件进行充分客观的报道，RT电视台迅速抓住这一机遇，派出专业团队24小时不间断进行了现场报道，吸引了大量当地受众。此外，RT还经常通过各种渠道购买一些具有独特观点和深度思考，并且在欧美主流媒体上没有机会播出的纪录片，这也使其受到西方受众的欢迎。

敢于触碰敏感话题是RT电视台节目内容差异化的又一表现，这一点在RT电视台华盛顿新闻站的节目中体现得尤为明显。RT电视台制作恺撒报道揭露全球财经丑闻，播出的阿廖娜（Alyona）秀场密切追踪时事，明日世界多次采访美国视为敌人的人和恐怖分子，辩论节目交火就一系列尖锐问题展开了激烈辩论，都充分证明了这一点。长期观察RT的新闻报道内容就会发现，RT新闻内容中最常见的标签词有政治斗争、冲突、军事以及美国、英国、法国、联合国、俄罗斯、西方国家、西方政府等带有浓厚政治色彩和立场的词语。在RT的新闻报道中，涉及政治、经济、军事、冲突以及重大突发事件等的报道占据很大比例，尤其是反美题材占据相当分量，节目内容冲突性、斗争性特征明显。节目内容从俄罗斯利益出发，具有鲜明的立场和观点。（见图2-1）

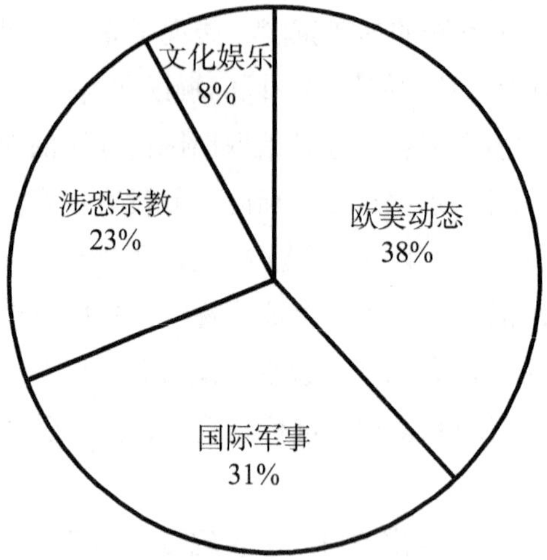

图2-1　RT电视台节目内容题材投放比例

资料来源：作者抽取任意10天RT电视台节目内容，经过综合分析归纳各种题材的占比得出的结果。

RT电视台通过自己的独特视角，差异化、特色化的产品内容，吸引了一批具有良好思辨能力的西方受众，满足了西方受众对事物秉持怀疑态度和全面了解新闻事实真相的需求。西方媒体已经深受党派、利益的影响，在节目制作中做到完全的客观公正几乎不可能。RT电视台的出现，满足了西方受众的好奇心，为西方受众增加了一条完全不同于欧美主流媒体的信息渠道，让广大受众更加有机会了解接近事实的真相。因此，RT电视台快速占领西方受众市场便是水到渠成。

三是充分应用新媒体技术手段，创新传播渠道和模式，实现内容一次生产多元化传播。

随着信息网络技术的不断进步和发展，媒体融合技术和社交媒体发展如火如荼。新型网络和社交媒体的出现，对传统传媒格局形成巨大冲击，改变了媒体行业的传统传播格局，带来了世界传播格局的新一轮革新。面对这一现实和历史机遇，RT电视台紧紧抓住新型媒体传播技术这一核心要素，从创办初期就招聘大量技术人才，购置先进的传播设备，充分利用互联网技术拓宽传播渠道，创新传播方式，实现内容一次生产多元化传播，快速抢占新媒体市场。

RT电视台高度重视移动互联网技术在媒体传播领域的应用，先后启用了多种社交媒体和互联网传播手段，是目前世界上新媒体传播技术策略最为完善的国际化电视台之一。一方面，RT电视台通过加强自身网站（www.rt.com）的建设，逐步完善网页功能，增添新的内容和传播方式，最大限度给网民提供视频内容，吸引网民受众，扩大传播力和影响力。另一方面，RT紧紧抓住社交媒体快速发展的历史机遇，在国际主要社交媒体网站（如谷歌+、照片墙、脸书、推特、油管、Live Journal等）和最大的俄罗斯社交网站联系上设立了自己的账号，扩展了传播渠道，实现了一次内容制作多元化传播。截至2014年年底，RT在油管上的订阅用户将近218万，浏览量首次突破20亿次，而2016年12月这一数字则达到了40亿次。[①] 但是，RT在社交网络平台上的发展也并非一帆风顺。由于RT电视台的政府背景，以及在油管上大量报道反西方国家的视频内容，其账号遭遇了几次短时间封锁。除此之外，RT电视台还针对手机客户的需求，开发了安卓、苹果等手机终端应用系统，最大限度地拓宽传播渠道，占领手机客户端受众。

三、RT电视台成功经验对我国外宣媒体的启示

中俄两国媒体环境和面对的国际环境有着众多相似之处，面对国际传播格局的复杂变化，如何尽快整合自己优势媒体资源，开发利用新技术传播手段，适应新型国际传播规律，在国际传播格局中抢占一席之地，发出本国声音，维护本国利益，扩大本国在国际社会影响力，是摆在两国外宣媒体面前的迫切任务和要求。RT电视台从维护自身国家利益出发，充分应用新技术传播手段和模式，创新和丰富传播内容，打破了西方媒体控制的国际舆论格局，传播了俄罗斯声音，塑造了崭新的俄罗斯全球形象，极大地提高了俄罗斯的国际影响力和话语权，维护了俄罗斯的国家利益。RT电视台的成功实践，说明传统的国际传播格局已经发生了变化，国际社会出现了不同于西方主流媒

① *Горбатова Н. В.*, Цензура и информационная безопасность в современном мире: политическое измерение // Управленческое консультирование, № 2. 2012, С. 12-18.

体的声音。世界主流媒体的传统竞争手段和模式出现了变化，新的媒体开辟了新的战场，新的竞争手段和传播工具出现了。认真分析和总结RT电视台的成功经验，对我国对外宣传媒体增强国际传播能力具有一定的参考价值。

一是加大对外宣媒体的支持力度，既包括在人力、财力、物力方面的大力扶持，也包括在政策层面的特殊待遇，助力外宣媒体整合优势资源，形成合力，努力打造外宣传媒品牌。

国际传播领域的竞争归根结底是意识形态领域的斗争，涉及一个国家的国家安全和国家利益，关乎一个国家和民族在国际社会的声誉和利益。党中央高度重视我国国际传播工作，给予了大力支持，并建立了一整套符合我国国情的国际传播体系。但是，高效的国际传播体系的建设是一项长期复杂的系统工程，需要政府各相关部门和媒体单位之间统筹协调配合，需要时刻关注国际格局和国际传播领域的风云变化。国际传播领域的斗争在和平时期显得尤为重要，例如发生在中亚地区国家的“颜色革命”和中东地区国家的“阿拉伯之春”运动，都充分证明了国际舆论斗争的残酷性和复杂性。我们应充分吸取和总结历史经验教训，认真分析国内外案例，结合我国国情和外宣工作的实际情况，集中力量干大事，加大资金和政策扶持力度，建立健全国家国际传播体系，集中优势力量打造国际知名传媒品牌，在国际传播市场抢占一席之地，在国际社会及时传播我国声音，维护我国国际形象和国家利益。

外宣媒体可以遵循国家主导、市场运作的模式，通过兼并、重组、股份制改造等多种方式和形式，集中主要力量，整合优势资源，调动各方积极性，组建外宣传媒航母，形成拳头品牌。2018年，党中央在新一轮国家机构改革中，对外宣媒体作出了重大调整和部署，整合原中央电视台、中央人民广播电台和中国国际广播电台，组建了中央广播电视总台，对外统一呼号为“中国之声”。[①] 该重要举措是党中央深刻分析当前国际形势和国际传播格局，对我国外宣事业作出的重大决定，其对整合资源配置，增加我国国际传播能力具有积极重要的历史意义。我们在加强国内资源整合布局时，也要进一步加强“走出去”力度。由于“一带一路”倡议在国际社会的广泛推进和逐步深化，我们可以进一步鼓励国内外宣媒体和国有企业、华商华侨企业以及涉外部门

---

① 中共中央印发：《深化党和国家机构改革方案》，《人民日报》2018年3月22日，第1版。

等各方力量加强合作和沟通，形成合力，抱团出海，立足国内，以商业化形式进军海外媒体市场，以入股、收购、兼并等多种方式参与海外媒体市场竞争，以多种方式、多种渠道扩大我国海外传播力量。

外宣媒体在日常的运营管理过程中，也要敢于打破陈规旧习，突破来自体制、理念以及思维的束缚，最大限度寻求媒体国际传播工作的突破点和创新点，逐步形成具有核心竞争力和影响力的外宣媒体品牌。同时外宣媒体要淡化政府色彩，制作出既具有中国元素和文化特色，国外受众又易于接受的节目内容，以国际化传媒集团的形象出现在国际传媒舞台上。

二是外宣媒体应及时把握国际形势和国际传播格局变化，突出中国视角，创作差异化、特色化产品内容，试行海外本土化运营管理模式，生产出符合不同国家受众习惯的内容产品，逐步扩大海外受众市场。

RT电视台用海外本土化运营管理模式，根据内容为王、精准投放、互动参与等现代传播规则，在节目内容制作上采用突出俄罗斯视角，同西方媒体传播内容差异化的原则，制作出符合海外受众习惯的产品内容。我们从RT的成功经验中可以看出，仅仅通过设立外国新闻办公室，以及依靠当地公共广告牌或购买海外地标建筑等进行对外宣传，难以提升对外媒体的国际影响力。一个国际化传媒机构要抢占海外受众市场，一定要尊重新闻传播规律，以内容为王，尊重新闻事实本身。作为国际化媒体只有遵循国际化传播规律，改进国际传播内容的报道方式和风格，制作出既符合中国视角又易于被国际受众理解和接受的节目内容，并采用国际受众易于接受的传播理念和方式，才能快速占领海外受众市场。我国外宣媒体在“走出去”的过程中，可以尝试海外本土化运作管理模式，雇佣当地新闻采编人员，根据目标国家和受众市场的风俗习惯，制作出既遵循中国视角，又符合当地受众习惯的内容产品，并积极寻找行之有效的传播方式，扩大影响力，占领市场，使传播内容能够快速入耳、入脑、入心，逐步形成较强的国际影响力。

三是充分利用新媒体技术手段，创新传播方式，实现节目内容的一次性生产多元化传播。

在当前信息科学技术发展日新月异的时代背景下，我们对于新媒体传播技术手段的发展的理解要有前瞻性。任何一项新媒体传播技术的应用和突破，都可能引起国际传播格局的一次变革。数字化变革和移动技术的快速发展，不仅使人们的生产生活方式得到改变，还给传统传播格局带来巨大的变化。我们在大力发展应用传统传播技术占领国际传媒市场的同时，也要大力发展和应用新型传播技术手段，抢占新媒体终端客户市场。RT的成功经验之一，就是善于及时抓住新媒体技术手段发展的历史机遇，通过对新媒体技术手段的快速全面的应用，迅速增加对其受众市场的吸引力，占领网络和社交媒体平台终端受众市场，扩大媒体影响力。我国外宣媒体要始终保持对新媒体传播技术手段的开发和应用，抓住新媒体技术手段发展的历史机遇，广泛应用各种新媒体技术手段，拓宽传播渠道和方式，最大限度实现传播内容的一次性生产多元化传播。

四是加强和完善国际传播人才体系建设，打造一支既懂外语，又懂新闻和国际传播规律，同时了解国际形势和国外风土人情的国际传播人才队伍。

习近平总书记在党的新闻舆论工作座谈会上指出，媒体竞争关键是人才竞争，媒体优势核心是人才优势。[①] 国际化传媒人才队伍建设是外宣媒体发展的重要因素，构建全面、高效、有针对性的国际化专业化传媒人才招聘、培训、发展体系，建立一支稳定的高素质国际化专业化团队是外宣媒体发展的重要保证。世界国际化大型媒体集团都高度重视国际化专业化人才队伍建设，大批高素质专业化国际传播人才聚集于此。要高度重视外宣媒体在发展过程中的队伍建设，既要建设一支高素质、国际化、专业化的国际传播人才团队，又要构建国际传播体系人才队伍招募培训体系，逐步建立一套完整的国际化传播人才队伍培养机制，根据事业发展需要，形成人才队伍梯队，满足我国日益发展的外宣媒体事业的人才需求。

综上所述，随着我国各项事业的不断发展，在西方主流媒体处于优势的国际传播格局下，如何全面提升我国外宣媒体国际传播能力是我们面临的现实问题。RT电视台的成功实践，充分证明了国家、民族、体制和意识形态并非新兴市场国家媒体国际传播能力建设的主要障碍。新兴市场国家媒体完全可以运用自身的特点和优势，突破西方国家主流媒体对国际传播格局的垄断，打造具有世界影响力的国际传媒平台。当前，我国国际传播事业面临一个巨

① 《习近平：坚持正确方向创新方法手段　提高新闻舆论传播力引导力》，新华网，2016年2月19日，http://www.xinhuanet.com/politics/2016-02/19/c_1118102868_2.htm，访问日期：2022年4月11日。

大的历史机遇期和挑战期。我们要以习近平总书记对外宣工作的要求指引国际传播工作，以社会主义核心价值观为支撑，以实现中华民族伟大复兴的中国梦为宗旨，制作国外受众易于接受和理解的内容产品，利用多元化传播方式，充分阐释我国的外交原则和国际理念，维护我国国际形象和国家利益。我国外宣媒体在实际工作中，可广泛借鉴世界一流外宣媒体的工作经验和方法，结合我国国情和外宣媒体实际情况，找到适合我国外宣媒体快速发展的成功路径，进一步加强我国的国际传播能力建设。

第三章　美俄媒体国际传播博弈

第一节　美俄媒体国际传播博弈案例分析

一、围绕2014年乌克兰危机的媒体博弈

欧美大国与俄罗斯在欧洲进行地缘政治争夺的典型案例之一便是2014年乌克兰危机，其也是备受世界各国媒体关注的焦点之一。乌克兰2013年年底内政危机爆发，亲西方反对派针对乌克兰总统大选等问题进行游行示威，局势逐步升级，国内政治危机演变成为国际政治层面的重大事件，引发了自冷战以来西方大国与俄罗斯在该地区展开的地缘政治安全和国际格局平衡的第一次全方位较量和对抗。世界各国新闻媒体对该事件大量深入的报道和讨论也深刻影响着国际社会对整个事件的理解和看法。在这场地缘政治对抗中，世界各国媒体在国际传播领域的激烈较量尤其引人关注，堪称国际政治格局中国际传播博弈的典范，对此后国际地缘政治格局产生了重大影响。

在这场以地缘政治空间争夺为主的国际政治博弈过程中，俄罗斯主要的对外传播媒体RT电视台担当了领头兵的角色，在博弈过程中抓住一切机遇，在国际社会积极营造有利于俄罗斯的国际舆论环境，为俄罗斯在政治和军事领域的行动争取国际社会的支持和理解。俄罗斯将其外宣媒体平台和新型传播技术手段相互配合，公开信息渠道与秘密情报手段相结合，展开了一场全方位的媒体传播博弈战。西方媒体的国际传播优势虽然依然存在，但已经不再具有垄断性和压倒性的优势。尤其在报道克里米亚入俄的问题上，俄罗斯打破了西方媒体的议程垄断，大量带有RT标识的视频、图片和报道被转载，为俄罗斯争取到了国际社会的理解和认同。俄罗斯在此次国际危机事件中最大的胜利并不在于击败了对手，打破了北约东扩的梦想，而是在国际危机事件中成功利用媒体国际传播能力发出了自己的声音，扭转了对俄不利的国际

舆论格局，打破了西方国家媒体的话语霸权和垄断，并及时配合国家重大外交和军事行动，有效地维护了国家利益。当今世界尽管美国仍是唯一的掌握着军事、经济、金融和舆论信息强权的政治主体，但2014年乌克兰危机显示其进行地区性军事干预的可能性和能力在下降，而且其曾经无比强大的舆论宣传能力也面临着来自俄罗斯的挑战。

在这场复杂的国际政治较量中，各种复杂的情况层出不穷，各国新闻媒体的报道牵动着各个大国的神经。危机发生以后，对立双方阵营的媒体在国际传播领域经历了多个回合的较量。前期俄罗斯与西方国家的博弈主要表现为借助外宣媒体平台，利用国际舆论来为外交和政治做铺垫；随着局势的不断发展变化，俄罗斯媒体在克里米亚问题报道上主动出击，争夺道义高地，反败为胜。2014年7月，马航MH17失事事件发生后，俄罗斯被贴上肇事者标签，国际舆情出现翻转，西方借此机会，趁机扩大对俄罗斯的经济和金融战，全面制裁和打压俄罗斯。自此，俄罗斯与西方国家的全面博弈逐渐由舆论博弈为主转为了全方位的博弈。在这场围绕乌克兰危机的国际舆论博弈中，俄罗斯媒体充分利用自己的优势和特点，主动出击，控制国际议程，取得了良好的效果，为俄罗斯赢得了国际社会的支持和话语主动权。

（一）乌克兰危机的实质

俄罗斯和北约国家围绕乌克兰地区的地缘战略争夺，是乌克兰问题持续发酵的重要原因。乌克兰地处欧亚大陆的核心位置，是欧亚大陆的地缘政治轴心，历来是世界大国争夺的战略要地。美国著名的学者布热津斯基曾经说过：谁控制了乌克兰，谁就控制了欧亚大陆。乌克兰作为地处俄罗斯和欧洲之间的大国，战略意义不同寻常。作为欧亚大陆重要出海口的克里米亚半岛，更是多次成为热点地区。近年来，乌克兰一直在实施摆脱俄罗斯，加入欧盟的计划。在乌克兰看来，加入欧盟的重要步骤和内容是加强与欧盟政治和经济领域的合作。对于欧盟来说，构建更强大的欧洲战略防务体系，加强乌克兰同欧洲的关系，对于抵御俄罗斯在该地区影响，营造更加有保障的地区安全环境具有重要战略意义，并且也符合欧洲的整体战略利益。欧盟为了争取乌克兰这个与欧洲毗邻的战略要地，甚至放弃了诸多在此之前与乌克兰签署联系国协定的条款，并且还在俄罗斯对乌克兰进行制裁之后提供了数目不小的经济帮助，以此来补偿暂停协定给乌克兰带来的经济损失。

乌克兰对于俄罗斯来说同样拥有特殊的战略地位和极其重要的战略意义。俄罗斯和北约以及欧盟国家之间的战略缓冲地带就是乌克兰。北约东扩以来，俄罗斯倍感周边安全局势的压力。尤其是叙利亚问题之后，美国和欧盟对俄罗斯的经济制裁和政治孤立都在加强，在俄罗斯周边地区的军事存在也有所加强。对俄罗斯来讲，失去乌克兰意味着战略上的沉重打击，俄罗斯面临的北约军事威胁会变得更加紧迫。从另一个角度来讲，俄罗斯长期拥有在乌克兰的军事存在。在克里米亚港口城市塞瓦斯托波尔长期驻扎着俄罗斯的黑海舰队。俄罗斯唯一一支不受港口冰冻条件影响的全天候机动部队便是黑海舰队。在欧洲地区的军事存在和影响对于俄罗斯来说具有重要的象征意义。在俄罗斯和欧洲地缘政治争夺过程中，乌克兰国内长期存在的对抗状态被逐步激化，亲西方的乌克兰西部和亲俄罗斯的乌克兰东部地区随着危机升级分歧日益突显，逐渐演变为公开的斗争，成为国际政治舞台上的焦点。乌克兰国内政治危机逐步演变成实质为俄罗斯和欧美国家之间较量的地缘政治争夺之战。

（二）乌克兰危机报道中俄罗斯媒体与西方媒体针锋相对的立场

在乌克兰危机中，俄罗斯充分发挥外宣媒体的优势，尤其是利用其新组建的外宣媒体平台RT电视台。在整个事件的报道过程中，围绕多个关键节点和事件，俄罗斯与西方展开完全对立的差异化报道，据理力争，争夺道德高地，揭露西方国家在乌克兰危机背后的阴谋和政治战略构想，让国际社会看到了乌克兰危机的背后一面，为俄罗斯争取国际社会的支持和道义上的主动。

在乌克兰危机爆发初期，西方媒体的报道集中于对俄罗斯与美国在乌克兰地区实力对抗的分析。美国在世界范围内具有影响力的电视台有线电视新闻网在2014年1月发布了一篇分析性新闻稿，内容瞄准了乌克兰内部同时存在的“向东”和“向西”态势。文章表示乌克兰迫切需要资金注入，基辅需要与欧盟开展业务合作，需要西方的财政援助。[①] 同年2月的另一份报道则直击在乌克兰问题上美国和俄罗斯的较量。报道主要描述了美国总统奥巴马和俄罗斯总统普京在通话中表示将要共同努力稳定乌克兰的局势。文中提到白

---

① Marie-Louise Gumuchian, “East vs West—What’s behind Ukraine’s Political Crisis?” CNN, https://www.cnn.com/2014/01/28/world/europe/ukraine-protests-explainer/index.html.

宫对此事的态度：乌克兰冲突并非“冷战时期的代理冲突”。但有线电视新闻网还采用了更强烈的表达：“奥巴马是对的。这不是冷战。今天，美国在经济、军事和外交上均占上风。但是它确实面临着一个复兴、专制和对抗的俄罗斯。”①

俄罗斯RT电视台则充分发挥本国在俄语世界的话语权优势，积极宣传俄罗斯政府的立场，强调俄罗斯与乌克兰以俄语为母语的少数民族站在一起的民族立场。②俄罗斯媒体对“俄裔受到威胁”③、“乌克兰存在人道主义危机”等问题展开了深入讨论。④俄罗斯在乌克兰民族分裂问题上本身就占有一定的话语权优势，因此在这一时期利用媒体进行“软实力”向外推广的宣传效果更加明显，迅速拉近了与乌克兰民众的距离。2014年2月俄罗斯RT电视台以独特的视角报道了西方国家对乌克兰国内事务的干预，提供了西方各国与当时反政府抗议集团直接接触，以及无条件支持新政府的证据，⑤表达了俄罗斯对新上台的政府合法性的质疑，⑥同时RT电视台还将舆论矛头指向了克里米亚与新政府分裂的必然性，⑦为下一步行动做好了舆论铺垫。在乌克兰危机中，美国再次利用它对国际社会政治概念的定义权和解释权为俄罗斯贴上相应的政治标签。对此，俄罗斯进行了有理有据的强硬反击。首先，俄罗斯表明自己鲜明的政治立场，称俄罗斯的所作所为都是为了捍卫自身的国家利益，且符合乌克兰宪法、国际法和人道主义原则；其次，俄罗斯表示，对乌克兰进行军事干预是应乌克兰总统亚努科维奇关于请俄罗斯协助动用武力的直接请求，目的是保护乌克兰公民的生命、自由和健康，俄罗斯认为这一行为完

① Elise Labott, “Analysis: U.S. and Russia Playing Chess or Blood Sport?” CNN, https://www.cnn.com/2014/02/22/world/analysis-russia-united-states/index.html.

② *Жириновский В.*, Большая часть Украины - это русские люди // *Интервью на “России 24”*, 31 Марта 2014 года / URL: http://www.vesti.ru/videos?vid=588601.

③ *Степан Разин,* "Правый сектор"запугивает мирных жителей, RT, 28 февраля 2014 года / URL: http://russian. rt.com/articl/23309.

④ На Украине революционеры бьют и унижают бойцов "Беркута" // *НТВ, Видео программы «Сегодня»*, 28 февраля 2014 года / URL: http://www.ntv.ru/video/733783.

⑤ Запад не смог "приручить" украинскую оппозицию печеньем и перчатками, RT, 23 февраля 2014 года / URL: http://russian.rt.com/article/22829#ixzz363k9FDXg.

⑥ *Дмитрий Медведев*, Легитимность ряда органов власти на Украине вызывает большие с омнения, RT, 24 февраля 2014 года / URL: http://russian.rt.com/article/22970#ixzz363igY1g4.

⑦ *PM Aksyonov*, Crimea Won’t Work with "Illegitimate" Kiev Govt, RT, 7 Марта 2014 года / URL: http://rt.com/news/crimea-prime-minister-interview-390/.

全符合国际法准则，而且还符合人道主义；最后，俄罗斯强调支持克里米亚独立公投是保护人民的自主选择权，必须在平等的基础上让人民选择自己的命运，不管人们在哪里居住，在国家的哪个地区居住，他们都有权平等地改变国家命运。以上三个方面的阐述合情合理，而且是一个逻辑严密的话语构建过程，有力地对抗和消解了西方关于“违反乌克兰宪法和国际法”“侵略行为”的话语围攻。另外，俄罗斯采取“以其之矛攻其之盾”的策略，嘲讽西方关于“人权”与“民主”,“国家主权”与“民族自决”的双重评价标准，并揭露其在乌克兰问题上的险恶用心。在克里米亚入俄事件和马航事件中，双方媒体的报道立场截然相反，针锋相对，互相指责。

1.“克里米亚”入俄事件的媒体博弈

克里米亚入俄事件，是2014年乌克兰危机的重要转折点。从克里米亚公投事件开始，俄罗斯和西方国家进行了一场全方位的战略博弈。全球媒体舆论对焦在是“克里米亚公投入俄”还是“俄罗斯入侵克里米亚”的问题上时，俄罗斯媒体和以美国为首的西方国家媒体的声音成为国际社会舆论的主力。

英国《卫报》的报道集中于塞瓦斯托波尔抗议活动的现场，报道中提到了乌克兰防暴警察被激动的示威者阻击，抗议者成立民兵组织与当局对抗，等等。该报道也分析了俄罗斯在克里米亚地区强大的文化宗教影响力和军事震慑力。美国媒体对于俄罗斯的这一行动也迅速作出了反应，站在俄罗斯的对立面对该事件进行报道的同时，积极传播白宫立场。有线电视新闻网在报道克里米亚问题时采用了“被吞并”的表述，并转述了奥巴马总统对莫斯科的警告:“进一步挑衅只会让俄罗斯进一步被孤立，国际社会将继续团结起来，反对任何侵犯乌克兰主权和领土完整的行为，这只会给俄罗斯经济带来更大损失。”① 另一篇报道则直接声称“世界上大多数国家都表示克里米亚加入俄罗斯联邦的进程是非法的”。该报道从民生角度力证克里米亚无法脱离乌克兰，比如俄罗斯的货币无法直接大面积流通会给克里米亚经济带来致命打击，克里米亚的供水供电来自乌克兰，社会治安依靠乌克兰警力，等等。② 关

① Matt Smith and Marie-Louise Gumuchian, “Ukraine ‘Will Never Accept’ Crimea Annexation,” CNN, https://www.cnn.com/2014/03/17/world/europe/ukraine-crisis/index.html.

② Tim Lister, “Crimea Remarries—But That Divorce Will Be Messy,” CNN, https://www.cnn.com/2014/03/18/world/europe/crimea-remarries/index.html.

于美国对俄的制裁方面，有线电视新闻网声称奥巴马总统将在七国集团核安全峰会上与其他国家讨论制裁问题，并计划联合其他国家取消与俄罗斯的年度峰会，这意味着美国会和以欧洲国家为主的其他大国一起将俄罗斯排斥在八国集团之外。[①]

针对乌克兰和西方各国的反对立场，RT电视台在这一时期很大程度上承担了俄罗斯在克里米亚问题上同西方开展舆论战的桥头堡职责，积极地从各个角度阐述俄罗斯绝不退让的立场。2014年3月24日，RT电视台发布了一篇对俄罗斯海事专家克里斯·贝拉米的专访，从专家的视角阐述了克里米亚地区人民以真诚态度加入俄罗斯联邦的情况，且力证克里米亚公投是合理合法的民主进程。[②] RT电视台还对国际反法西斯团结运动代表萨比·达洛进行采访，该代表表示西方媒体对乌克兰危机的叙述并不客观，对乌克兰内部的新兴法西斯组织活动保持了沉默。[③] 另一个俄罗斯媒体也将舆论焦点引向欧洲新法西斯组织问题上，直接指出了西方国家针对乌克兰危机的双标态度。[④] 同时，RT电视台也在英语频道上积极宣传俄方立场，利用媒体影响力向国际社会传达俄罗斯的声音和立场，向更广泛的受众群体提供多元化视角信息。RT电视台在国际新闻频道多次报道了有关克里米亚公投的合法性问题的节目，主要驳斥了“投票是在俄罗斯威慑下进行的”的观点。RT电视台在3月17日报道了一些欧洲国际观察员对克里米亚公投问题的积极看法，显然这些声音是西方媒体在报道中忽略掉的。[⑤] 此外，从公共信息层面表明克里米亚已经合法的、正式地进入俄罗斯的管辖范围之内，对于俄罗斯的对外宣传至关重要。RT电视台的另一篇报道则更加巧妙地分析了这个问题，该报道认为西方已经逐渐意识到了克里米亚无法从俄罗斯分割出去，但是西方仍然意欲延长这一

---

① Tom Cohen and Tom Watkins, “U.S. Warns Russia: More Sanctions Coming Due to Ukraine Crisis,” CNN, https://www.cnn.com/2014/03/18/politics/us-ukraine/index.html.

② Эксперт: Очевидно, что большинство жителей Крыма хотят быть частью РФ, RT, 24 Марта 2014 года / URL: http://russian.rt.com/article/25201#ixzz362qikhcX.

③ Эксперт: СМИ замалчивают информацию о подъёме фашизма на Украине, RT, 25 Марта 2014 года / URL: http://russian.rt.com/article/25244#ixzz362q6HXUn.

④ Политика двойных стандартов привела к всплеску неофашизма в Европе // *Вести*, 30 Марта 2014 года / URL: http://www.vesti.ru/videos?vid=588357.

⑤ Crimean “Referendum at Gunpoint” Is a Myth – intl Observers, RT, 16 Марта 2014 года / URL: https://www.rt.com/news/international-observers-crimea-referendum-190/.

危机，以期待对俄罗斯造成更负面的影响。[①]

对于俄罗斯官方媒体，西方媒体认为其一直以来的新闻叙述集中在加强对克里姆林宫的支持和民族主义的语气。西方国家媒体对于克里米亚并入俄罗斯合法性的舆论战中提到一个重要例子，直接指向俄罗斯主流媒体RT电视台报道的真实性问题。RT电视台曾报道过克里姆林宫有关俄罗斯在2014年发布的对克里米亚军事行动有争议的声明。起初，克里姆林宫声称俄罗斯武装部队没有进行任何占领乌克兰领土的行动，声称武装人员为由克里米亚当地公民领导的针对乌克兰新政府的起义力量。但是俄罗斯政府后来撤回了这一声明，承认其在克里米亚的军事存在，只是仍然强调普京声称俄罗斯从未计划在克里米亚采取任何军事行动。[②] 在克里米亚事件中，美国再次运用带有美西方价值的政治话语指责俄罗斯政府威胁了乌克兰国家的主权和领土完整。对此，俄罗斯利用美国的双重标准进行强有力的反驳，声称："我不得不提醒他们美国对阿富汗、伊拉克和利比亚做的事情。在那里，他们要么无视联合国安理会的决议，要么扭曲了这些决议内容。""当我们的美国伙伴在捷克和波兰部署导弹系统时，有谁问过捷克和波兰的民众，他们是否同意?"[③] 普京在克里米亚公投入俄的演讲中强烈谴责了美国的双重标准，对抗性和火药味十足。

2. 马航MH17事件的媒体博弈

2014年7月17日，马来西亚航空公司的客运航班MH17在乌克兰上空被击落，机上298名乘客和机组人员全部丧生。飞机失事以后，西方媒体第一时间对该事件进行了全方位分析和报道。英国广播公司于2014年11月发布了一篇有关乌克兰危机发展时间脉络的整体报告，其中包括大量视频图片以佐证该报告的可信度。[④] 其针对整个危机事件中俄罗斯作用的描述主要集中于俄方的军事行动，以及亲俄力量的武装行动造成的悲惨结果，例如报道中提到"俄

① "Crimea Is Now Part of Russia, the West Has to Come to Terms with That," RT, March 20, 2014, http://rt.com/op-edge/crimea-to-be-recognized-081/.

② "Putin Acknowledges Russian Military Serviceman Were in Crimea," RT Live, April 17, 2014, www.rt.com/news/crimea-defense-russian-soldiers-108.

③ 《普京就克里米亚独立加入俄罗斯演讲（全文）》，南京大学马克思主义社会理论研究中心，2014年3月20日，https://ptext.nju.edu.cn/be/80/c12216a245376/page.htm，访问日期：2021年4月11日。

④ "Ukraine Crisis: Timeline," BBC, http://www.bbc.com/news/world-middle-east-26248275.

罗斯议会对乌军事行动的授权问题”“亲俄力量于7月17日在乌克兰东部击落一架军用飞机”等，而对于乌克兰的报道则集中于“欧盟与乌克兰联合协议的里程碑意义”“乌克兰在东部进行反恐行动”等，暗示了亲俄力量的军事活动与MH17坠机事件有关。英国广播公司的另外一篇报告则更加反映出西方媒体成熟的国际传播机制和对受众群体理解国际事务的导向作用。2015年2月英国广播公司发表了一篇深刻剖析俄罗斯新闻媒体行业架构的报告，指出俄罗斯主要媒体（包括RT、Channal One等）的新闻来源与克里姆林宫的密切联系，并指责克里姆林宫利用新闻媒体传播虚假信息并在国内外进行舆论战和信息战。①

关于到底是谁击落了MH17航班，杀死了机上298名平民的讨论结果关乎哪一方可以在这次危机中占据道德制高点。俄罗斯主流媒体支持的主要观点强调调查结果的不真实性，多次否认俄罗斯与该事件有任何牵连，俄媒大量转载国防部和外交部官员否认这些说法的官方回应，声称没有俄罗斯导弹进入乌克兰。RT电视台新闻对马航坠机事件的报道直接指向乌克兰战斗机击毁MH17客机的可能性。报道涵盖了目击者描述、俄罗斯军方的侦察结果以及国家官员对该问题的回答。其中RT电视台新闻提供的最有力的证据是俄罗斯军方证实，在灾难发生前的一个小时左右，有三架乌克兰战斗机从第聂伯罗彼得罗夫斯克起飞，而根据俄罗斯军方的侦察，在灾难发生时乌克兰战斗机SU–25距离MH17客机只有3—5千米，并且提到了俄罗斯罗斯托夫检测中心的录像可以证实这一观点。②

俄罗斯互联网最具影响力的新闻平台Yandex News转载了一篇针对调查组结果的反驳性报道，在文中指出坠机现场的一些照片显示出飞机坠毁的原因可能是内部爆炸，与导弹发射无关。文章称，一些能够反映实时情况的证据无故消失，比如驾驶室的玻璃和飞行员座位上的枕头没有找到，是因为调查现场有人为隐瞒事实真相的情况存在。俄罗斯RBC新闻也对调查组的其他证据提出质疑。2014年10月的一篇新闻主要对荷兰方面使用美国情报部门卫星图像作为坠机分析的证据表达了反对意见。新闻称，美国方面以国家法律为

---

① “Russia Profile—Media,” BBC, http://www.bbc.com/news/world-europe-17840134.

② “Russia to Probe Media Reports that Ukraine Military Shot down MH17,” RT, December 23, 2014, https://www.rt.com/news/216871-ukraine-military-mh17-report/.

由拒绝提供坠机前10分钟到灾难发生后10分钟的卫星图像，俄罗斯质疑西方国家有意转移真实情报，认为荷兰方面无法以此作为依据得出准确结论。[①]

2016年9月，一个由荷兰领导的联合调查小组（JIT）（包括来自澳大利亚、比利时、马来西亚、荷兰和乌克兰的警察和司法当局）介绍了坠机事故的调查结果。这些结果基于广泛的法医分析，音频交叉以及对目击者和其他举报者的100多次采访。[②] 联合调查组发现该导弹是由亲俄力量控制的地区发射的。调查结果还显示，该导弹的发射系统是从俄罗斯联邦运至乌克兰分离主义控制地区的，并在MH17被击落后返回俄罗斯。这一信息显然可以给俄罗斯贴上肇事者的标签。

西方媒体大量报道了该份报告的结果，并表达了要求俄罗斯根据国际法承担责任的尖锐立场。英国《卫报》详细报道了联合调查组在调查过程中收集到的证据，其中包括视频和照片，以佐证该调查报告的真实性和可信性。报道中提道，澳大利亚外长朱莉·毕晓普向媒体表示："用一种属于俄罗斯军队的尖端武器来击落一架民用飞机应该引起国际社会的严重关注。"[③] 在报道俄罗斯反应的时候，它强调俄罗斯已利用其在联合国的一票否决权，阻止建立国际法庭来判定其有罪。有线电视新闻网在转述美国官方媒体的表态时肯定MH17是由导弹击落的，[④] 并认为俄罗斯在整个乌克兰危机中所扮演的正面角色和此前的有利地位可能会因为坠机事件的发生而彻底改变。有线电视新闻网的一篇评论文章分析称，受坠机事件影响，普京有可能在国际社会陷入孤立无援的境地，转而会发展与发展中国家的关系缓解局面。[⑤]

---

① Голландия объяснила заминку со снимками США по делу о крушении Boeing, RBC, 28 октября 2014 года / URL: https://www.rbc.ru/society/28/10/2014/544fa8f4cbb20f87b71d7e56.

② Yevgeniy Golovchenko, Mareike Hartmann, and Rebecca Adler-Nissen, "State, Media and Civil Society in the Information Warfare over Ukraine: Citizen Curators of Digital Disinformation," *International Affairs* (2018): 975–994, https://doi.org/10.1093/ia/iiy148.

③ "Investigators Confirm Missile that Shot Down MH17 Was from Russian Military," Yahoo Australia | News, May 24, 2018, https://au.news.yahoo.com/investigators-confirm-missile-shot-mh17-russian-military-094912223.html.

④ "U.S. Official: Missile Hit Malaysia Airlines Plane," CNN, July 17, 2014, https://www.cnn.com/2014/07/17/world/europe/ukraine-malaysia-airlines-crash/index.html.

⑤ David Clark, "Opinion: How MH17 Disaster Backs Russia's Putin into a Corner MH17," CNN, July 19, 2014, https://www.cnn.com/2014/07/19/world/europe/mh17-disaster-how-it-backed-russias-putin-into-a-corner/index.html.

调查报告公布以后，西方国家媒体抢占先机指责亲俄罗斯力量是此次事件的肇事者。国际舆论一边倒指责俄罗斯之后，西方国家借机扩大了对俄罗斯的经济和金融的全面制裁，俄罗斯自此陷入了经济和舆论的孤立状态。俄罗斯和北约国家在政治上的博弈，军事武装力量的碰撞转化为经济上的对峙。如果说在危机发生后的前半个阶段，俄罗斯充分利用外宣媒体在国际传播领域取得了一定的成绩和突破，那么在后半个阶段西方国家媒体则利用其在国际舆论生态中的霸权地位和新闻报道的高度专业性，全方位地阻击了前期占上风的俄罗斯媒体，为西方各国对俄罗斯实施全面制裁做了有力的舆论铺垫。

对于这场灾难的讨论并不局限于对坠机原因的证据分析。RT电视台新闻频道在悲剧发生一周年时对美国财政部前部长助理保罗·格雷格·罗伯茨进行访问，在访谈中这位美国前政府官员证实华盛顿方面曾利用MH17坠毁事件破坏俄欧关系，以达到对俄罗斯制裁的目的，整个事件被利用为妖魔化俄罗斯形象的重要手段，客机是被哪一方击毁的事实与既定结果没有关联。① 另外一篇转引俄罗斯官方立场的文章更是强调乌克兰和西方国家对俄罗斯的偏颇报道是在转移对乌克兰东部地区武装冲突中乌克兰陆军特种部队使用的爆炸装置和弹药等问题的注意力。②

（三）俄罗斯媒体在乌克兰危机报道中的手段

1. 以国家领导人形象赢得受众

俄罗斯总统普京的个人形象和人格魅力，使他不仅受到俄罗斯民众的爱戴，同时也成为国际社会受众关注的焦点，因此普京受到世界各国媒体的关注和追踪。尤其是在2014年乌克兰危机爆发以后，普京利用其个人形象和魅力，结合现代媒体传播技术手段进行宣传，迅速在国际社会激起强烈反响，不仅有效地维护了俄罗斯的国家利益，冲击了西方世界的道德神坛与话语权，也提高了俄罗斯在国际社会尤其是在非西方世界的威望。在乌克兰危机中，普京通过电视讲话、广场演讲和召开记者见面会等方式展示了独特的首脑外交魅力，他几乎称得上是世界瞩目的政治明星。普京几次就克里米亚问题的

① “MH17 Crash Used by US to Break Russia’s Relationship with Europe,” RT, July 17, 2015, https://www.rt.com/op-ed/310103-mh17-russia-tribunal-media/.

② “‘Chaos in Kiev’: Ukraine Trying to Distract Attention from Donbass Conflict, Says Russia’s UN Rep,” RT, August 12, 2016, https://www.rt.com/news/355657-un-russia-ukraine-meeting/.

表态都引起了国际社会的强烈关注。2014年3月4日，普京首次就乌克兰局势发表公开谈话，嘲讽西方国家的双重标准，回击美欧对俄罗斯的制裁威胁。3月18日，普京在克里姆林宫向议会上下两院发表演讲，就克里米亚问题再次阐述俄方立场。普京的讲演言辞诚恳，充满理性又不失强势，现场听众数次起立鼓掌，表现出一种强烈的民族自信心和社会凝聚力。这些言论得到不少国家民众的理解和支持，效果堪比普京2013 年在《纽约时报》上发表的批评美国例外论的《俄罗斯恳请谨慎》一文。普京强硬的外交风格使他成为西方媒体“轰炸”的焦点，因为普京的强硬表态和执政风格已经“威胁”西方的利益和话语霸权。

2. 媒体公开特殊情报信息

2014年2月，一段记录美国助理国务卿维多利亚·纽兰和美国驻乌克兰大使派亚特的谈话录音在互联网上引发广泛关注，录音的标题是《广场木偶》，暗讽在基辅各大广场牵头示威的乌克兰反对派领导人像被美国操纵的木偶。录音中，纽兰对欧盟出言不逊。2月6—10日，短短5天，在社交媒体油管上纽兰大爆粗口的视频已经出现了10多个版本，累计点击观看次数超过50万。该事件通过互联网在国际社会广泛传播，让美国和欧盟颇为尴尬。爱沙尼亚外长佩特告诉欧盟外交与安全事务高级代表阿什顿，“现在有一种越来越强的理解是，狙击手背后不是亚努科维奇，而是新联盟政府中的某个人”，[①]德国高级外交官黑尔加·施密德抱怨，“美国对欧洲外交政策的指责不公平”，以及季莫申科建议对于在乌克兰的800万俄罗斯人，应该“直接都用核武器弄死算了”的电话录音都掀起了轩然大波。在乌克兰危机的舆论战中，俄罗斯通过情报部门收集信息，在关键时刻通过媒体平台扩散和传播，最大限度揭露了对手的阴谋，使对方陷入被动之中。这种特殊情报信息的披露在国际社会具有巨大的杀伤力，在世界各国爆发的“颜色革命”案例中，这样的情形比比皆是。西方媒体有时突然公布一些国家政要的财产和敏感信息，鼓动民众的反抗情绪和暴力活动，最终达到推翻政权的目的。在乌克兰危机中，也有类似的情形出现。俄罗斯以其人之道还治其人之身，利用特殊渠道取得信

① 许华:《从乌克兰危机看俄罗斯的国际传播力——兼议国际政治博弈中的传播之争》,《俄罗斯学刊》2015年第3期。

息，关键时刻经由媒体平台进行曝光和传播，既挑拨了美国与欧盟之间的关系，又为俄罗斯的行为进行了有力的辩解。英国驻北约代表亚当·汤姆森表示，克里米亚并入俄罗斯及随后俄罗斯在乌克兰东部的一系列活动，都伴随着有组织有计划的互联网宣传活动，这令北约深受震动。“俄罗斯的信息网络活动已经成为与其军事、政治及经济活动密切配合的精密宣传机器。”[①]

3. 用娱乐性信息转移公众关注焦点

在国际传播格局中，媒体无法改变新闻事件的发生，但是可以通过舆论引导转移受众的关注点和注意力。在克里米亚危机当中，俄罗斯政府一直是西方国家媒体攻击的主要目标。俄罗斯媒体通过对克里米亚总检察长纳塔莉娅·波克洛恩斯卡娅的报道，使她凭借其“致命的美貌和智慧”被全球网民热捧，成为克里米亚的标志性人物，迅速扭转了俄罗斯在国际舆论格局中的被动局面。这位美女检察长对媒体，尤其是网民的吸引力超过了各国政要。同时，她的话语表达了对2014年2月上台的乌克兰政府的尖锐的批评，及对克里米亚并入俄罗斯的强烈认同。她在俄罗斯胜利日阅兵前夕，身着新式俄罗斯制服，宣誓效忠俄罗斯宪法的形象登上各国媒体的头条，立刻成为世界舆论关注的焦点，成为俄罗斯舆论战中的亮点。[②]

俄罗斯出资组建“网络水军”并非新闻，在借助网络媒体手段攻击反对派和西方国家舆论，宣扬俄罗斯立场过程中，“网络水军”显示出强大的传播能力。例如，俄罗斯曾侵入乌克兰“右区”领导人雅罗什的社交网络账号，揭发其与车臣恐怖分子头目乌马罗夫进行联络的情况。在对于克里米亚检察长纳塔莉娅形象的宣传中，网络推手的力量也显而易见。俄罗斯官方通过引导网上舆论，吸引媒体跟踪报道，把纳塔莉娅从一个地区检察官塑造为克里米亚的标志性人物，成功转移了媒体的关注焦点，不仅为俄罗斯缓解了一时的被动局面，也为紧张的国际局势带来了一丝缓和的气氛，改善了俄罗斯在克里米亚事件中强硬的形象。

在当今世界竞争格局当中，一个国家要在国际社会保持一定的影响力，不仅要有以雄厚的经济和军事实力为代表的综合国力，同时还要有强大的国

① 许华：《从乌克兰危机看俄罗斯的国际传播力——兼议国际政治博弈中的传播之争》，《俄罗斯学刊》2015年第3期。

② 同上。

际传播能力作为保障。媒体国际传播能力不仅是一个国家实力的体现，也是提升国家“软实力”的重要手段。在围绕乌克兰危机的博弈中，俄罗斯巧妙利用其媒体国际传播能力，有力地对西方的丑化抹黑进行了回击，及时维护了俄罗斯的声誉和国家利益。在此次事件中，俄罗斯外宣媒体功不可没，它们在一定程度上影响了国际社会对乌克兰危机的媒体议程设定，改变了国际舆论环境和舆论导向，为俄罗斯其他行动的展开赢得了宝贵的机遇和时间。但是其宣传攻势仍带有防御性的特点，只取得了阶段性的、战术上的成功。随着事件的逐步深入和发展，俄罗斯媒体还应进行长久的连续性的国际传播策略规划。在这方面，俄罗斯媒体还有足够的成长空间。由此可见，真正有效的国际传播，不是一时的舆论攻势，而是国家“硬实力”和“软实力”综合作用的体现。

二、围绕叙利亚内战的媒体博弈

自2011年年初开始，叙利亚政府武装与反对派之间的激烈冲突逐步上升为俄罗斯与西方国家在该地区的势力角逐，并引起了世界舆论的广泛关注。叙利亚冲突的实质，是俄罗斯和欧美国家角逐在中东地区的话语权的竞争，也是全球媒体最为关注的主题之一。叙利亚危机的进程不仅对国际政治格局产生深刻影响，同时也是俄罗斯与西方国家在国际社会的道德高地和综合实力的全方位较量。到目前为止，这场危机仍然在持续，地区和平形势不容乐观，对这场危机的新闻报道也成为冲突各方争取国际社会支持，占领道德高地，向国际社会陈述事实的重要途径。因此，围绕叙利亚危机的国际新闻报道自然成为俄罗斯和西方国家媒体博弈的主要战场。梳理和分析叙利亚冲突中俄罗斯以及以美国为代表的西方媒体的新闻报道，有利于更清晰地了解叙利亚危机的进展以及各方媒体为了维护自身国家利益而报道的方法和手段，从而看清事实真相，也有利于更好地分析俄罗斯和西方大国在该地区的政治利益与目的。

（一）叙利亚危机的背景

2011年3月，15名叙利亚青少年学生因涂鸦反政府标语而被捕，此事成为引发全国反政府抗议活动的导火索。游行示威活动逐渐演变成冲击政府机构、破坏铁路，甚至是武装分子与政府军队的暴力冲突。世界人权理事会、联合国安理会、欧盟、阿拉伯联盟、海湾阿拉伯国家合作委员会等国际组织和机构对叙利亚局势保持密切关注，积极协调相关国家进行磋商以缓和紧张局势，这为域外大国插手叙利亚危机提供了机会。欧盟认为叙利亚严重侵犯人权，从2011年5月开始对叙利亚进行经济制裁。叙利亚各地也陆续发生了反政府示威游行。

俄罗斯和欧美各国在叙利亚危机问题上存在着不可调和的利益冲突，这种冲突本质上是由各国在该地区的话语权和国家战略利益冲突导致的。叙利亚处于矛盾旋涡中，叙利亚危机的结果直接影响各国在中东地区的利益版图。首先，美国对中东地区的控制和制衡战略由来已久，且其长期与以色列保持友好关系。叙利亚长期以来对巴勒斯坦和黎巴嫩真主党提供支持，站在了美以同盟的对立面，叙利亚与以色列的矛盾对于美国在中东地区战略的制约性是显而易见的。其次，“9·11事件”之后，美国十分重视国际反恐问题。叙利亚境内“伊斯兰国”（ISIS）组织的存在使得美国对其军事打击的理由显得有一定的合理性。最后，更重要的是叙利亚是俄罗斯在中东地区最为重要的盟友，打击叙利亚政府，建立新的亲美政府将有力遏制俄罗斯在该地区的利益。但是由于美国曾深陷两伊战争的泥潭，在利比亚战争上也已经耗费大量军力，且国际形象严重受损，所以美国在叙利亚只是展开了相对克制的军事行动。对于俄罗斯而言，中东地区最重要的战略后方，就是苏联解体后保留下来的在叙利亚领土内的塔尔图斯海军基地，该军事基地的存在对于俄罗斯的中东地区战略空间以及在地中海地区利益版图都有着举足轻重的作用。所以为了维护俄罗斯在中东地区的利益，以及在该地区对北约国家的制衡力量，维护和保持与叙利亚政府的传统友谊对俄罗斯十分必要。

（二）叙利亚内战中俄罗斯与西方媒体的国际传播博弈

俄罗斯和西方国家媒体关于叙利亚危机报道中的国际传播博弈，始终伴随着整个事件的发展进程。为了帮助冲突各方最大限度争取国际社会的支持，占据道德高地，维护自身利益，俄罗斯和以美国为代表的西方媒体在报道中经常站在各自的立场和角度，对同一问题从不同角度进行剖析和报道，从而得出完全不同甚至相反的结论。这也充分证明各国媒体的报道并不一定都是从全部新闻事实出发，而是都在为实现各自的国家利益服务，也反映出各方在叙利亚甚至整个中东地区完全对立的利益诉求。媒体国际传播已经成为世界各国谋求各自利益的有效手段和方法，这一点在叙利亚内战的新闻报道上表现得尤为明显。

1. 俄罗斯与西方国家媒体截然不同的报道立场和观点

叙利亚危机爆发初期，国内矛盾主要集中于巴沙尔政府下台的呼声上。反对派和示威民众要求总统巴沙尔·阿萨德交出权力，而巴沙尔试图通过镇压示威活动、促进社会政治体制改革（如建立多党制，实施政权民主投票制等）、与反对派协商来缓和紧张局面，解决国内矛盾。然而叙方当局的几条恢复社会稳定之路均走入了死胡同，示威抗议活动一路升级为叙利亚全境的内战。叙利亚国内政府与反对派的对抗反映在国际舞台上就是俄罗斯与欧美国家直接介入的战略对抗。

俄罗斯在叙利亚危机爆发初期就表示了对当局一系列举措的支持，反对叙利亚内政受西方国家摆布。俄罗斯外宣媒体RT电视台的报道反映出俄罗斯在此次危机中希望扮演的角色，充分展现了俄罗斯在叙利亚危机中的政治诉求。俄罗斯媒体主要强调了以下两个方面：一是叙利亚政府承诺通过政治改革等措施缓解国内冲突和矛盾；二是欧盟以及美国对叙利亚的制裁和军事干涉将造成更恶劣的后果。俄罗斯媒体公开报道了俄罗斯政府对叙利亚政府的军事支持，甚至主动出击打击叙利亚境内的“伊斯兰国”恐怖主义势力。RT电视台作为俄罗斯外宣的前沿阵地，充分传递了俄罗斯政府对这个深受战火之苦的国家的关切与同情，也表达了对西方国家对叙利亚制裁的反对态度，并且对叙利亚当局决心变革的各项举措表示支持。2012年1月，RT电视台详细报道了欧盟对叙利亚进行制裁的措施，并表示包含商业限制、财产冻结、旅行禁令和原油武器禁运等手段在内的高压制裁已经进行了11轮。该报道认为，制裁是为了向阿萨德总统施压，迫使其下台，这是包括美国、欧洲各国和以色列在内的一些政治大国联合反对派蓄意破坏叙利亚稳定的证据。而俄罗斯和中国希望看到叙利亚国内和平稳定的局面。[①] RT电视台在另一篇新闻中写道，俄罗斯表示将要阻止联合国安理会授权对叙利亚进行军事干预的任何行动，俄罗斯立场是坚持对话解决当前困局。报道称，俄罗斯外长明确拒

① “Syria Sanctions: EU Extends Asset Freeze, Travel Ban,” RT, January 23, 2012, https://www.rt.com/news/eu-ministers-syria-sanctions-437/.

绝授权联合国安理会军事干预的决议甚至引起了叙利亚反对派的共鸣。而针对政府的改革举措，RT电视台记者采访了部分反对派和普通民众，得出的结论是持续的社会动乱使得叙利亚民众更倾向于通过政府温和的改革实现社会和平稳定和进步，比起国家进一步陷入暴力和杀戮，改革可能是和平实现国家稳定的唯一出路。①

RT电视台关于俄罗斯在叙利亚的军事行动的报道着重强调俄罗斯军事打击目标局限于国际恐怖主义势力。针对西方对叙利亚局势的干涉，RT电视台表示，外界干扰削弱了叙利亚当局的力量，进一步导致了叙利亚全国各地出现真空的无政府状态。西方的军事干预将导致"政权更迭"，这只会导致内战的加剧和更严重的两极分化。②

另一篇RT电视台的分析文章对美国对叙利亚行动的剖析更为深刻。报道首先转述了美国国务卿约翰·克里的一项声明：美国的政策并不是要孤立俄罗斯，也不是在寻求叙利亚的政权更迭。而RT电视台报道指出实际上美国的各项行动均是"口不对心"的。报道直接指责美国及北约方面一直致力于叙利亚的政权更替，并指出阿拉伯世界中多数冲突和战争都是由外国政府支持且精心策划的，西方国家插手叙利亚问题的目的是破坏叙利亚的稳定。③

然而西方各国的媒体报道内容和立场与俄罗斯媒体大相径庭。西方媒体在提到叙利亚内战问题时主要提到的就是俄罗斯对叙利亚政府的军事援助。2013年5月，美国《华尔街日报》在一篇报道中指出，俄罗斯在叙利亚附近的军事行动是对西方和以色列的威胁和警告，美国认为这是俄罗斯对叙利亚采取积极姿态的表现，可视为俄罗斯在中东的势力扩张，是希望加强未来在叙利亚问题各方谈判中的筹码。

美国媒体有线电视新闻网则重点报道存在争议的阿萨德政府。一篇以《暴力定义的总统》为题的分析文章指出，巴沙尔·阿萨德总统曾作出社会经济改革和反腐败等方面的积极承诺，但叙利亚人民认为巴沙尔的承诺基本没有

① "'Foreign Military Intervention—Threat to Feedom'—Syrian Opposition," RT, January 19, 2012, https://www.rt.com/news/syria-protests-russia-dialogue-149/.

② Alexander Yakovenko, "Why Russia Had to Intervene in Syria," RT, October 17, 2015, https://www.rt.com/op-ed/318937-syria-isis-russian-military/.

③ Finian Cunningham, "Washington's 'Plan B' in Syria: Renewed Military Intervention to Oust Assad," RT, December 16, 2015, https://www.rt.com/op-ed/326139-kerry-putin-syria-moscow/.

兑现，并指控阿萨德家族有广泛的侵犯人权行为，并且家族成员聚集了大量财富。民众对于巴沙尔政府的措施已经感到失望，人民更期待的是以民主选举的方式结束叙利亚境内持久的消耗战。[①] 有线电视新闻网在报道西方对叙利亚制裁时，试图从另一个角度证明西方对叙利亚实施经济制裁的合理性。有线电视新闻网报道了阿拉伯联盟与西方一道，加入了对叙经济制裁的队伍，限制措施与欧盟基本一致。有线电视新闻网转引了卡塔尔外长对叙利亚实施经济制裁的解读："目标是制裁叙利亚政府，而不是其人民。"有线电视新闻网认为制裁的内容针对的是一场人道主义危机，而非政治伎俩。此外，有线电视新闻网在文中也转引了英国外交和联邦事务部对阿拉伯联盟制裁行动的赞许和支持："阿拉伯联盟在力图结束叙利亚当前可怕的暴力行动方面发挥了领导作用。"[②]

2. 关于叙利亚疑似化学武器问题的媒体博弈

2013年8月，在一次叙利亚政府武装在大马士革东部郊区针对反对派部队占领地区的进攻行动中，有无国界医生表示附近地区的医院在武装冲突当天接纳了3000多名有"毒害神经症状"的患者，300多人死于该症状。反对派最先发表声明称叙利亚政府军采用了化学武器进行攻击。叙利亚政府方面则指认此事是反对派所为。一时间世界各国媒体对于叙利亚危机的讨论焦点集中到使用化学武器问题上。俄罗斯和欧美各国作为冲突双方的利益攸关方，在媒体报道中分别站在各自支持的一方，反映出了各大国针对此事的不同立场。

2013年9月初，美国参议院授权了对叙利亚的军事行动，西方媒体为美国派兵进入叙利亚参与军事行动的行为进行舆论铺垫的迹象十分明显。美国之音首先明确了针对此事的国家态度，在转述美国国会立场时引用了美国总统奥巴马的声明："叙利亚政府已经越过了一条红线，这不是美国的红线，而是国际准则的红线。"[③] 但是出兵对内需要人民的支持，对外要维护美国的国

---

① Peter Wilkinson, "Bashar al-Assad: President Defined by Violence," CNN, January 31, 2012, https://edition.cnn.com/2012/01/31/world/meast/syria-assad-profile/index.html.

② "Arab League Votes to Impose Sanctions against Syria," CNN, November 27, 2011, https://edition.cnn.com/2011/11/27/world/meast/syria-unrest/index.html.

③ TRANSCRIPTS, http://transcripts. cnn. com/show/sn/date/2013-09-05/segment/01，访问日期：2023年3月10日。

际形象，所以该报道在表述美国出兵的叙述中强调白宫干预叙利亚的合理性。美国之音称，对叙利亚进行军事打击，是因为大量证据证明大马士革郊区的化学武器袭击事件应归咎于叙利亚政府军，而美国对此事必须承担起大国责任。《华盛顿邮报》则详细报道了美国通过情报机构掌握的具体证据，认为这些证据能够充分证明叙利亚政府掌握大量化学武器并且在8月18—21日的武装进攻中使用化学武器攻击平民。这则报道转引了美国政府关于叙利亚政府使用化武的官方报告，称证据来源于美国情报机构手机的100多段视频记录和卫星图像，并将预估死亡人数更新为1429人，其中至少包含426名儿童。对于叙利亚政府经过与俄罗斯方面的磋商后，同意放弃化学武器的情况，英国的《泰晤士报》给出的评论是，这项成果实质上反映了俄罗斯和叙利亚政府希望将化学武器置于其他国家监督之外，以实现俄叙双方军事利益最大化。报道称化学武器的拆除和自行销毁将是一个耗时良久又极其困难的过程，在此期间化学武器的继续存在大大限制了以色列和西方国家地面部队的作战可能性。而俄罗斯不断加强自己在叙利亚危机中的存在感，是莫斯科努力实现“至少能与西方力量相平衡”“不被排除在世界领导核心之外”利益诉求的重要手段。

而对于使用化学武器的看法，俄罗斯站在了叙利亚政府军的一边，支持有可能是反对派使用化学武器的观点。俄罗斯官方媒体俄新社的一篇报道表示，叙利亚政府军在一次军事行动中缴获了反对派藏匿的沙林毒气和化学武器容器。此外，2013年5月，土耳其方面就曾拘留12名反政府武装的激进分子，这些人携带了沙林毒气。此外，联合国也曾报道过反对派使用沙林毒气的事件，[①] 这一报道也为反对派使用化学武器的观点提供了证据。该事件受到了俄罗斯方面的关切，莫斯科方面积极斡旋。为削弱西方国家对叙利亚当局的舆论压迫，俄罗斯在2013年9月向联合国提交报告并敦促叙利亚方面与国际合作，加入禁止化学武器之列。叙利亚政府方面为了避免遭受西方国家的军事打击，也积极回应俄罗斯方面的提议。RT电视台在2013年报道叙利亚化学武器如何销毁的问题上采用了分析报告的形式，从专业的角度阐述了

① Сирийская армия захватила партию зарина при зачистке Хамы от боевиков // *РИА Новости*, 2 июня 2013 года / URL: https://ria.ru/20130602/940819451.html.

叙利亚销毁化学武器的可能性、安全性，以及如何监督、何时能完成销毁等一系列广受关注的问题。报告中提道，因为其本身构造和成分的复杂性，销毁叙利亚的化学武器的难度和时间要远超日本政府销毁二战遗留的化学武器。文中还提到巴沙尔政府同意交出武器接受监督，并加入《禁止化学武器公约》。①

俄罗斯塔斯社也在此次事件中显示出了新闻报道的专业性和立场。2017年8月，塔斯社发布了一篇有关叙利亚地区化学武器来源分析的文章，并在这场国际辩论中完整地叙述了俄罗斯立场。俄罗斯认为叙利亚已经没有化学武器储存，在2017年4月禁止化学武器组织就已经证实了这一点。除了重申叙利亚政府否认指控之外，消息称空袭时造成的有毒物质弹药库爆炸导致了有毒物质泄漏，并非有人使用化学武器；而在反政府武装的武器库中发现了化学武器，其有毒物质来源可追踪至英国。文章还主要强调了俄罗斯在该问题上所起的作用，称俄罗斯敦促叙利亚政府将化学武器交由国际监管，全部进行销毁，并积极推动叙利亚加入《禁止化学武器公约》，而叙利亚已经成为该公约的第150名成员。②

（三）关于“白头盔”组织的报道

叙利亚“白头盔”组织活跃于叙利亚国内的战争废墟中，进行人道主义救援。在多个触目惊心的战争废墟画面里，出现过该组织成员的身影。其正式名称是叙利亚民防组织，组织的成员在活动时总戴着一顶白色的安全帽，所以该组织被称为“白头盔”。对于该组织的新闻报道俄罗斯与西方也呈现出完全对立的态势。该组织成立于2014年，号称其成员全部来自叙利亚平民，是一支志愿者队伍，组织者宣称不涉及政治，类似于21世纪的国际红十字会，成员大概有3000人。

“白头盔”组织积极通过媒体在国际社会树立正面的形象，该组织通过在各大平台上上传他们赶往战场救援的场面不断得到关注。但是国际社会对于该组织的认定分歧严重。西方国家积极肯定该组织在中东战乱地区的人道主

① Syrian Chemical Weapons Likely to Be Destroyed at Sea-Report, RT, 20 ноября 2013 года / URL: https://www.rt.com/news/syria-chemical-weapons-destroyed-sea-992/.

② Химоружие в Сирии откуда в стране появились запрещенные вещества, Тасс, 17 августа 2017 года / URL: https://tass.ru/mezhdunarodnaya-panorama/4162740.

义救援行动，大力赞扬其跨越民族宗教等隔阂，对所有无辜平民救治和收容的行为。2016年8月，一张满身尘土和血迹的叙利亚小男孩的照片传遍了互联网，美国国务院称这个孩子是叙利亚内战的“真实面目”，据拍下这张照片的“白头盔”组织介绍，这个孩子是在叙政府军空袭北部重镇阿勒颇后在废墟中救出的。一时间，叙利亚政府和背后的支持力量俄罗斯政府承受了来自国际社会的巨大压力和指责。《纽约时报》报道了该组织创始人拉德·萨利赫自述，在描述其志愿者行动时也选择使用温和动人的表达，同时严厉指责俄罗斯和叙利亚政府的轰炸行为。他表示整个组织拯救生命的行动仿佛是在“拯救人类”。在描述战乱地区人民的痛苦之后，该创始人声称该组织记录了大约200次俄罗斯使用集束炸弹和燃烧弹的袭击活动。

在随后的叙利亚内战中，“白头盔”组织的活动愈发活跃。有关叙利亚政府军使用化学武器、空袭平民的影像和纪录片大量流出，进一步把叙利亚政府推向了西方舆论的旋涡之中。2016年，该组织曾获诺贝尔和平奖提名；2017年春，由美国奈飞（Netflix）公司出品的讲述“白头盔”志愿者在叙利亚炮火中拯救受伤平民的影片《白头盔》获得奥斯卡最佳纪录短片奖；2018年4月14日，在“白头盔”组织提供的证据支持下，美、英、法三国以叙利亚政府使用化学武器为借口，对其发动了大规模攻击。《华盛顿邮报》在2019年对该组织的创始人拉德·萨利赫进行了专访，拉德描述了叙利亚八年来的战争惨状。他在叙述里说道，自2019年2月以来叙利亚政府和俄罗斯升级了对叙利亚北部的空袭，造成了10.6万人流离失所。他说：“我们无法保护每一个平民，而俄罗斯和叙利亚拒绝和平的请求。”该组织负责人的采访报道，完全站在了西方国家的立场上，符合美国官方媒体外宣的需求。

可见该组织每次在新闻媒体上的叙述，对于叙利亚政府和俄罗斯方面的针对性十分明显。但是该组织自称是一个独立的人道主义非政府组织，其并不依赖任何政党或军事团体，而俄罗斯媒体从另外一个角度揭露了“白头盔”组织利用新闻媒体平台从叙利亚现场传播信息，随后便被西方国家政客用来进行社会舆论控制的情况。俄罗斯新闻报道甚至揭露了西方国家对该组织的资金支持以及该组织参与洗钱，甚至与恐怖组织有勾结的情况。还有媒体指出该组织专注于制造虚假新闻和作品，并制作迎合西方国家利益的画面，从而误导国际舆论。随着叙利亚战争的真实面目一点点暴露在世人面前，“白头盔”组织自导自演，按照“剧本”模式摆拍伪造视频甚至不惜伤害平民以嫁祸叙政府军的种种劣行逐步大白于天下，其收受以美国为首的西方国家巨额资助的情况也被公之于世。

RT电视台在一篇题为“恐怖分子还是志愿者?”的分析文章中指出，该组织一直在伪造数据和营救画面。比如，西方媒体转载的“白头盔”组织从“伊斯兰国”武装分子手中营救叙利亚儿童的画面是虚假的。RT电视台记者采访到了该男童的父亲，他指出自己的孩子被用于宣传目的进行了摆拍。此外RT电视台转引了英国独立记者瓦内萨·比利的报道，该记者指出“白头盔”组织受到了英国政府的资助，它与极端暴力组织保持联系，甚至进行合作。根据RT电视台对专家采访得出的结论，该组织虽然参与救援维和工作，但同时网上盛传的众多“作品”都是用于宣传的虚假画面。[①] RT电视台的另一则报道也显示，美国总统指示美国国际开发署（USAID）和美国国务院拨款约660万美元，以继续开展与“白头盔”组织的合作。报道转述了美国国务院该做法的原因:“他们的任务就是（指“白头盔”）收集和分析违反国际人道主义法和侵犯人权行为的证据，这将有助于确保将应对这些罪行负责的人最终绳之以法。”[②] “白头盔”组织的一系列指责都指向俄罗斯和叙利亚当局。

通过对各国媒体报道内容的研究对比可发现，各国媒体所营造出来的舆论导向始终和各自国家的战略利益相吻合。俄罗斯媒体和以美国为代表的西方媒体在对同一事件的报道中呈现出完全不同的立场和角度，存在很大的分歧，可以充分看出各国媒体都在为实现各自的国家利益服务。西方媒体对叙利亚政府的报道大都是负面的，积极塑造不利于叙政府的国际舆论环境。以美国媒体为代表的西方媒体更多通过报道，制造出叙利亚政府残暴和不得民心，需要西方国家积极介入，以推行和平和民主制度的舆论。而俄罗斯媒体对叙利亚政府则以正面报道为主，更多负面报道内容主要是关于反对派的，更多显示叙利亚政府为了维护国家利益、保证国内的和平稳定所作出的努力，

---

① *Роман Шимаев*, Марианна Чурсина, Террористы или волонтёры: какие цели преслудеют "Белые каски" в Сирии, RT, 5 августа 2018 года / URL: https://russian.rt.com/world/article/542492-belyekaski-deyatelnost-siriya.

② *Владимир Смирнов*, Непродолжительная заморозка: почему США возобновляют ф инансирование организации "Белые каски", RT, 17 июня 2018 года / URL: https://russian.rt.com/world/article/524612-ssha-siriya-belye-kaski.

同时抨击反对派和西方国家蓄意破坏和干涉叙利亚内部事务。各国媒体的不同报道立场，反映出了各方力量在叙利亚危机中的不同诉求。

三、围绕俄罗斯干涉2016年美国总统大选事件的媒体博弈

美国指责俄罗斯通过媒体平台和新型技术手段干涉2016年美国总统大选事件给美俄关系带来了新的挑战，时至今日影响犹存。欧美国家普遍认为，俄罗斯是一个具有世界领先水平的互联网技术大国，完全有能力通过现代传播技术和手段及其应用实现国家的战略利益和目标。2016年11月，美国举行总统选举，西方媒体报道称俄罗斯利用其媒体平台和互联网技术手段影响美国选民投票倾向，干预了美国总统选举进程，在国际社会引起了广泛关注。

（一）美国大选前美俄媒体的报道

1. 俄罗斯媒体对共和党候选人特朗普的积极报道

在2016年美国大选前，俄罗斯官方媒体并没有对美国大选进行太多的报道，但是关于特朗普成绩的一些新闻却经常被报道，而且大多数报道都是积极的，并且在特朗普被正式提名为共和党候选人后，俄罗斯媒体对他的正面报道和支持更加明显。俄罗斯媒体报道称，特朗普在竞选中把修复与俄罗斯的关系作为关键点，这一理念经常被媒体提及。在竞选活动中，特朗普也多次表示，俄罗斯应该成为美国的朋友，而不是敌人，并认为与俄罗斯的合作非常重要。而为了实现这一目标，他认为美国必须与俄罗斯展开谈判，加强与俄罗斯的联系。特朗普认为恢复与俄罗斯的关系将有利于世界和平进程，希望两个超级大国尽快恢复正常的外交关系。同时，特朗普认为与俄罗斯一起努力打击“伊斯兰国”是两国很好的战略选择和合作。俄罗斯的媒体还引用了特朗普支持俄罗斯的一些言论和表态，俄罗斯人民对本国利益的理解与之产生了共鸣。例如，特朗普质疑北约“攻击联盟中的一个国家就等于攻击整个联盟”的基本原则。特朗普还坚决要从共和党的政纲中删除关于支持乌克兰反对俄罗斯干预的内容。特朗普表示，美国不应该与俄罗斯发生冲突，现在是美国从乌克兰撤军的时候了。特朗普表示当选后，会考虑承认克里米亚是俄罗斯的一部分，解除所有制裁。特朗普认为，克里米亚人民希望与俄罗斯在一起，而不是乌克兰。特朗普是美国为数不多的支持俄罗斯外交政策的政治家。

另一个重要的话题是普京和特朗普之间的私人关系以及他们潜在的政治联盟。俄罗斯媒体报道的特点和基调始终是积极乐观的。特朗普准备邀请普京访问华盛顿，并认为其他候选人里没有人能像他一样与普京进行谈判；特朗普称赞普京是一位强有力的领导人，并把俄罗斯的成功归功于普京；特朗普是唯一一个对普京持肯定态度的候选人，也是2016年美国大选中唯一一个敢于在国际社会中公开支持普京的总统候选人；特朗普欣赏普京对俄罗斯军队的改革，认为普京努力改进俄军，使俄罗斯军队越来越强大；在大多数西方世界领导人将普京视为全球稳定“威胁”的情况下，特朗普证明西方国家并非所有人都反对普京。

俄罗斯媒体也给了特朗普一些对等暗示，表明俄罗斯会多维度支持特朗普，其可以依靠俄罗斯的某些支持。普京承认，特朗普是美国政坛上一个严肃的领导者，而特朗普的回应是，他非常重视俄罗斯总统的意见。俄罗斯政府下属媒体普遍支持特朗普。特朗普在普京身上找到了一个意想不到的盟友，特朗普在竞选期间不断赞美普京，希望通过这种方式来给自己加分，普京的形象成为影响美国总统选举的重要因素，特朗普很好地抓住并发挥了这一点。这一现象反映了美国部分选民的喜好，他们希望有美国“自己的普京”，要求有一个有强大的执政能力的总统。虽然特朗普的反对者认为这些与俄罗斯接近的意图对特朗普的支持率会有负面影响，但是事实却恰恰相反。关于结束与克里姆林宫政治冲突的激情演讲为特朗普赢得了许多新的支持者，而那些公开批评普京的候选人，则失去了大量的选民。

俄罗斯媒体还经常以各种形式重复着的一个关键信息是俄罗斯议题在美国总统大选中的重要性，似乎俄罗斯议题是美国政治议程的中心，也是讨论最多的话题之一，对于俄罗斯的态度有可能影响选举结果。俄罗斯媒体中关于特朗普的论述构成了宣传需要具备的各种必要特征。俄罗斯官方媒体积极支持特朗普，并刻意制造对他的好感，俄罗斯媒体采用的传播策略在客观上也增加了那些对特朗普持积极态度的受众人数。

2. 美国媒体曝光俄罗斯黑客干扰美国大选

2016年6月，在总统大选之前，就有美国媒体报道称受到电脑黑客攻击，民主党全国委员会大量机密邮件可能泄露。例如，那时为希拉里竞选活动工作的北卡罗来纳州地区现场主管比利·瑞尼哈特的邮箱收到了一封来自谷歌的奇怪邮件警告。3月22日的邮件说："有人刚刚用你的密码试图登录你的谷歌账户"，邮件还说，这次登录尝试发生在乌克兰，谷歌阻止了这次登录尝试，提醒他立即更改密码。瑞尼哈特先生当时在夏威夷，他记得自己在凌晨4点查收了邮件，他没有多想，就点击了"更改密码"按钮，在他的记忆中，他输入了一个新密码。直到几个月后，他才知道，他刚刚给了俄罗斯黑客访问他的电子邮件账户的权限。数百封类似的钓鱼邮件被发送给美国政治目标。在这一系列攻击中，黑客还获得了民主党国会竞选委员会的权限，然后通过虚拟专用网络链接进入民主党的主电脑网络。随后，其中不少内容被公布在专门传播社会重要机密信息的知名网站维基解密（WikiLeaks）上。这些信件中包含了机密信息，包括民主党提案人的个人信息，如姓名、地址、信用卡号码、社会保险等，时间为2015年1月至2016年5月。维基解密7月22日公开了19252封电子邮件及8034份附件，都是关于民主党全国委员会高级职员往来的，其显示出民主党全国委员会存在抹黑共和党候选人唐纳德·特朗普、蓄意打压民主党总统候选人伯尼·桑德斯（Bernie Sanders）的情况，而希拉里·克林顿的竞选团队则存在涉嫌操控媒体、洗钱等行为。邮件的公开给美国政坛带来了巨大轰动，民主党全国委员会主席黛比·舒尔茨引咎辞职。此事原本据称是绰号为Guccifer 2.0的黑客所为，当时美国媒体报道称他是罗马尼亚裔。但是，美国网络研究人员发现了指向俄罗斯的线索。Guccifer 2.0发布的微软Word文档被一个用俄语自称为费利克斯·埃德蒙多维奇（Felix Edmundovich）的人编辑过，文本中的错误链接以俄文警告标示。

2016年7月28日，美国共和党代表向国会政治领袖发出公开信，要求彻底调查民主党服务器遭受网络攻击的事件，因为此案是"对整个政治进程完整性的攻击"。2016年7月31日，希拉里关于民主党总部遭受网络攻击的声明出现在美国媒体上，她公开指责俄罗斯情报机构为了帮助特朗普选举而进行黑客攻击，这也成为美国指责俄罗斯干扰美国大选的起点。根据美国官方的调查结果，此次信息系统被黑事件的责任人是两伙黑客：舒适熊（Cozy Bear）和魔幻熊（Fancy Bear）。这些团体名称中的"熊"直接指向了俄罗斯，黑客也立即被与俄罗斯政府联系起来，并且这些活动被直接认定为间谍活动。美国媒体报道说，调查人员认为，魔幻熊先是入侵了民主党国会竞选委员会的电脑，然后跳转到了美国民主党全国委员会。魔幻熊有时被称为A.P.T. 28，据说是由俄罗斯的军事情报机构格鲁乌指挥的，是一个比较老牌的情报机构，被西方调查人员追踪了近10年。美国的自由派媒体瞬间充斥着关于特朗普与普京关系的报道。与此同时，有关美国总统选举中计票系统可能受到网络攻击的报道的苗头首次出现。2016年8月，美国多家报纸报道称，黑客攻击了伊利诺伊州和亚利桑那州的选民登记系统。有媒体称，该事件清楚地表明了俄罗斯对美国总统选举和政党运作的兴趣。尽管缺乏直接证据，还是有人指控俄罗斯黑客在普京的亲自指使下，不仅黑进了民主党的服务器，还干预了美国总统大选的计票工作。

3. 美俄双方对该事件的回应

美国政府在2016年10月7日首次公开指责俄罗斯黑客插手美国大选。情报机构和国土安全部（Department of Homeland Security，DHS）由美国国家情报主任办公室（Director of National Intelligence，DNI）代表发表联合声明称："近期发生的多个美国政治组织和个人的电子邮件外泄事件与俄罗斯政府有关。"[①] 声明称，近期黑客入侵美国私人以及官方机构邮件的事件是由俄罗斯政府指挥的，民主党全国委员会被其非法入侵，并且其信息被泄露给维基解密。美国媒体报道称，情报部门确信，针对美国公民和机构的黑客攻击是由俄罗斯政府主导的，目的是影响选举进程。《华盛顿邮报》参考自己在中情局的消息来源写道，俄罗斯正在干预总统选举过程，并为特朗普提供全面援助。有线电视新闻网报道称，为了影响美国总统大选结果，克里姆林宫不仅使用黑客攻击，还使用网络找骂者（troll），不仅影响俄罗斯的舆论，也影响美国的舆论。2016年11月，美国联邦调查局和其他情报部门怀疑俄罗斯参与了旨在诋毁希拉里的文件的伪造，越来越多的媒体称特朗普为"亲俄候选人"，并印制了各种关于特朗普的出版物。然而，美国联邦调查局的调查并未发现特朗普与俄罗斯之间有任何联系，同时也完成了对希拉里公函案的调查，也没有发现任何问题。到了选举日，两位候选人的条件已接近大体相当。在2016年11月1日，即大选日前，美国消费者新闻与商业频道（CNBC）参照美国联邦调查局局长科米的说法，对俄罗斯提出其以网络攻击干扰美国总统选举的指控。并且报道称，联邦调查局局长同意情报机构的结论，即黑客背后确实

① 王宗英：《美国正式指控俄罗斯实施黑客攻击，干扰总统大选》，央广网，2016年10月8日。

有外国势力，但反对在总统选举前披露这一信息。

然而，俄罗斯高层多次否认俄罗斯试图干预美国总统选举进程的言论。俄罗斯总统新闻秘书德米特里·佩斯科夫（Дмитрий Песков）否认了美国官方的指责，称这一说法是“胡言乱语”。俄罗斯外交部副部长谢尔盖·里亚布科夫（Сергей Рябков）于2016年10月8日作出回应表示：“美国在大选前的斗争中，利用了有关俄罗斯黑客的情绪压力。而且现任政府也参与了这场斗争，并且还不厌其烦使用这一肮脏的手法……我们的敌人继续试图指责俄罗斯干预美国的内政。”① 俄罗斯总统弗拉基米尔·普京在10月12日也对俄罗斯干涉美国大选予以否认，表示这起丑闻与俄罗斯的利益无关。美国两位总统候选人都在通过操控俄罗斯话题借机为自己拉选票，这些针对俄罗斯的指控无疑使选民的注意力有所转移。2016年10月27日，俄罗斯总统普京在瓦尔代国际辩论俱乐部会议上发言时，将有关俄罗斯影响美国总统大选的谈话列为“舆论捏造的问题”，并称其为“歇斯底里”。俄罗斯外长拉夫罗夫也多次表示，他对美国媒体关于“俄罗斯干预美国总统选举”的报道感到厌倦。而在接受俄罗斯 RT 电视台访问时，维基解密创始人朱利安·阿桑奇（Julian Paul Assange）表示，他不会说出谁是泄密者以保护资料来源人。但俄罗斯通过黑客窃取美国机密文件的说法同时也被他所否定，他表示该事件其未曾参与。

（二）美国各界对俄罗斯干扰美国大选的调查和表态

1. 美国官方调查报告认为俄罗斯应用互联网技术手段干扰美国大选

2016年11月9日清晨，经过计票，美国总统大选特朗普胜出，他当选为美国新一届总统。希拉里的支持者开始要求针对选举结果提出申诉，并再次对俄罗斯提出指责。2016年美国外交政策研究所研究员以及乔治华盛顿大学网络和国土安全中心高级研究员克林特·沃茨（Clint Watts）与另外两名研究人员J. M.伯格（J. M. Berger）和安德鲁·韦斯伯德（Andrew Weisburd）11月通过网络分析工具来追踪特定推特的来源，一起发表了题为《拖钓特朗普：俄罗斯是如何试图摧毁我们的民主的》（Trolling for Trump: How Russia Is Trying to Destroy Our Democracy）的研究，认为“俄罗斯的目标不仅仅是操

① 郭炘蔚:《美称俄黑客干扰大选　俄：没有证据，系利用情绪》，中国新闻网，2016年10月8日。

纵选举，其更要削弱主流媒体、公众人物、政府机构的公信力，以冷战中常用的手段侵蚀美国政府和美国政府的利益”。[①] 来自另一项无党派研究组织的调查称，有200个网站将关于俄罗斯的话题推给了1500万名美国人，这些栽赃故事链接有2.13亿次点击量。此调查称，俄罗斯在网络虚假信息宣传方面已经取得了大规模胜利，并且在美国已经拥有了大批受众。该组织声称，他们并没有将俄罗斯的影响力夸大其词，虽然现在有许多散布虚假新闻的组织，但是目前该行业“领袖”绝对非俄罗斯莫属，对此《华盛顿邮报》等美国媒体也进行了众多的报道。美国总统奥巴马2016年12月10日下令开展对于其他国家是不是干预美国选举的调查，美国参议院也要求实行两党调查。但该调查被刚当选的总统特朗普拒绝了，其声称这是民主党人对他们选举失败所作出的回应。但是米奇·麦康奈尔（Mitch McConnell）作为参议院多数党领导人、共和党人，表示信任美国情报局的情报，并同意两党调查，参议院情报委员会也支持该做法。美国情报机构指出俄罗斯采取了实际行动来支持唐纳德·特朗普的选举，普京“亲自指挥”完成了该行动。这一说法被俄罗斯方面否认。时任美国国家情报总监詹姆斯·克拉珀（James Clapper）、联邦调查局局长詹姆斯·科米（James Comey）和中央情报局局长约翰·布伦南（John Brennan）都认为俄罗斯干预了特朗普竞选的“范围、性质和意图”。在这之前，包括ThreatConnect、CrowdStrike、Fidelis和Mandiant在内的网络安全公司也表示，该网络攻击是由代号为“魔幻熊”和“舒适熊”的俄罗斯黑客发起的。奥巴马总统2016年12月16日承诺针对俄罗斯这一行为进行回击。

美国总统大选结果公布后，普京第一时间对特朗普的胜利表示祝贺。很多分析人士认为，这与特朗普和俄罗斯黑客之间的联系，以及曝光希拉里在叙利亚和乌克兰局势中的“侵略政策”的“个人账户”有关。据分析人士称，特朗普在创建打击“伊斯兰国”反恐联盟的过程中，正在成为俄罗斯的伙伴。美国分析人士确信有一种“俄罗斯算法”行动，强化了网络空间存在情报行动的观点，并且他们认为这些方案得到了俄罗斯政府最高层的批准。他们认为，2014年乌克兰危机期间，俄罗斯黑客组织了大量的虚假新闻和有组织的

① 莫盛凯：《特朗普冲击与2016年美国大选——基于民调的回溯与分析》，《国际政治科学》2018年第3期。

造假，充分证明了俄罗斯政府操纵和利用社交媒体以及网络舆论的能力。美国情报机构的分析人士则认为，在俄罗斯黑客对美国民众意识影响的过程中，公开宣传的机制和通过在互联网上的操作获得的信息互相结合。分析人士还认为，俄罗斯政府正在创建智库和游说团体，随后应该会形成对美国未来发生影响的政治体系。美国媒体报道称，2016年3月，格鲁乌员工就开始对美国民主党重要人物以及参加美国总统选举竞选活动的杰出政治家的账户和电子邮件开展某些行动。

2. 美国情报机构指认俄罗斯干扰美国总统大选

2016年，美国国土安全部、美国联邦调查局于12月29日联合发表分析报告，题为《灰熊草原——俄罗斯的恶意网络活动》（JAR-16-20296: GRIZZLY STEPPE—Russian Malicious Cyber Activity，简称JAR），第二天美国政府调查结果执行摘要由美国国土安全部公共事务部长助理陶德·布里斯莱（Todd Breasseale）发布。该调查指称“灰熊草原”恶意网络攻击活动是由俄罗斯方面组织的，认为其对美国政府及其公民采用破坏性甚至颠覆性手段进行了高度复杂的攻击性网络入侵行为。该网络入侵活动报告指出，其包括针对智库组织、政府机构、高校、关键性基础设施实体、政治团体以及企业的窥探行动，还包括窃取这些组织机构信息的行为，随后由第三方公开发布相关被盗的信息。报告披露，2015—2016年，俄罗斯黑客利用鱼叉式网络钓鱼活动渗透并驻留于目标网络之内，“窃取”或者“泄露”获得高级权限的信息。一种源于亚洲与东欧的、只针对特定目标进行的网络钓鱼攻击方式就是“鱼叉式网络钓鱼”。它是指利用伪造的电子邮件、文本及其他信息引导用户打开恶意软件或者点击恶意链接的网络攻击方式。凭证失窃或者作为入口点供恶意攻击者渗透至组织内部窃取或操纵数据并破坏其正常运营是“鱼叉式网络钓鱼”攻击可导致的后果。由于“鱼叉式网络钓鱼”锁定的并非普通受众，而是特定公司或者组织的成员，所以钓鱼者窃取的资料往往也并非一般普通个人信息，而是具有高度敏感性、机密性的资料。从2015年夏天开始，报告认为代号为APT29的“鱼叉式网络钓鱼”活动就开始入侵美国政党内部系统窃取资料，而从2016年春天，另外一个代号为APT28的钓鱼活动就开始针对美国政党进行恶意网络攻击。看似合法的网站实际上是俄罗斯相关机构精心设计的，这些攻击者通过欺诈方式诱导收件人通过某假冒网站变更其密码内容。攻击者们利用由此获得的用户名与密码冒充合法用户访问目标网络。在此之前，他们通过安装其他恶意文件，会随意往来于整个目标网络之内，将其收集的数据与信息泄露至外部。报告认为，在美国总统大选结果公布前，俄罗斯攻击者仍在持续进行钓鱼活动，2016年11月是最新的一次行动，就是在美国新一届总统大选的数日前。

俄罗斯2016年12月16号发表声明，将美国的指控谴责为“无耻行为”。俄罗斯新闻发言人回应称：“美方必须立刻停止关于俄罗斯黑客干预美国大选的诬陷，美方要么拿出证据予以证明，要么就闭嘴！”[①] 俄新社称，在俄罗斯，美国指责俄罗斯黑客干涉美国大选引起强烈反响。时任美国总统奥巴马在12月29日签署了一项总统行政令，决定将35名俄罗斯外交官驱逐。自12月30日中午起，俄罗斯驻马里兰和纽约的领事馆被关闭，俄罗斯外交官被禁止进入领事馆，美国对俄罗斯政府的多个民事与军事情报机构授权进行新一轮经济制裁，俄罗斯实体和个人受到的制裁因此扩大。美国国家情报总监詹姆斯·克拉珀2017年1月5日在参议院委员会作证，指控在2016年美国总统竞选期间，俄罗斯政府远不止进行黑客干扰，还在社交媒体上进行了虚假宣传，等等。

2017年1月6日，美国国家情报总监詹姆斯·克拉珀、联邦调查局局长詹姆斯·科米、中央情报局局长约翰·布伦南和国家安全局局长迈克尔·罗杰斯（Michael Rogers）联合发表报告——《俄罗斯在近期美国总统大选中的活动与意图评估》（Assessing Russian Activities and Intentions in Recent US Elections）。报告指出，2016年3月，根据俄罗斯总统普京的授意，俄罗斯情报部门发动了一场能够影响民主党总统候选人希拉里·克林顿选举结果的黑客活动。普京下令对“国务卿希拉里加以抹黑，同时破坏其选举活动并宣扬其当选美国总统后的潜在危害”。[②] 从美国各政治活动团体、游说性组织、智囊团等各类被俄罗斯官员视为可能影响未来美国政策的对象处窃取相关信息是此次黑客活动的任务。民主党与共和党组织在相关活动中都成为入侵目

① 《俄罗斯回应“黑客门”：要么拿出证据要么闭嘴》，央广网，2016年12月17日，China.cnr.cn/qqhygbw/20161217/t20161217_523353283.shtml，访问日期：2023年2月17日。

② 《FBI、CIA、NSA发布美俄“黑客门”评估报告中文版》，搜狐网，2017年1月8日，Sohu.com/a/123706949_257305，访问日期：2023年2月17日。

标。报告说，早在2015年7月，俄罗斯军队情报部门格鲁乌就成功渗透至民主党全国委员会的网络中，入侵至少一直持续至2016年6月。有美国情报人员证实称，从民主党全国委员会处窃取的文件、通信以及其他信息最终被发送至维基解密、俄罗斯媒体新闻网络以及多个代理发布网站。在此份报告的解密版本中指出，通过评估，基本认定Guccifer 2.0、DCLeaks.com 以及维基解密所公开发布及独家公开的美国失窃数据皆来自格鲁乌。此外，美国情报界评估称，"普京和俄罗斯政府明确倾向于特朗普当选总统。"[①] 三家情报机构（FBI、CIA与NSA）都认可这个判定。

3. 西方媒体对该事件的报道

在大选前的两个多月时间里，《纽约时报》连续发表了二十多篇直接或间接指责俄罗斯干扰美国总统选举的文章。甚至在2016年10月，这样的文章以3天一篇的频率出现。2017年1月，《纽约时报》发表了一篇报道，其中包含了来自美国中央情报局、联邦调查局和美国国家安全局的关于俄罗斯影响美国总统大选的意图和手段的分析数据。报道称，对美国总统选举进程施加影响是俄罗斯的愿望。美国情报机构的分析人士认为，俄罗斯的目的是破坏美国现有的"自由民主秩序"，打破美国建立的价值观，改变公众对美国"民主秩序"的认识。在他们看来，影响大选进程的方法之一是通过曝光对希拉里不利的信息资料，降低其人气。美国负责调查此次事件的官员罗伯特·穆勒在《纽约时报》的报道中说，俄罗斯干预美国大选的证据已经提交给了法庭。其中一项指控是俄罗斯通过社交网络脸书和推特以及谷歌，在美国民众中进行了抹黑希拉里的行动。另一个指责涉及俄罗斯资助"假美国人"和赞助政治广告的问题。据一些人估计，俄罗斯为此花费了大约10万美元。美英媒体认为2016年信息泄露以及对选举影响的原因是俄罗斯黑客在俄罗斯政府的领导下行动。由于利益的驱使，社交媒体和网络参与了政治广告的传播，据《纽约时报》《华盛顿邮报》报道，脸书当年的年收入比平时高出50%以上。

英国《独立报》的报道称，特朗普先生准备在俄罗斯干扰美国大选的诉讼中支付超过40万美元的法律服务费，这让这一情况更加火上浇油。美国媒

① 《俄操纵美国大选报告出炉，证据居然是"莫须有"》，长安街知事百家号，2017年1月10日，baijiahao.baidu.com/s?id=1556140040797288&wfr=spider&for=pc，访问日期：2023年2月17日。

体报道称，联邦调查局确信普京个人影响了美国大选的结果。美国全国广播公司消息称，普京主导了对民主党政客的黑客攻击，并下令使用被盗数据。网络攻击本身就被认为是对希拉里和她的团队的报复，但最终导致了一场大规模的反腐运动。《卫报》报道称，普京的主要目的可能是破坏美国大选，制造混乱。

（三）美国官方对俄罗斯干扰美国大选事件的调查结果以及双方的表态

2017年，在特别检察官罗伯特·穆勒的调查过程中，司法部网站上公布了对12名俄罗斯人的正式指控，他们被指控是俄罗斯黑客攻击民主党全国委员会的幕后黑手。据悉，这12人都是俄罗斯军事情报人员。他们被指控非法获取属于美国公民和参与2016年总统大选的公司的信息以及窃取文件，这些文件随后被通过匿名账户Dcleaks和Guccifer 2.0发布。此外，据美国媒体有线电视新闻网称，被指控的12人都在为一家名为“巨魔工厂”的互联网研究机构工作。“巨魔工厂”是一家位于圣彼得堡的俄罗斯互联网公司，被与普京关系密切的俄罗斯寡头普里戈任控制。有线电视新闻网称，普里戈任与普京关系密切，他因在2002年的圣彼得堡首脑会议期间向时任美国总统布什提供鱼子酱和松露，被俄新闻界称为普京的“厨师”。普里戈任的公司被认为是位于圣彼得堡的“巨魔工厂”的主要资助者。有线电视新闻网报道称，“巨魔工厂”利用“网络水军”发布虚假信息蛊惑公众，影响美国局势。美国经过调查认为，俄罗斯黑客利用社交网络，创建了数百个账户，并根据窃取和伪造的文件和数据，冒充美国公民。报告指出，他们通过这种方式假装成政治活跃的美国公民，为某个候选人鼓吹或反对某个候选人，建立社会团体与真正的美国人沟通，购买政治广告，并支付美国公民参与竞选和行动的费用。在调查过程中，法院裁定俄罗斯黑客有罪，并坚持将其引渡。虽然没有证据表明美国人或总部设在美国的社交媒体巨头希望成为俄罗斯网络影响力运动的一部分，但推特和脸书网是这些行动实施的平台。在美国执法者的公开压力下，俄罗斯在社交媒体施加影响的活动开始进入人们的视野。2016年11月10日，脸书首席执行官马克·扎克伯格（Mark Zuckerberg）称，“我个人认为脸书上的假新闻，以任何方式影响了美国大选都是一个非常疯狂的想法”。[①] 虽然相反证据逐渐增多，但脸书直到2017年7月仍不断发布否认声明，脸书高层坚持认为他们没有发现与俄罗斯有关联的实体购买广告的证据，声称“我们没有看到任何证据表明俄罗斯行为者在脸书上购买了与大选有关的广告”。[②] 2017年9月，脸书开始公开承认，并主动协助罗伯特·穆勒的调查，交出与俄罗斯有关的金融交易收据。2015年6月至2017年5月，脸书从470个与互联网研究机构关联的账户购买的约3000个广告中赚取了约10万美元，这些账户在脸书上估计发布了约8万条在线内容，覆盖了1.26亿—1.5亿用户。脸书从与互联网研究机构分离的俄罗斯相关团体购买的2200条额外广告中获得额外收入5万美元。虽然15万美元对于脸书这样的社交媒体巨头来说可能只是一个微不足道的小数字，但俄罗斯人能够通过使用脸书的“自定义受众”功能来识别易受影响的选民，以确保他们的财务投资产生最大的影响，从而对他们希望影响的特定群体进行微观定位。此外，没有捕捉到俄罗斯“巨魔工厂”使用假账户发布的定制内容，也没有捕捉到操纵趋势算法以放大互联网研究机构影响的机器人的活动。

2017年11月，美国众议院常设情报特别委员会（HPSCI）在关于俄罗斯干预2016年美国大选的听证会上，展示了脸书上一些源自互联网研究机构的广告，并提供了互联网研究机构活动的代表性样本。委员会成员注意到了互联网研究机构的活动范围，以及他们通过脸书实现的影响范围：调查报告披露俄罗斯购买了3393个广告；超过1140万美国用户接触到了这些广告；470个独立“水军”创建了脸书页面，这些网页包含约8万条信息内容，向超过1.26亿美国人发布了宣传信息。委员会在调查中发现，大约有3000个互联网研究机构制作的推特账户被推出，这些账户发布了13.1万条推文。这些账户是精心创建的，以模仿美国新闻组织、政党和社会团体。此外，委员会还发现了130万条俄罗斯机器人的推文，这些推文被浏览了2.88亿次。在听证会上，委员会成员还透露了俄罗斯媒体RT电视台的部分赞助内容。RT电视台是俄罗斯主要的国营宣传机器之一。

① 《卷入美国政治圈，扎克伯格真要竞选总统？》，手机搜狐网，m.sohu.com/a/194610516_188656/，2017年9月26日，访问日期：2023年2月20日。

② 《面对竞选广告脸书迈出了重要一步》，搜狐网，sohu.com/a/193915058_99966100，2017年9月23日，访问日期：2023年2月20日。

经过美国官方的仔细调查，脸书管理层也慢慢认可其平台被用于发布旨在影响选举的新闻和信息，但早期相关社交媒体平台的否认态度使其受到了议员们的公开指责。弗吉尼亚州参议员、参议院情报特别委员会副主席马克·华纳对硅谷代表在其委员会作证时毫不留情地表示：我们委员会中的许多人自今年年初以来一直在提出这些问题，我们的主张被你们公司的领导层轻描淡写地否认了。媒体研究专家泽尼普·塔菲克奇（Zeynep Tufekci）教授认为，脸书管理层存在着系统性的责任，他们过于自信，认为自己最了解平台运营，在世界如何运作问题上太天真，他们努力避免被监督，并且他们的商业模式决定了员工数量，所以没有人来处理这些问题。到了2017年11月，脸书的首席律师告诉议员，创始人扎克伯格对俄罗斯的干预行为“固执的认真”。12月，脸书的社会公益副总裁争辩说，他们真的很认真地对待这件事，这是对国家安全的一种新的威胁，这就是他们与美国政府合作的原因，他们正在为此进行巨大的投入。脸书自己的帮助中心网站向用户保证，平台将致力于防止“虚假新闻”的传播。脸书也采取了一些措施，包括提高广告透明度、人工智能工程、应用机器学习，以及雇佣1000名新员工来应对这一挑战。在2017年5月的法国总统选举期间，脸书就删除了3万多个虚假账户。2019年10月，脸书表示，已经从俄罗斯在非洲的活动中清除了56个脸书账户、73个页面、11个小组和5个照片墙账户，这些账户的粉丝总数为120万人，广告支出约为87000美元。这些帖子旨在诋毁政治立场或候选人，而其他帖子则批评法国和美国的政策。

与同为科技巨头的脸书一样，推特也从俄罗斯“巨魔工厂”互联网研究机构和媒体宣传机构中获利颇丰，在这些机构的账户中，受众可以点赞或转发俄罗斯发布的消息和内容。被美国情报界定性为“俄罗斯国家宣传机器”的RT电视台2016年在推特上购买了27.41万美元的广告。到2017年11月，推特确定了2752个与互联网研究机构有关的账户，谷歌确定了18个这样的油管频道。推特于2018年1月19日宣布，2016年美国总统大选期间，美国有677775人关注、转发或点赞了互联网研究机构账户的推特。此外，这家社交媒体巨头还承认，它已经发现了50258个俄罗斯“僵尸账户”在这个时间段内发推文。不过，与脸书不同的是，推特选择主动告知用户是否在其平台上与俄罗斯“巨魔工厂”或机器人进行了互动，而脸书则设置了一个方法，让好奇的用户了解自己是否与俄罗斯互联网研究机构的内容进行了互动。而且，2016年社交媒体用户没有点赞、分享或转发互联网研究机构内容，并不意味着他们所有在线点击的链接里都没有相关新闻。

特朗普否认俄罗斯黑客干扰美国大选，他于2017年1月7日1小时内在推特上连发5条推文，表示，俄罗斯黑客事件之所以被重提，是因为总统大选失败让民主党十分尴尬，特朗普敦促美国和俄罗斯构建更加友好的外交关系。特朗普团队1月8日首次承认了联邦调查局评估报告的结论。特朗普已经接受了“俄罗斯黑客曾经入侵并干扰美国大选”，并表示对此可能“采取”行动。特朗普团队表态，相信干扰美国大选的行为主体是“俄罗斯”，而并未表示这是不是俄罗斯总统普京亲自下令的结果。此外，特朗普团队还将之归因于民主党自身对网络攻击防御不力，称之前50年的每次大选俄罗斯等国家都会对其进行干扰。特朗普2017年2月24日在其推特账号中提到了美国媒体福克斯新闻。福克斯称俄罗斯没有关于与特朗普妥协的信息，这对特朗普来说并不奇怪，因为他认为根本没有这些信息。特朗普在接受福克斯新闻采访时，自信地宣称自己比希拉里更有优势，所以他当上了总统，他与俄罗斯没有任何私交。普京在2017年1月17日记者会上为特朗普抱不平，他认为对特朗普的指控“毫无道德顾忌”，并表示“这些黑材料显然是假的……尽管总统选举已经结束，美国尖锐的国内政治斗争仍在继续”。[①] 普京表示，俄方不会采取任何反制行动，但保留反击的权利。他同时指出，恢复俄美关系的进一步措施将基于美国当选总统特朗普推行的外交政策。

2016年12月，俄罗斯外长拉夫罗夫重申，俄罗斯从未试图影响美国的总统选举活动，美国人民选择了自己的总统。特朗普总统在11月8日的选举中得到了支持他参选的美国公民的帮助。关于俄罗斯黑客的高谈阔论和其他在大选背景下对俄罗斯的指责已经满天飞了。关于美国拿俄罗斯当替罪羊，2017年1月18日，俄罗斯外交部长拉夫罗夫再次严厉抨击，称美国的内部事务被法国、英国和德国的领导人及高级官员“粗暴干涉”，他们公开“诋毁”特朗普，为希拉里竞选“造势”。

① 《普京：尽管大选已结束　美国尖锐的国内政治斗争仍在继续》，观察者网，guancha.cn/america/2017_01_18_39022_s.shtml，2017年1月18日，访问日期：2023年2月20日。

美国政府由于担心外国政府通过社交媒体和互联网技术进一步影响美国社会，更新了“外国代理人登记法”和“反宣传法”，将一些俄罗斯媒体列为“外国代理人”，其中就包括RT电视台、今日俄罗斯国际通讯社和卫星通讯社等。俄罗斯是否曾利用社交媒体和互联网技术对美国总统大选的干预仍是一个颇具争议的问题。在美国方面看来，俄罗斯干预选举的行为确实发生了，这一观点也得到了其他西方国家的认同，但俄罗斯否认了此事。因此，与选举有关的历史很可能仍然是使两国关系复杂化的一个因素，某一主题的信息无休止的流动，大概也可以成为互联网领域数字外交的工具。这个话题在今天没有结论。但无论如何，在媒体和互联网技术背景下展开的舆论战和信息战已经成为未来国际传播领域竞争的新型手段。世界各国媒体都在为维护各自国家的利益和话语权，积极营造有利于自身的国际舆论环境。

第二节　美国对境外媒体的管理方法和手段

特朗普就任美国总统后，美俄两国外交关系不仅未见改善，反而由于俄罗斯黑客和媒体疑似干扰美国总统大选，两国长期以来存在的“媒体战”“信息战”“口水战”不断升级，最终导致两国国内立法机构相继修改相关法律，重新界定对方媒体身份，限制对方媒体在各自国家采访与传播信息权利，将传统“媒体战”扩大到社交媒体平台，从最初的内容真实性之争延伸到广告影响力之争。这不仅影响着美俄双方的对外传播，也影响着世界信息传播格局的发展趋势。

自2016年以来，美国政府部门以“外国政府干涉美国总统大选”为借口，通过国家行政手段干预、修改出台新的法律法规、加强行业监督等方式对外国媒体驻美国机构的传播活动进行了全方位遏制。尤其是针对俄罗斯RT电视台进行严格限制，使得其在美国的收视率以及利润率大幅下降。从此以后美国政府将RT电视台的传播活动定性为“外国宣传”，管理方式也逐渐政治化。美国情报部门在特朗普就任美国总统以后开始对RT电视台的调查，认为它是俄罗斯政府的国家宣传机器、意图颠覆美国和西方民主的策源地，应该加以限制并采取管理措施。美国为此对RT电视台采取了一系列管理举措。负责调查美国大选“通俄门”的特别检察官罗伯特·穆勒2019年3月22日正式向司法部部长威廉·巴尔提交调查报告。巴尔3月24日致信国会称，特别检察官穆勒的调查没有发现美国现任总统特朗普及其竞选团队和幕僚在2016年总统选举中通俄的证据。俄罗斯媒体RT电视台评论说，俄美关系没有因为报告公布而改善，因为美国这一反俄的政策将会持续下去。

RT电视台竭力与西方主流媒体在国际传播领域竞争，公开宣称其在“美国眼皮子底下拾遗补阙”。除此之外，批评美国政要、抨击美国制度的弊端也是RT电视台报道的宗旨。鉴于RT电视台与美国媒体和国家利益针锋相对的立场，并且其在美国的受众日益攀升，影响力日益扩大，美国政府利用各种冠冕堂皇的手段对其进行限制和打压。美俄两国始于2016年的政治较量的必然趋势便是美国加强对RT电视台等一系列俄罗斯媒体的遏制。美国政府主要采取以下几种手段对境外媒体进行制裁和打压。

一、行政管理手段

在美国，对境外媒体的行政管理主要有三种方式：一是严格规定和审查境外媒体的传播行为；二是压制、惩戒、查封、取缔境外媒体在本国的分支机构；三是对境外媒体分支机构的设立进行审批、登记和颁发或撤销许可证。

中央情报局、联邦调查局等美国情报机构于2017年1月6日联合向时任总统奥巴马和当选总统特朗普分别提交了一份报告，名为《评估俄罗斯在近期美国总统大选中的活动与意图》，指责2016年美国总统大选被俄罗斯应用媒体平台、黑客技术和情报手段干扰，大众对民主进程的信心被破坏。该报告对2014年以来俄罗斯情报机构和媒体在美国境内的活动进行了详细的研究。报告主要有下面三方面内容：一是俄情报部门利用油管、今日俄罗斯、“网络水军”等手段对美国民众进行舆论引导；二是俄罗斯黑客利用网络攻击获取大选信息；三是俄情报部门、高层官员授意媒体泄露不利于希拉里竞选的信息。美国社会在报告公布后大为震动，围绕俄罗斯媒体介入美国民主政治进程，情报机构、政客、媒体展开激烈争辩，对“俄罗斯干预大选”事件奥巴马不得不表态，“毫无疑问，任何外国政府如果尝试影响美国总统大选的完整性，我们都需要采取行动”。[①] 之后，境外媒体干涉美国大选的舆论议程正式成为美国国家政策议程中的一部分。

据美国“外国代理人登记法”，所有“外国控制下”的个人或组织，哪怕只是受到“间接控制”，都必须在美国司法部登记，并且其所有在美国本土的活动和财务状况要定期披露。2017年11月，迫于压力，RT电视台美国频道在美国注册为“外国代理人”。这些个人和组织除了包括直接受外国雇佣或按外国要求进行活动的人外，还包括间接为外国服务的公共关系顾问、信息服务业顾问。只要被确定为“外国代理人”，那么每两个月就必须填写财务报表，填报内容包括从外国获得的资金及高价物品的数量、用途等，而任何与“政治活动”有关的采访录音，媒体也必须提交。并且，任何由“外国代理人”制作或赞助的宣传品，都要明确注明“受到外国资助”。也就是说，RT电视台分支机构在美国就成为“透明的新闻单位”。美国国会在2017年11月29日决定取消RT电视台记者采访美国国会各项活动的资格。执行委员会主席克雷格·卡普兰受美国国会广播电视记者采访时认为，该电视台已注册为“外国代理人”，所以才有这一决定，采访证根据委员会规定不能颁发给受外国政府或其代表雇佣的申请者。

另外，美国还决定成立新部门全球接触中心（The Global Engagement Center），由国务院领导，国防部、国际开发署、广播理事会以及情报机关等部门联合参与。对外国政治宣传进行反制和曝光是该中心的职能，美国强调除了军事遏制俄罗斯外，还需要用非军事手段反击“俄罗斯宣传”。共和党参议员波特曼表示，该中心成立的目的是反制外国的宣传活动。他声称：“俄罗斯正在使用政治宣传和谣言来打击我国和我国的盟友，而目前美国政府对此却在装睡。今天，美国决定迈出关键一步，成立全球接触中心，来反制这些行为。”[②]

美国国会2017年11月9日批准了2018财年国防预算法案。美国国防部成

---

① 《奥巴马：如果俄罗斯黑客干预了大选　美国将采取行动》，海外网，m.haiwainet.cn/middle/232591/2016/1216/content_30575484_1481907606648.html，2016年12月16日，访问日期：2023年2月20日。

② 《美国通过反外国宣传法，将建立针对中俄的反外国宣传机制》，观察者网，guancha.cn/america/2016_12_25_385994.shtml#0-tsina-1-84341-397232819ff9a47a7b7e80a40613cfe1，2016年12月25日，访问日期：2023年3月10日。

立基金会，计划拨款8000万美元，向民间社团、非政府组织、私营部门、智库、媒体等提供资助，通过这些机构来辨别和解析所谓外国宣传与信息造假技术。美国国会还要求国防部不得采购俄罗斯相关公司的产品，如俄罗斯著名的杀毒软件公司卡巴斯基实验室的产品，理由是该公司“受到俄罗斯政府的压力”。同时，美国国会议员们还认为美国电信运营商可以拒绝传播“由俄罗斯政府资助生产”的视频内容。根据此项内容，任何一家美国电信和电视运营商都可以随时撕毁与俄罗斯公司和电视频道的合同，并不承担任何违约责任，只要这些视频内容得到俄罗斯政府的资助。此举意味着美国运营商可以随时中止俄罗斯电视台的广播。对此，RT电视台总编辑西蒙尼扬指出，长此以往，连“俄罗斯”这个单词也将在美国电视上遭禁，而它只能被称为“那个国家”。从俄罗斯媒体在社交媒体账户的账号被查封到俄媒被强制注册为“外国代理人”，从禁止发布广告到被取消国会采访权限，美国发起的针对俄罗斯“媒体战”的行政管理和制裁手段正在有计划有步骤地实施。从美国政府的一系列政策中，我们也可以看到美国对于境外媒体国际传播活动的管控正在逐步升级。

二、法律手段

运用法律手段对境外媒体进行限制和约束，是美国政府打压和管控境外媒体的又一重要方法，其特点是普遍性、公开性、权威性和持久性。此举对境外媒体产生了更加深远的影响。美国对境外媒体的监管，主要应用的法律包括“外国代理人登记法”和《波特曼-墨菲反宣传法案》。

（一）“外国代理人登记法”

“联邦信息披露法令”的重要组成部分是1938年10月经美国国会批准颁布的“外国代理人登记法”。该法案的宗旨是更好地协助政府及公众掌握特定主体的代理人性质，全面评估其表现与做法。2016年，受俄罗斯疑似干扰美国总统大选事件的影响，这部法律被重新提起，并进行修订，成为美国国会和司法部应对“境外媒体影响”的重要工具。该法尤其强行要求中俄等国媒体在美国的分支机构注册为“外国代理人”机构。“外国代理人登记法”最大的特点是执法对象覆盖的范围非常广，条文模糊，人为界定和可操作性空间大。

2017年6月9日，美国国会议员戴维·切切林和马修·盖茨共同提交立法修正案，对“外国代理人登记法”进行修订。他们毫不隐讳地称，该文件旨在反对RT电视台。可见，美国国会修订法律的意图和针对性都非常明显。2017年11月，RT电视台不得不按美方要求完成登记，待其完成“外国代理人”身份登记后，美国国会随即将其拒之门外。[①] 由此看出，通过修订“外国代理人登记法”并进而阻止RT电视台进入美国国会采访，并非一时想法，而是一个深思熟虑的计划和安排。

1.“外国代理人”的认定

“外国代理人登记法”给“外国代理人”的认定留有很大的操作空间，具体表现如下。

（1）“外国代理人登记法”的执法空间很大

该法司法部未公布明晰的法律解释，史上可参考的案例非常少，这给司法部和律师在案件的实际操作中留下巨大的空间。此外，由于司法部在“外国代理人”认定中拥有绝对的发言权，司法部的执法有可能针对不同主体作出尺度不一的裁决。对“代理关系”的认定，“外国代理人登记法”非常宽泛，“外国代理人”被界定为所有受外国委托人“……命令、要求、控制……”[②] 的主体。这一表述中“要求”的含义非常含糊，涵盖了更广的范围，不是传统上相关类别法律的习惯性表述。按照惯例，认定代理关系的证据是签订合同，但按照该法，有一种情况，就不需要双方签订合同，仅仅口头请求就可以将双方认定为“代理关系”，那就是以“要求”为标准。此外，被要求注册“外国代理人”的门槛很低，即使从事志愿服务未收取报酬也可以被要求注册。认定代理关系不以是否收取报酬为标准。这些认定标准都比一般代理关系要宽泛，而且没有这方面权威性的标准的解读，甚至在有限的案例中所引用的标准是自相矛盾的。

① 陈春彦：《美俄“媒体战”升级与影响——从“通俄门”调查说起》，《对外传播》2018年第2期。

② Global Policy Watch, “The Foreign Agents Registration Act: A Guide for the Perplexed,” Covington, January 11, 2018, https://www.globalpoli-cywatch.com/2018/01/the-foreign-agents-registration-act-fara-a-guide-for-the-perplexed/.

（2）“外国代理人”的目标对象定义范围在“外国代理人登记法”中非常广

“外国代理人登记法”的条文规定，在美从事各类活动的贸易推广组织、智库、慈善组织、大学、贸易协会、媒体、其他商业主体和外国公司在美分公司，都是潜在的“外国代理人”，都属于监管对象。该主体是否为“外国委托人的代理人”是“外国代理人”认定的核心问题。对“外国委托人”这一身份，“外国代理人登记法”的认定范围很广，包括不在美国居住的非美国公民、外国政府、外国政党、主要在国外活动的主体或依照外国法律成立的主体。此外，国外私人机构也有可能成为“外国委托人”。

（3）几乎零门槛认定“外国代理人”

不论在美活动时间长短，活动影响大小，活动花费多少，只要法律条文的描述符合，都能达到认定条件。理论上，分发一份政策报告、组织一次包括政府官员在内的会议、请求与政府官员或舆论领袖会面，都会成为被强制注册的条件。“外国代理人登记法”规定，可以作为认定为代理人的标准的活动包括：为增进外国委托人的利益分发“有价值的东西”；开展符合外国委托人利益的活动或者参与政治活动；为了外国委托人的利益而从事信息服务雇员、公共关系顾问、政治咨询师、公共代理人等工作；在机构或美国政府面前代表外国委托人的利益。其中，“政治活动”参与者除了指游说者外，还包括其他涉及公共舆论的群体。美国多数公众活动都有影响民意的倾向，很容易被认定为“政治活动”，这就导致“外国代理人登记法”的打击面非常广。另外，“外国代理人”认定的范围也含有不涉及政治的活动。在国内分发涉及外国主体的“有价值的东西”也可能触发“外国代理人”的认定，而该法并没有清楚地规定什么是“有价值的东西”。

2.“外国代理人登记法”的危害和豁免条例

“外国代理人登记法”附有针对媒体、商业、宗教、法律、文化等不同类别主体的豁免条例，目的是缩小宽泛的监管范围，更好地聚焦于目标主体。跟代理人认定标准比较，这些豁免条例更为模糊，司法部公开解释也不充分。美国司法部对豁免条例的解释限定越来越窄，门槛越来越高，逐渐趋于保守，这使依靠豁免条例来规避“外国代理人登记法”注册变得越发艰难。“外国代理人登记法”的商业豁免适用于促进（一个）外国委托人的善意贸易或商业的私人和非政治性活动。因此，该豁免似乎不适用于新闻活动，因为根据“外国代理人登记法”，对政治事件的报道或意见很可能被视为“政治活动”。“外国代理人登记法”似乎主要是要求许多媒体组织和记者进行登记，因为该法最初是作为一项反宣传措施制定的。此外，可以认为当今的许多媒体从业者的行为比他们的前辈更加全球化，因此他们更有可能被“外国代理人登记法”涉及范围所涵盖。

“外国代理人登记法”可以给予在一定条件下的在美外国媒体分支豁免。依据规定，可以获得媒体豁免的主体包括依照美国国内法律成立的所有新闻机构和媒体组织，或者从事“真实新闻活动”的所有媒体。[①] 如果要达到这一标准，相关新闻组织中美国公民的控股比例必须在80%以上，组织中美国公民必须是主要人员。按照这一准则，很多外国媒体在美活动时是达不到媒体豁免的标准的。德国之声电台、日本广播协会、英国广播公司等媒体都不符合此标准，但是司法部并没有要求这些媒体注册为“外国代理人”。

此外，许多媒体组织可以说被“宣传代理人”的宽泛定义所涵盖。其定义是为外国委托人或为其利益传播任何种类的口头、视觉或书面信息的主体。媒体组织或其工作人员如果为外国委托人的利益传播关于外国或外国公司或组织的信息，将被视为“信息服务雇员”。这种广义解释可以说涵盖了许多在美国出版或广播的外国新闻组织，如英国广播公司或《卫报》。它还包括一些总部设在美国但拥有一些外国所有权、外国办事处或外国合作伙伴的媒体组织，这意味着它们有时可能应外国委托人的要求采取行动或得到外国委托人的资金资助。即使是非新闻媒体也可能被覆盖，例如，如果美国公共电视网或奈飞根据与英国广播公司的合同重播《唐顿庄园》或《英国烘焙大赛》，它们可能会被视为“信息服务雇员”，它们可以被说成在播放描述外国状况的节目或者是“宣传代理人”，因为它们是在为外国委托人或为了外国委托人的利益传播视觉信息。同样，一个好莱坞制片人发行一部中国制作的电影，从正面描述中国，也有可能被视为“宣传代理人”或“信息服务雇员”。商业豁免有可能适用于这些活动，但前提是这些活动被认为是商业和非政治性的。然

① 22 USC § 611.(d), http://www.gpo.gov/fdsys/pkg/USCODE-2009-title22/pdf/USCODE-2009-title22-chap11-subchapII.pdf.

而，如前所述，美国司法部发现即使是旅游宣传也具有政治色彩。这些定义的不明确只能突显“外国代理人登记法”在如何制造混乱，如何容易被政治化执法。

司法部在执法过程中采取双重标准，将执法政治化，是“外国代理人登记法”的特点之一，也使该法成为美国的政治斗争武器。这一点尤其体现在2016年以来针对中俄媒体的限制和打压中。

（1）注册成“外国代理人”的直接危害

相关主体被认定为“外国代理人”，会对其造成很大的负面影响。被贴上“外国代理人”的标签是对形象和信誉的重大打击。美国司法部也确实将“外国代理人”定位为国家安全面临的“威胁”。司法部反谍报及出口控制处管理着“外国代理人登记法”，这样的安排本身就会给执法对象造成心理压力。另外，“外国代理人登记法”的披露要求非常严格，资金流向、人员组成、日常行动在内的非常详细的内容都是已注册的“外国代理人”必须公开的。由于涉及行业秘密的内容很多，正常的商业和法律活动无法接受这样的要求。最后，如果有媒体被认定为“外国代理人”，那么它旗下的驻美记者也会成为“外国代理人”，将无法对白宫、国会等地相关人员进行采访报道，媒体的公信力也会被质疑，这对媒体从业者来说都是毁灭性的打击。

（2）双重标准执法的司法部

由于“外国代理人登记法”本身的特点，美国司法部在实际执法中实行双重标准成为一种必然。美国司法部不会轻易对于在意识形态领域负责守护西方价值观的重要机构使用“外国代理人登记法”开展执法。在实际操作中，“司法部确实不太可能因为某个美国组织给亲西方的一些国际性非政府组织写了一份政策简讯就开展执法行动，也不可能对与欧洲类似组织关系密切的美国组织进行执法”。[①]

（3）最容易受到政治化执法影响的主体

对“外国代理人登记法”内容的特点和以往案例进行分析，发现最容易受到政治化执法影响的主体有三类。第一类是媒体组织，因为最初是为了防

① Doug Rutzen and Nick Robinson, “The Unintended ‘Foreign Agents’,” March 16, 2018, https://www.justsecurity.org/53967/unintended-foreign-agents/.

范外国舆论宣传才制定和出台的“外国代理人登记法”。该法律的管辖范围内有很多媒体的活动，例如很容易被认定为“政治活动”的涉及政治类的报道，很容易被认定为“信息服务者”的代表外国实体散播信息。此外，对于外国媒体在美国实体机构的人员构成，媒体豁免权有很苛刻的要求，所以很多媒体难以获得媒体豁免。第二类是公益类组织，其行为时常在“外国代理人”的认定范围内，例如在慈善活动中公益组织可能代表外国实体“分发有价值的东西”，或者传播一些受外国实体委托与外国相关的材料和信息。此外，公益组织从事的活动无关商业，并且政治属性较强，所以难以依照商业或者其他豁免条款来获得豁免。第三类是政府外交官员，针对外交官员“外国代理人登记法”文本中没有相应豁免条款。如果外交官员被认定为“外国代理人”，那后果就将是灾难性的。在大国竞争加剧的国际背景下，与“外国代理人登记法”有关的数个案例中已经显现出明显的政治化执法特征。“外国代理人登记法”正在成为美国在意识形态领域打击内外对手的法律手段。在美活动的外国主体对“外国代理人登记法”的内容和特点有所了解，才能有效地规避潜在风险。

3. “外国代理人登记法”的双重执行标准以及影响

应美国司法部的要求，2017年11月，俄罗斯政府资助的媒体组织RT电视台在美国分支机构根据“外国代理人登记法”进行了注册。RT电视台在美国分支机构成立于2010年。RT电视台由总部位于俄罗斯莫斯科的非营利性新闻机构拥有。俄罗斯政府是RT电视台的主要出资人。RT电视台在美国分支机构雇佣了许多美国记者，并多次获得艾美奖提名。美国国家情报总监办公室（简称“DNI”）在2017年1月发布报告，称发现RT电视台在美国分支机构是俄罗斯影响2016年美国大选的核心部分。然而，对于RT电视台在美国分支机构在大选期间到底有多少观众，其节目是否旨在影响选民，该电视台是否偏向任何一位候选人，以及是否对大选有任何实际影响，各方意见不一。司法部在给RT电视台在美国分支机构的信中要求其根据“外国代理人登记法”进行注册，司法部称，该电视台是作为俄罗斯RT电视台的“代理人”进行运作的，而后者本身就是“克里姆林宫的另一个分身”。司法部称，俄罗斯RT电视台在美国分支机构试图影响美国国内各个群体的公众，干扰美国国内或外交政策的制定，通过改变涉及俄罗斯的各项政策，为俄罗斯的利益服务，它参与了“外国代理人登记法”禁止范围内的“政治活动”。因此，RT电视台在美国分支机构需要进行“外国代理人”注册，因为它从事的政治活动是为了外国委托人的利益，既是外国委托人的“宣传代理人”，又是外国委托人的“信息服务雇员”。美国司法部同时还解释说，RT电视台在美国分支机构是否如该媒体所称的那样行使独立编辑权并不重要，如果它是根据RT电视台的命令或要求行事，那么它就是“外国代理人登记法”中所指的“外国代理人”。

当RT电视台在美国分支机构被要求注册为“外国代理人”时，也有美国国内组织和机构批评美国司法部滥用“外国代理人登记法”损害新闻自由和诚信。例如，美国保护记者委员会指出，美国国会援引“外国代理人登记法”，依靠司法部内一个不透明部门，在宣传活动和新闻之间划出一条不可能的界限，使源头保护、媒体访问以及美国在海外促进新闻自由的工作都可能受到影响。在RT电视台在美国分支机构根据“外国代理人登记法”注册后不久，美国国会广播电视记者协会执行委员会（the Executive Committee of the Congressional Radio & Television Correspondents Galleries）就撤销了RT电视台在美国分支机构的国会山记者证，因为它是“外国代理人”。这一事件不仅限制了RT电视台在美国分支机构对美国国会事务的新闻采访报道能力，还引发了一系列其他次生效应。一些政府官员也可能会因此拒绝接受那些根据“外国代理人登记法”注册为“外国代理人”机构的采访。同样，推特、脸书等社交媒体平台也会单独制定详细规则约束和管理来自注册为“外国代理人”的新闻机构的内容。2018年2月，一家总部位于华盛顿特区的电视台终止与RT电视台在美国分支机构的合作，RT电视台在美国分支机构声称这与其根据“外国代理人登记法”注册有关。因此，要求RT电视台在美国分支机构和俄罗斯卫星通讯社根据“外国代理人登记法”进行注册的后果远不止是增加媒体机构的透明度，而是破坏了整个媒体在美国的业务开展能力和传播能力。根据司法部给RT电视台在美国分支机构信函的主要内容逻辑，其他一系列媒体机构可能也应该注册为“外国代理人”机构。例如，英国广播公司美国公司是一家外国政府运营的新闻网的美国分支，表面上也是为了外国委托人的利益而从事“政治活动”。英国广播公司美国公司表面上还充当着“宣传员”和“信息服务人员”的角色。

在大国竞争加剧的背景下，近年来中国经济的快速发展引起了美国相关部门对“中国影响”的警惕，也使中国成为“通俄门”事件以来美国打击外来影响的对象。美国国会和司法部2016年以后引用“外国代理人登记法”打击“中国影响”的目标包括中国国际电视台、自然资源保护协会、孔子学院和新华社。指控自然资源保护协会充分体现了“外国代理人登记法”“有被美国政府和政客当作武器用以攻击国内政敌的历史”。[①] 美国司法部2018年9月要求中国国际电视台和新华社在美分支机构注册为“外国代理人”，理由是这两家媒体在美国代表中国政府传播有利于中国政府的信息，而且这两家媒体不符合媒体豁免的条件。让中国国际电视台和新华社分支机构注册为“外国代理人”的事件，反映出美国在媒体豁免政策的落实上采用双重标准。唯一可以对未注册的“外国代理人”提起诉讼的机构是美国司法部。对相关违规情况国会也有权展开调查，这使得对“外国代理人登记法”的政治化使用更加方便了。正值中美贸易争端升级时，美国采取这一动作，其政治意味显得十分浓厚。不仅仅是中国的新闻机构成为目标，美国国会议员还呼吁其他媒体机构在与某些国家有联系或有争议观点时进行注册。例如，经常批评中国的参议员马可·卢比奥（Marco Rubio）在推特上说，政客（Politico）和《南华早报》（*South China Morning Post*）之间的合作关系可能应该根据“外国代理人登记法”进行登记。2018年3月，国会议员致信司法部，要求他们调查半岛电视台是否应该注册。在证明他们的要求时，国会议员们指出，半岛电视台有“激进的反美、反犹太和反以色列广播的记录”，以支持他们用“外国代理人登记法”来压制持不同政见或不受欢迎的声音。还有很多的外来媒体，如果按照同样的标准，可以被认定为在美从事“政治活动”。所以，在执法对象的选择上，司法部执行了受政治影响的双重标准。

各种案例充分表明，美国司法部在执行“外国代理人登记法”的过程中有严重的政治化使用倾向。美国国内与国家安全有关的法律，如“外国代理人登记法”，一般来说细则都很宽泛，历史上执行力度不足。这些法律的执行是由执行这些法律的行为者的动机或政治需要所驱动的，因此，执法倾向会随着政治形势发展的需要而改变。2016年美国总统大选后，人们新的关注点

① Nick Robinson, “The Foreign Agents Registration Act Is Broken: Stepping up Enforcement of FARA before Reforming the Act Is a Recipe for Disaster,” July 22, 2019, https://foreignpolicy.com/2019/07/22/the-foreign-agents-registration-act-is-broken/#.

集中在美国民主制度如何容易受到外国影响。这样的政治环境可以说创造了新的政治意愿，加大了对“外国代理人登记法”的执行力度，使该法不仅针对外国游说者，还针对外国的宣传活动。

“外国代理人登记法”适用于为外国委托人或为外国委托人的利益而从事政治活动或作为“信息服务雇员”的代理人。这些规定具有广泛性而无法有效执行。确定政治性的标准是非常模糊的，该法似乎不适合反击外国宣传。从事真正的虚假宣传活动的那些人不可能依据此法进行登记，而且由于他们可以通过互联网开展这些活动，参与活动的人通常甚至不可能在美国境内，因此很难成功起诉他们。有人认为，为了解决外国传播信息的问题，“外国代理人登记法”应该修改与外国宣传有关的规定，以更好地针对特定群体，如明显由外国政府支持的媒体组织。否则，有外国关系的媒体组织、非营利组织或个人很有可能因为被认为从事政治性的活动而被误判为“外国代理人”。在执法不确定的时期，“外国代理人登记法”的规定还可能导致不健康的自我审查，因为媒体组织和非营利组织可能为了减少被贴上“外国代理人”标签的风险而避免有益的跨境合作，或者停止发布有争议的言论。像“外国代理人登记法”这样把媒体和非营利部门广泛地划为“外国代理人”的法律，并不能充分打击在美国社会的外国宣传，而且太容易被用来攻击有争议的言论或批评政府的人，成为政治性攻击的手段和工具。

（二）《波特曼–墨菲反宣传法案》

《波特曼–墨菲反宣传法案》（Portman-Murphy Counter-Propaganda Bill，简称《反宣传法》）[①]，最开始由美国民主党参议员墨菲（Chris Murphy）以及共和党参议员波特曼（Rob Portman）在2016年3月共同提议，原名是《反信息战法案》。之后在7月，这个法案以现在的名称再一次被提出，并在12月8日通过。5月，该法案在众议院由民主党议员刘云平以及共和党议员亚当·金辛格（Adam Kinzinger）共同提出，并在12月2号通过。美国总统奥巴马在2016年12月23日签署文件通过该法案。美国国防部根据该法案规定在2017财年获得更多的预算，专门用于建立反外国宣传和虚假新闻中心，以对抗外

① “A Bill: To Counter Foreign Disinformation and Propaganda, and for Other Purposes,” May 19, 2016, https://www.congress.gov/bill/114th-congress/house-bill/5181/text?format=txt.

国对美国的宣传活动。参议员波特曼和墨菲宣称该法案的目的是帮助美国和盟国反制来自如俄罗斯和中国等外国政府的政治传播。墨菲是民主党参议员，而波特曼是共和党参议员，两人共同提出此法案，显示两党在此事上取得了一定的共识。此法案提议在五角大楼内成立一个跨部门的情报机构，在联邦政府各个部门反制政治宣传。这项法案也为诸多非政府组织（NGO）、智库和学术机构提供资金来进行与反宣传相关的工作。他们认为这个法案可以加强美国的反宣传能力，并且防止海外盟国变成其他国家的“傀儡”。参议员波特曼说：“我们的敌人正在使用政治宣传和谣言来打击我国和我国的盟友，而目前美国政府却在对此装睡。但是今天，美国决定迈出关键一步来反制这些行为。我们还将采取手段削弱敌人对我们进行政治宣传的行动。有了这个法案，我们终于可以让敌人知道我们受够了，我们不会再坐视不管，我们将要直面冲突。有了这个跨党派的法案之后，我们有信心使外国的谣言和政治宣传失效。”[①] 墨菲则称：“使用政治宣传的手段来降低民主政治的公信力已经创造了新的下线。但是现在我们终于决定奋起反抗这些谎言带来的威胁。我们将在东欧等地创建独立和客观的新闻机构，我们将通过曝光谣言和加强当地社会团结的方式来反击谣言。这个提案可以成为法律让我们深感自豪，同时我也很期待和波特曼议员一道保证国家资源可以得到有效的利用。”[②] 美国政府也认为这个法案有助于“在海外推动言论自由、学术自由和新闻自由”，从而帮助盟国获得更加“真实”的信息，对外国民众进行“保护”，避免其“受宣传洗脑”。美国政府在此领域已经积累了“丰富”的经验，并组建了由美国非政府组织、政府机构以及受援国非政府组织等组成的运行机制。此机制的施行，有利于美国隐藏自己在经济、安全、政治等领域的真实目的，使美国的外交目标得以圆满完成。把一些不方便政府公开做、不能公开做的事情交给非政府组织来处理，还能免受目标国政府和国际社会的诟病和谴责。例如，美国在中国的舆论渗透和和平演变的活动，一直以来从未停止。

① “Obama Quietly Signs the ‘Countering Disinformation And Propaganda act’ into Law,” http://www.philstockworld.com/2016/12/24/obama-quietly-signs-the-countering-disinformation-and-propaganda-act-into-law/.

② “Obama Quietly Signs the ‘Countering Disinformation And Propaganda act’ into Law,” http://www.philstockworld.com/2016/12/24/obama-quietly-signs-the-countering-disinformation-and-propaganda-act-into-law/.

1.《反宣传法》产生的背景和考量

在2016年美国大选期间俄罗斯是否采用黑客和谣言等方式干涉了美国大选是最具争议的话题之一。可以说，全球信息化时代大国之间国际传播博弈的产物之一就是美国《反宣传法》的通过，该法案的通过主要有以下几个方面的考量。

（1）美国国家“软实力”建设的需要

该法案的出台是提升美国“软实力”发展的现实需求。“软实力”概念由哈佛大学教授、新自由主义学派代表人物约瑟夫·奈于1990年3月提出，它强调用意识形态、文化和道德诉求，通过精神和道德诱惑去说服别人同意某些行为准则、价值观念和政治制度，是促使他们按预期目的行事的一种力量。[①] 当今世界的普遍共识是，国家发展关键靠两种能力：“硬实力”和“软实力”。美国高度重视发挥“软实力”的作用，《美国新闻管制条例》称，“在未来战争中，军队必须战胜两个敌人，一个是军事战场上的敌人，一个是舆论战场上的敌人”。[②] 新媒体技术的飞速发展改变了信息传播的方式、方法、速度及内容，对“软实力”建设提出了更大的挑战和更高的要求。战略传播概念在美国的出现正是为了应对新媒体时代舆论斗争，为了更有效地传播美国的价值观，提升美国的国家“软实力”。战略传播概念首次出现在2004年的《美国国家军事战略》报告中，它指的是美国政府各部门使用相同的主题、信息、方案、计划，综合运用各种国家力量，协同采取各种方法来了解和接触主要受众，为创造、强化和维持有利形势采取行动以促进美国利益和目标的实现。2006年2月，美国国防部《四年防务审查报告》提出要在五个特定领域制定后续路线图，其中就有战略传播领域。《四年防务审查报告》战略传播路线图在当年9月制定完成。根据美国总统奥巴马在2010年《国家战略传播构架》中阐述的战略传播体系，美国国家战略传播构架是总统通过国家安全委员会领导的一个庞大的跨部门协作体系，是美国外交部门、军方以及情报机构的一个联动机制。美国的公共外交活动、美军信息战和心理战等都与战略传播紧密相关。美国希望通过推行战略传播来改善美国的国家形象。近年

① 廖毅文：《传媒——现代战争中的软力量》，《新闻传播》2003年第4期。

② 张振江：《网上意识形态斗争是输不起的存亡对决》，《解放军报》2015年5月28日。

来，国际媒体曝光了关于美国政府的一系列丑闻，如斯诺登揭露的“棱镜门”事件、美军伊拉克虐囚事件，这些丑闻的曝光严重损害了美国的国际形象，也严重损害了美国的国家利益。因此，美国提出战略传播的概念，希望通过组织机构的重构，协调各相关部门工作，努力改善美国的国家形象。同时美国也希望整合国家资源，改进国际传播策略，有效应对来自世界不同声音和不同群体的挑战。《反宣传法》的出台，有力支持了美国国家战略发展的需要，也是美国加强“软实力”建设的重要手段之一。

（2）应对新的国际传播格局给美国带来的影响

随着信息传播技术的快速发展，互联网和新型传播技术手段产生的信息流改变了全球信息流的格局，影响了整个国际社会。近年来，随着信息科学技术的快速发展，传统的传媒行业投入大量资源，探索新媒体和媒体融合发展之路。社交媒体、自媒体等新媒体平台和方式出现，并逐步取代传统媒体，成为新的主流信息传播平台，使世界各国国际传播渠道和手段发生了翻天覆地的变化。互联网时代的国际话语权争夺战已经打响。由于这个领域缺乏壁垒，中国已抢占先机，目前全球范围内最大的互联网应用市场在中国。中国一国的互联网用户就超过了美欧之和，并以此为基础生发出大量依托于互联网的产业链，此效应正在辐射全球。美国认为中国在互联网领域话语权的竞逐中已经领先一步。随着中国北斗系统、量子卫星等技术的发展，以及“一带一路”“人类命运共同体”等倡议的提出，中国的国际话语权无疑将持续上升。为了平衡中国在互联网时代国际话语权领域的潜在后发优势，美国希望借《反宣传法》取得后发制人的效果。同时，互联网技术的发展打破了国家通过主流媒体进行信息传播和思想塑造的传统方式。敌对国、竞争国之间通过网络渠道渗透宣传意识形态、干扰对方国家重大决策、扰乱对方国家社会秩序、为削弱对手竞争力制造动乱，成为互联网时代国家之间竞争的一大重要技术手段。例如，发生在中亚和中东地区的“颜色革命”和“阿拉伯之春”、2016年美国的总统选举等一系列事件，都或多或少体现出了新型国际传播方法的重要性。媒体国际传播博弈在和平时期已经成为世界大国之间竞争的主要表现形式。长期以来，俄罗斯与西方国家由于其紧张关系，双方随着矛盾的不断升级已经开始将重心转向情报战、舆论战、信息战等多种手段并存的混合战略。这已成为国际斗争的重要手段之一。其实美欧和俄罗斯之间的国际舆论战早在《反宣传法》出台之前就已经开始。双方从2008年的俄格冲突到2014年的乌克兰危机，早已开始进行激烈的国际舆论博弈。2016年10月RT电视台在英国的账户被查封，并且美国国务院发言人约翰·科比2016年11月在回答RT电视台记者关于叙利亚问题提问时公然声明“会区别对待俄罗斯媒体”。俄罗斯认为，在国际传播格局中展开的激烈的国际话语权和舆论争夺战中，RT电视台改变了全球媒体竞争传统态势，打破了西方媒体一统天下的格局，有力地维护了俄罗斯的国家利益，让国际社会看到了事件发生的另一面。种种迹象表明，美国出台《反宣传法》就是为了适应新形势下国际传播博弈和国际斗争的需要，这也让“国际社会话语权争夺战”升级到了“舆论新冷战”的高度。

（3）应对美国在全球话语霸权斗争的需要

随着近年来新兴国家经济的崛起，多极化趋势突显，世界话语权体系逐渐从美欧国家独大转变为百家争鸣的局面，美国在国际社会塑造的价值观和意识形态遇到重大挑战，直接影响着美国在全球的地位和话语霸权。冷战结束至今，随着发展中国家和新兴市场国家的崛起，世界多极化趋势呈现出不可逆的趋势。世界经济格局的变化带来的是针对西方国家的全方位的挑战。“棱镜门”事件、美国国内的占领华尔街运动、世界各地出现的反美主义运动以及阿桑奇领导的维基解密行动都属于这种情况，这促使美国产生了严重的危机感。2016对于西方国家来说是一个不折不扣的“黑天鹅”年，从英国“脱欧”公投到美国特朗普胜选，欧美国家在经济危机、恐怖主义和大国地缘政治博弈回潮的三重压力下出现保守主义回归的趋势，其表现就是“逆全球化”。除了美中之间关于网络安全持续不断的矛盾外，俄罗斯在国际事务中的积极态度使得“俄罗斯威胁论”也开始卷土重来，并在2016年美国大选中达到高潮。一些美国人怀疑俄罗斯“操纵”了美国大选，帮助特朗普上台。在“逆全球化”转型背景下，美欧内部产生了大量的价值观背离矛盾，这导致美欧国家当前处于自我迷失的心理恐惧状态，延伸到现实社会中就是不择手段地“自卫”,《反宣传法》应运而生。

2.《反宣传法》的具体内容和计划

随着《反宣传法》[①] 的签署和实施，美国与以中俄为代表的国家进一步加强在国际传播领域的竞争和博弈，进一步推动美国政府所谓的反外国宣传计划。该法案指出，在2017财年和2018财年，美国政府将分别拨款8000万美元成立全球接触中心，来应对所谓虚假新闻和外国宣传。此法案提出，美国政府应该拟定一个综合性战略，在战略传播中维持全球领导力，反制所谓虚假信息和宣传。全球接触中心反制中俄和非政府组织的权威性和合法性将由《反宣传法》来提升，由美国务院领导该中心，中心成员由来自美国国际开发署、国防部、广播理事会、情报机关和相关部门的高级官员构成。该中心被列入美国国务院机构，于2017 年上半年开始正式工作，参与其中的将有美国国务卿、国防部部长等部门领导人。该中心成立的目的是：制定有关外国“宣传和传播虚假信息”方面的关键数据整合和分析框架，融入国家战略；协调国防部部长、国家情报总监、广播理事会以及政府其他部门的宣传工作，曝光和反制外国针对美国国家安全利益的信息战，积极推进支持美国盟国及其利益的战略传播工作；领导、协调、搜集和分析关于外国政府信息战的信息。

该中心的任务有：搜集、整理和分析相关信息，包括美国政府机构、盟国、智库、学术研究机构、民间社团组织，以及其他非政府组织的数据、情报和分析；对相关部门的工作加以协调，对一些国家威胁美国及其盟国利益的、与事实相悖的宣传行动与宣传信息进行跟踪和评估；分发基于事实的信息，反制针对美国盟国和伙伴的宣传和分析；通过共享各部门机构的专业知识，运用相应的工作方式，获得外部来源的专业知识，推动使用各种技术；了解美国有关该中心任务方面能力不足之处，并提出有必要的措施意见；对所谓外国宣传和虚假信息的基本情况进行确认，其中包括广播、印刷品、社交媒体和互联网的使用；对第三方（例如智库、政党和非政府组织）信息输出进行支持，并使用秘密的特种作战人员影响民众和政府，研究并运用各种适当的战术、技术和程序曝光和阻止所谓外国虚假信息及错误信息传入美国国内，向美国之外的受众积极推送真实情况；对于容易受到所谓外国政府宣

① “A Bill: To Counter Foreign Disinformation and Propaganda, and for Other Purposes,” May 10, 2016, https://www.congress.gov/bill/114th-congress/house-bill/5181/text?format=txt.

传和虚假信息影响的国家和民众进行确认；协调国际组织和团体，以及盟国和伙伴国，例如欧洲战略传播外部行动服务特遣队、北约战略传播效能中心、欧洲民主基金会等；通过管理信息来获得资金。

同时，美国政府根据《反宣传法》设立一项基金，旨在对世界各地记者进行帮助和培训，并向民间社团、非政府组织、私营部门、智库、媒体组织和政府外的专家提供援助合同，以使在识别和分析所谓外国最新的宣传与信息造假技术方面，这些机构或个人能够具有更强的能力。

3.《反宣传法》带来的影响

习近平总书记强调，互联网已经成为舆论斗争的主战场，在互联网这个战场上，我们能否顶得住、打得赢，直接关系我国意识形态安全和政治安全。以美国为首的西方国家占主导地位的国际舆论格局仍将长期存在。俄罗斯近几年有计划、有步骤地成功应用现代传播技术和手段，与美西方展开国际舆论斗争，在反击西方抹黑、争取国际舆论支持等方面取得了比较不错的成效，创造了有利的政治斗争条件。《反宣传法》在此大背景下出台，反映出未来国际舆论斗争将进入新的阶段。

第一是美西方更加针对中俄。俄罗斯和中国被美国参议员波特曼公然指认为两个“敌人”，对于这一表述美国国会和总统奥巴马并无异议，在公开和正式的场合以及文件中使用“敌人”这个字眼称呼对手，确实值得警觉。这一表述意味着在网络空间，美国认为来自俄罗斯和中国的信息是“最具有威胁和挑战”的。

第二是欧美国家的霸权思想和不自信心理突显。美国对全球化的抵触和防范心理，以及对当前国际舆论博弈的一种不自信已经通过《反宣传法》充分表露了出来。信息科学以及互联网技术的快速发展改变了世界范围内的信息传播方式，打破了国家之间的壁垒和对信息流的垄断，对国际传播格局产生了深刻影响。社交媒体和自媒体的出现，打破了西方主流媒体的国际垄断地位，也使得大众可以自由选择信息。一方面，全球信息可以自由流动，更多“原版”的信息可以被人们看见。另一方面，所有个人和组织都是“国际传播工作者”，都可以自由地去做信息的生产者和传播者。以美国为首的西方国家媒体在国际传播格局中对国际话语权的垄断地位已经被打破，它们已无法完全掌控国际舆论格局，因此，这也使欧美国家产生了防范和抵触心理。

第三是撕下言论自由的面具，维护美国全球话语霸权体系。该法案的出台，表明美国对在互联网平台上的国际舆论的较量更加重视。二战结束以后，以美国为首的西方国家媒体依靠自身的优势，长期占据着国际传播格局的优势地位，发展中国家媒体由于资源有限，很难将自己的声音传播到世界各地。2009年6月，美国一家名为“全球语言监测站”的机构称，第100万个英语单词诞生了，这个单词就是web2.0（网络2.0）。网络2.0时代给世界民众带来了更多的信息获取方式和话语途径，普通民众有了更多了解信息和表达意见的机会。民众不再依赖传统媒体获取信息，而是选择自己感兴趣的新媒体获取信息。新媒体技术改变了人们的行为习惯和思维方式，让人们自己决定接受信息的时间、地点及方式。后真相时代，民众有了更多的选择权利，不易受政府舆论的影响。美国要求世界其他国家提供不受限制的所谓互联网自由，极力标榜和鼓吹所谓互联网和言论自由，将这看作外交施压和谋求世界霸权的重要方式。2010年2月和2011年2月，时任美国国务卿希拉里先后两次发表有关所谓互联网自由的演说。希拉里提出的所谓互联网自由概念是从美国宪法倡导的所谓言论自由衍生出来，她强调所谓互联网自由是值得倡导的价值观，她希望通过不受国家主权约束的信息自由流通，通过与其他国家网民直接对话，传播美国价值观，影响他们的思想和行为，服务于美国的国家利益。奥巴马总统在位期间，美国成立了网络司令部，加强了国防部与国土安全部的合作，强势推动网络空间的话语塑造，从过去试图控制全球信息流动转向强势塑造网络空间的美国话语体系，希望通过美国的强势话语能力影响全球。2011年2月8日，美国公布的《美国国家军事战略》报告明确指出了争夺全球公共空间与网络空间主导权和优势的战略方向与重点，全球公共空间俨然成为看不见的新战场。对美国政府来说所谓互联网自由只是一个口号，其本质是要让互联网成为美国外交政策的工具。所谓的互联网宣传在美国人眼中，与其意识形态不同的国家不能做，只有美国或西方国家可以做，其根本目的是推行互联网空间的话语霸权主义。美国政府根据该法案能够强化对国内社交媒体等网络传播平台的监控，从而及时识别并反制外国政府的相关宣传活动。美国面对竞争对手时，可以用各种方式实施反击、采取预防性行动或者先发制人。

《反宣传法》的出台，表明美国试图打着维护民主自由的旗帜，努力维护美国话语体系的安全。《反宣传法》由美国共和党和民主党联合提出本身就说明了美国政界在这一点上已经达成一致。美国正在加紧采取措施，在国际舆论战场上发声和控制策略双管齐下，以确保美国的国际话语权。伴随着《反宣传法》的生效，网络空间将在一段时间内成为美国实施“和平演变”和公共外交的重要阵地，成为美国维护全球霸权地位的重要工具和手段，这将对全球网络空间的安全、稳定、繁荣和发展构成严重威胁。以美国为首的西方不会轻易放弃西方话语体系的优势，互联网时代的国际话语权竞争是后真相时代一场没有硝烟的国际传播博弈战。

三、通过管理和行业监督约束境外媒体

本行业内企业基于市场规则实施的自治性管理是行业监督的本质，但在美国境外媒体行为的行业监督中多多少少可以发现政府的影子。美国国内针对俄罗斯RT电视台进行“通俄门”调查时，美国独立检察官的调查报告直指RT电视台和卫星通讯社。其中，RT电视台在调查报告中出现的次数不少于100次。美国参众两院委员会2017年9月邀请谷歌、推特及脸书的高层出席“通俄门”调查听证会，并要求这三家公司高层11月1日出席公开听证会。就是说，美国国会让行业内企业通过间接咨询的方式自动审查与RT电视台的业务关联情况。脸书表示，经过核查发现了470个不可信任的账户和页面，俄罗斯媒体在其中发布了3000个广告，广告费用约10万美元，内容涉及广泛的社会和政治话题，如移民、枪支管制等，相关的政治广告购买行为被指具有“离群性”，影响了那些意见摇摆的选民。从谷歌优先项目中移除RT电视台投放的广告是谷歌公司的决定。推特公司发布公告称，200多个“违反公司服务条款”的俄罗斯虚假账户已经被查明并封锁了，并透露在2016年与俄罗斯政府有关联的RT电视台曾斥资27.4万美元在其平台上购买针对美国的广告，并且发表1823条有关推文。这个消息被认作RT电视台干涉美国大选的有力证据。并且，此前一直为外国电视台免费提供上星渠道的非营利机构“赫兹网络”（MHz Networks）由于美国《以制裁反击美国敌人法案》的通过，决定重新拍卖自己的卫星频段。结局是，俄罗斯RT电视台、委内瑞拉南方电视台、越南NetViet电视台、土耳其TRT World电视台等凡是该法案提及的国家或地区的媒体都失去了在美国的上星播出资格。

脸书、油管和推特进行了大量数据排查和分析，最终得出了两点结论：一是美国社交媒体平台存在着与俄罗斯有关的可疑账号；二是部分与俄罗斯媒体相关账号的广告具有“离群性”。该结论动摇了人们对美国互联网和信息自由的信心，一方面，可疑账号的存在是互联网和社交媒体上的常见现象，无须调查即可确信其有。另一方面，所谓广告“离群性”即指不合流，与众不同。在鼓励媒体大胆创新的美国，因为广告的“离群性”而查封账号或限制发布广告，并非正常做法。最主要的是，这些材料和证据都无法作为俄罗斯干扰美国大选的直接证据。然而，脸书的创始人扎克伯格在公开“反思”中说道，他承认社交媒体在人们获知与候选人能力相关信息方面具有多重意义。从现在开始，脸书将参加到保护候选人免遭来自其他国家的虚假信息影响的斗争中，防止其他国家通过社交媒体平台影响公众的立场。显然，“可疑账号”和“离群性”广告本身并不重要，重要的是其所有者和发布者的身份。

美国对境外媒体加强管制有着清晰的目的，就是阻止境外媒体在美国国内以及国际社会产生影响力。美国全国广播公司和猴子网络调查公司在2018年7月18日联合发布的一项在线调查显示，受访者中41%的人认为，“相信联邦政府在防止外国影响美国未来选举方面做得还可以”。[①] RT电视台总编辑玛格丽特·西蒙尼扬和今日俄罗斯国际通讯社表示，该电视台被美国政府注册为“外国代理人”后，其在美国的播放开始受到限制，收视率受到很大影响。

第三节　俄罗斯对境外媒体的管理方式和手段

美俄媒体之间的国际传播博弈的升级并非单方面的行动，针对美方一系列约束和制裁行动，俄罗斯也作出了相应的回应。俄罗斯政府、国家杜马、外交部和通信与大众传播部等政府部门和相关机构相互配合，及时对美国的制裁措施进行回应和反制，同样对境外媒体具有较大影响。总体来看，俄罗斯反制的措施主要从以下几个方面展开。

① «Это сделано под давлением спецслужб США»: в России ответили на блокировку рекламы телеканала RT в Twitter, RT, 26 октября 2017.

第一，以道义和安全的名义回应。

面对俄罗斯媒体在美国的社交媒体账号被查封，以及采访权受到限制等一系列制裁措施，RT电视台总编辑率先作出了回击。其在推特上披露推特公司代表的谈话内容，如“重视美国大选期间的广告投放”，“占领自己的位置”，“频道投放广告越多，在推特上吸引的美国选民就越多”，[①] 同时还附了一张RT电视台与推特公司签署的广告合同，以此将事实的另一面展现在大家面前。俄外交部发言人则称美国此举为有序进攻的一步，旨在封锁俄罗斯电视频道RT电视台的运营，是美国部分权力机构和情报部门施压的结果。俄罗斯负责管理网络空间的负责人明确表示，此举“不可接受”，对俄罗斯在美国的媒体工作人员产生了严重安全威胁，俄罗斯将根据事态的发展采取相对应的措施。虽然俄罗斯措辞严厉地进行了谴责和警告，但是并未阻止美国的制裁行动，这最终迫使俄罗斯从道义的谴责走向了实际的反制。

俄罗斯政府面对美国的步步紧逼，立即采取针对锋相对的措施。俄罗斯司法部2017年12月5日要求美国之音和自由欧洲电台在俄罗斯登记为“外国代理人”；俄罗斯国家杜马2017年12月6日禁止美国媒体采访。美国媒体遵守法律的情况被审查，如有违法行为则从重从严进行惩罚。俄罗斯总统普京2019年12月签署了一项加强对在该国被登记为“外国代理人”的境外媒体监管的法案，不过作为“外国代理人”的境外媒体的活动，该法案并不禁止。美俄之间国际传播博弈不断加剧，也逐步延伸到了互联网领域。俄罗斯不但不断加强对大众媒体的监管力度，也逐渐控制了互联网空间的言论。正如2019年12月俄罗斯总统普京在一次新闻发布会上所言，“互联网自由”和“主权互联网”并不矛盾。普京解释了为何引入新规则，包括对“外国代理人”的监管制度。普京认为，“主权互联网”不是要关闭互联网，而是力求在出现俄罗斯与世界网络断开连接的情况下，俄罗斯可以避免出现无法获取外国资源带来的不利后果。这些规定除了能有效回应可能出现的问题，还有利于进一步规范互联网媒体信息的传播。

第二，应用法律手段进行制裁。

面对美国的持续打压和制裁，俄罗斯也采用相关法律手段进行反击。目

① 陈春彦:《美俄“媒体战”升级与影响》,《对外传播》2018年第2期。

前，俄罗斯最常使用的法律条文是《个人数据保护法》。根据该法律要求，所有俄罗斯公民的数据必须在俄罗斯境内保存和加工。为了回击美国国会对RT电视台记者采访身份和资格所采取的制裁行为，俄方立即实施了反制措施。俄罗斯立法机构迅速表示，美国在俄罗斯的媒体分支机构存在反俄行为，其主要代表即美国有线电视新闻网和美国政府代理人广播管理委员会（BBG）资助的自由电台和美国之音。这些机构是美国干涉俄罗斯内政的工具，其背后的支持者是美国强力部门（五角大楼、中央情报局和国家安全局）、国会、索罗斯基金会和战略传播集团，上述机构在组织上、技术上和财政上相互联系。受美方资助的美国媒体俄罗斯分支机构的活动导致大量关于俄罗斯政府的负面信息被复制和传播。比如，广播管理委员会自身的报告曾称，其资助的自由电台和美国之音由于报道2017年3月26日在莫斯科举行的反政府非法集会，知名度大大提高。通过对比发现，美方媒体的报道中针对俄罗斯政府的负面消息不断增加，而关于俄罗斯反对派的不当行为的报道却没有。尤其值得注意的是，美国广播管理委员会资助的媒体在社交媒体账号的文献引用排名榜上居前列。其中，2017年3月自由电台账号位居引用之首，美国之音列第三位，两者都是广播管理委员会资助的优先方向。2017年美国广播管理委员会的预算提升到7.77亿美元，相当于RT电视台预算的2.5倍。2017年11月15日，俄国家杜马通过一项议案，要求外国媒体登记为“外国代理人”，俄罗斯总统普京随即签署该法案。俄罗斯国家杜马同时作出决定，禁止美国在俄罗斯的九家媒体机构的记者进入俄罗斯国家杜马进行采访活动，并要求各联邦主体的国家杜马作出同样的决定。2017年11月25日，俄罗斯修改了《俄罗斯联邦大众传媒法》，将外国媒体在俄分支机与被认定为“外国代理人”的非营利组织等同对待。新法律规定，如果外国媒体被视作“外国代理人”，被视为“外国代理人”的外国媒体必须在一个月之内在俄罗斯设立法人，并在通过后告知相关主管部门，并且只能通过俄罗斯法人在俄罗斯境内进行新闻传播。

为了进一步防范网络安全风险，2019年3月7日，俄罗斯国家杜马通过了《散布危险假新闻以及侮辱国家形象和权力机构法》。该法案第一条规定就是必须阻止媒体和在互联网中散布可能对社会造成危险的不正确信息。立法后，根据虚假信息传播后果的严重程度，可以对虚假信息传播者处以3万—150万卢布的罚款。法案第二条规定不准散布那些对俄罗斯国家、社会、政府和宪法不尊重以及“侵犯了人类尊严和公共道德”的信息；公开侮辱国家形象的行为被视作强盗行为，并将处以1000—5000卢布的罚款或长达15天的监禁。俄罗斯国家杜马信息政策、信息技术和通信委员会第一副主席谢尔盖·博亚尔斯基在“统一俄罗斯”党的一份声明中说，该法案实际上提出了“平衡互联网和现实生活的游戏规则”。他指出，“侮辱国家形象”的概念专门针对国家机构，而不是针对某个人，这种立法在世界上所有国家都存在。

2019年10月21日，俄罗斯国家杜马修订了涉及外国大众媒体的法律，修订后的文件指出，如果外国媒体驻俄分支机构违反选举期间的有关规定，将会被处以2.3万—350万卢布的罚款。国家杜马委员会负责调查外国干预俄罗斯联邦内政事务的负责人瓦西里·皮斯卡列夫表示，这些媒体包括自由电台、美国之音等。引入此类罚款可能是非常有效的措施，因为外国媒体利用了立法中的空白，认为自己不应该遵守针对俄罗斯媒体的规定。该修正案正是后来对境内媒体“外国代理人”加强监管法案获得批准的一个铺垫。2019年11月21日，俄罗斯国家杜马通过了一项修正案，根据该法案，任何一个自然人如果传播外国媒体信息或者是参与创建信息的话，都可以被视作“外国代理人”。同年12月，《非营利组织法》中有关媒体“外国代理人”条款的修订案也正式批准。该文件对“外国代理人”的界定也相对比较模糊，以至于有专家认为，几乎所有居住在俄罗斯联邦的人，只要收到至少一笔来自国外的转账或包裹并在互联网上散布信息，就有可能被定义为媒体“外国代理人”。根据统计，在俄罗斯共有美国之音广播电台、自由欧洲电台等10家外国新闻媒体被视作“外国代理人”。法律没有具体规定应将哪些媒体归入“外国代理人”，而是将决定权留给俄罗斯外交部和司法部，也就是根据俄罗斯国家需要决定。按照该法律的条文，在俄罗斯，任何一个信息资源拥有者在转发“外国代理人”信息的时候，必须注明该信息是“外国代理人”在俄罗斯设立的法人发布的或者转发的，否则就要承担法律责任，甚至包括被限制使用互联网。从该法案的几次修订中，我们不难看出，俄罗斯“外国代理人”的覆盖范围在不断扩大，身份认证在进一步细化，对“外国代理人”的监管力度逐渐扩大，监管死角逐渐减少。同时美俄两国在该法律中对于范围和行为的界定，都比较模糊，解释权都归政府。从某种意义上来说，俄罗斯对于境外媒体的管理和限制，一方面是为了应对西方势力对其不断的渗透和“颜色革命”的威胁，另一方面也是出于对美国政府相关政策的反制的需要。

第四节　美俄国际传播博弈的特点和实质

纵观美俄两国在国际传播领域的博弈，其在实质上是两国政治博弈和竞争的具体表现，呈现出以下几个特点。

第一，美俄媒体博弈聚焦在传播内容的真实性上。

经过梳理发现，美俄之间国际传播博弈的主要原因之一是近年来俄罗斯的RT电视台在国际传播格局中迅速崛起，挑战了以美国的有线电视新闻网、英国广播公司、德国之声、英国《卫报》、法国《十字报》等老牌西方媒体的国际话语霸权。RT电视台所秉承的“提供可选择观点”的新闻叙事报道原则对西方主流媒体的国际话语权构成了威胁。特别是在2014年乌克兰危机中，RT电视台的出色表现极大地维护了俄罗斯的国家利益，西方国家为RT电视台贴上了“普京的宣传工具”“虚假报道”等标签。国际媒体传播博弈逐渐指向“内容的真实性”。

第二，媒体博弈空间和方式的扩展与延伸。

美俄媒体博弈竞争空间已经从传统传播方式扩展到互联网空间和社交媒体平台。作为媒体融合典范的俄罗斯外宣航母RT电视台，在应用传统传播方式进行全球扩张的同时，始终把利用互联网和新媒体手段作为媒体发展的主要方向之一，经过数年的积累和发展，已经取得可观的成绩，其在推特、脸书、油管上拥有的“粉丝”量已经遥遥领先于西方主流媒体。早在2011年，RT电视台在油管上的视频访问总量就超过4.25亿，远远超过西方老牌传统媒体。事实上，大多数美国人正是通过互联网观看了RT电视台的节目内容。2013年6月，RT电视台成为油管上第一个拥有10亿以上收视量的新闻频道，其短视频订阅用户达到106万之多，其美国访问者约占30%。此外，在其官方网站和脸书账户上，美国访问者或订阅者也分别约占50%和30%。互联网和社交媒体已经成为RT电视台扩大传播范围，提升国际影响力的主要工具之一。美国政府宣布审查RT电视台在美国的社交账号以后，社交媒体平台直接成为美俄双方媒体博弈的新战场。

第三，媒体博弈范围延伸到身份之争。

美俄双方通过修订各自的法律，都将对方媒体在本国的分支机构登记为“外国代理人”进行限制，要求它们接受政府相关部门的监督和询问。同时，双方还都限制对方媒体机构的新闻工作者进各自相关的政府部门进行采访报道，在一定程度上剥夺了新闻媒体的自由和空间。这些举措证明双方的博弈已经进入白热化程度，已经从媒体业务竞争上升到了国家层面的身份界定竞争。然而，美国发动的“媒体战”，明显违背了西方社会标榜的新闻道德和自由规范，但是西方主流媒体却选择了集体“失声”。如果世界各国竞相效仿美国管制外国新闻媒体的做法，则国际传播秩序和国际传播格局必然受到严重影响。这种做法与新闻自由的国际传播理念完全背道而驰。

美俄之间媒体国际传播博弈，归根结底是美俄双方大国竞争的直接表现，其背后折射出双方的对抗和敌视态度。媒体国际传播博弈的升级，无疑给双方已经跌入低谷的双边关系雪上加霜，同时也带来了一系列连锁效应，将干扰和影响正常的国际传播秩序，打破国际传播领域斗而不破的状态，其带来的负面影响将难以估量。以美国为首的西方阵营与俄罗斯在国际传播领域的博弈已经逐步升级为意识形态领域甚至全方位的战略竞争，对国际传播秩序以及世界格局产生了深远的影响。

当今世界，世界各大国之间的较量主要是综合国力的竞争，主要体现为以军事和经济实力作为基础，以政治外交为主战场，以意识形态作为先锋的全面博弈。苏联解体以后，国际传播舆论主动权始终掌握在西方媒体手中。以美国为首的西方国家并没有因为冷战的结束而放弃对俄罗斯的排挤和打压，在西方媒体报道中俄罗斯国际形象以负面为主，俄罗斯国际形象被严重歪曲。有些关于俄罗斯的问题甚至被西方媒体大加炒作，成为外国势力干预俄罗斯内部事务的借口，严重威胁俄罗斯的国家利益和国家安全。例如在两次车臣战争、“库尔斯克”号沉没、莫斯科地铁爆炸等事件中，由于俄罗斯媒体传播能力不足，公众舆论被西方媒体控制，俄罗斯逐渐被“妖魔化”，导致俄罗斯社会思想分裂，国家凝聚力弱化。尤其是发生在独联体国家的“颜色革命”，由于西方媒体对国际舆论的操纵和对公众舆论的影响，直接对俄罗斯的国家安全产生了严重的负面影响。面对日益复杂的国际传播格局，俄罗斯如何突破西方的信息垄断、拓宽传播渠道、打造国际一流媒体，如何在提高本国媒体在国际传播中的吸引力、可信度的基础上维护俄国家利益，这不仅关系到俄罗斯能否改善国家形象和增强“软实力”，也影响着国际舆论生态和国际信息新秩序的构建。

俄罗斯逐步反思在意识形态领域的经验教训，大力整合国内传媒机构，使大众传媒的控制权重新回到国家手中。另外，俄罗斯政府还专门拨款，成立了外宣媒体RT电视台，兼并整合俄罗斯之声国际广播电台和俄新社，成立了今日俄罗斯国际通讯社，打造具有世界影响力的国际传媒航母，利用外宣媒体与西方国家媒体抗衡，使俄罗斯对外传播“软实力”不断增强，集中国家力量成功塑造了俄罗斯国际形象，在国际传播格局中发出了俄罗斯声音，维护了俄罗斯的国家利益。为了打好舆论战，俄罗斯采取总统统一规划，跨部门、跨领域协调的方式，克服各自为战的弊端。“俄国家领导人、国家杜马、总统办公厅、外交部、国防部、情报机构、俄驻联合国机构等，塔斯社、《俄罗斯报》、俄国家电视台、‘今日俄罗斯’等主流媒体，以及相关民间团体、学术研究机构、学者等，密切配合、密集发声，形成覆盖大、辐射广的‘大宣传’平台；并注重在推特等社交媒体上替俄辩解，为俄应对西方舆论攻击、争取有利国际舆论环境发挥了不容忽视的作用。”[①] 随着俄罗斯与西方阵营关系的逐渐剑拔弩张和与美国的对抗不断加剧，俄罗斯已经开始将重心转向情报战、传播战、信息战等多种手段相结合，来应对以美国为首的西方阵营的攻击。尤其在2014年乌克兰危机和叙利亚战争中，俄罗斯将大众媒体作为国际传播博弈的有效工具和手段，有计划、有组织地开展对外传播和宣传，在获取国内外舆论支持、反制西方舆论抹黑等方面取得较好成效，为反制西方战略压制、谋求战略主动、获取道义优势发挥了重要作用。

作为俄罗斯和西方国家“口水战”的排头兵，RT电视台在国际舆论格局中一直传递着俄罗斯的立场和声音。尤其是自2008年俄格冲突发生以来，西方媒体和政要一直没有停止对俄罗斯政府和RT电视台的指责和攻击，对RT电视台的指责主要涉及三个方面——俄罗斯政府的宣传工具、报道内容不客观以及传播俄罗斯价值观。

面对西方政府和媒体的打压和指责，RT电视台也不甘示弱，它分别通过

① 高凯、赵林:《“混合战争”——俄罗斯新战略博弈手段》,《军事文摘》2019年第13期。

自有媒体平台、其他媒体的专访以及西方研究俄罗斯问题专家学者的调查报告等多种方式、多重渠道，有理有据地进行回击。RT电视台拿出相关人士的电话记录，在社交网站上的留言以及RT电视台报道时使用的措辞等一一予以反驳和对质。考虑到西方受众对“宣传”一词的敏感，RT电视台坚决否认自己是俄罗斯政府的宣传工具。电视台总编辑西蒙尼扬在接受俄罗斯лента网站专访时明确表示，“我们不是一家宣传频道，我极度反感‘宣传’一词及其背后隐含的意义。我们是要做有思想的频道，因此我们区别于英国广播公司，我们从不假装自己没有思想，我们的频道定位为向受众提供可选择的观点和视角。如果这样也是宣传，那么英国广播公司同样是在做宣传，因为其网站上明确表示‘旨在向世界推广英国价值’。从这个角度上看，我可以同意我们是在做宣传”。美国副国务卿、曾任《时代》杂志主编七年的理查德·斯坦格尔在其博客中声称，作为一个新闻人，他知道宣传和个人观点的区别。在他看来，“宣传”是指故意散播不实或具有误导性的信息，以期影响受众。美国媒体和政要将RT电视台描绘成“宣传工具”，正是抓住了西方社会对“宣传”这个词的恐惧感，其本身便是一种“宣传技巧”。

俄罗斯RT电视台由俄罗斯政府出资打造，日常的资金来源主要是俄罗斯政府的拨款，这成为西方媒体和政府对其进行攻击的主要原因。西方媒体认为，很多西方媒体都是私有的，资金来源完全靠市场竞争和经营所得，而RT电视台却依靠俄罗斯的财政支持，这就导致了不公平的国际竞争。RT电视台总编辑西蒙尼扬则指出，很多国际媒体资金来源也并不是单一的。例如，英国广播公司和星空新闻都不是私有的，半岛电视台全部由卡塔尔埃米尔财团资助，德国之声、法国24台都是由国家资助的。就在美国指责RT电视台的同时，美国国会正拨款给美国有线电视新闻网电视台，用于加强美国的国际传播工作，并明确报道新闻并非美国之音的本职。因此，她认为是否有国家资助不应该作为评判媒体属性和价值观的唯一标准。

是否“客观真实地报道”是西方谴责RT电视台的又一个道德标准。其实，西方指责RT电视台报道不客观不真实，主要基于RT电视台的报道视角和价值观的问题，因为RT电视台总是能从不同于西方媒体报道的角度来看待问题，给受众展示出完全不同的镜头和画面，这对西方媒体和国家在国际社会的话语权构成了极大的“威胁”。西方媒体在新闻报道中执行双重标准的例子举不胜举。尤其是在2014年乌克兰危机中的国际新闻的报道，RT电视台的报道和西方媒体总是站在不同的立场和角度。

媒体国际传播博弈反映的是世界各国意识形态领域的竞争，“国家利益至上”的原则是各国媒体遵循的原则和导向。虽然美俄在国际传播博弈过程中很少直接使用“意识形态”一词，但是在以美国为代表的西方国家媒体与俄罗斯的国际传播博弈过程中，却时刻充满了意识形态竞争的火药味。美国知名的历史学家、纽约大学和普林斯顿大学荣誉教授斯蒂文·科恩教授在美国《国家》杂志上撰文指出，越来越多的美国报纸在报道俄罗斯时，抱有根深蒂固的成见，对事实视而不见，不考虑新闻语境，对问题报道不再提供至少两种以上观点，不再严格界定新闻报道与分析文章的区别，结果导致相关报道的客观性和平衡性降低。他认为美国媒体无论是对叶利钦的赞赏，还是对普京时代的指责，都“符合美国利益”。

2014年3月19日，美国新闻网站真相挖掘发表了长篇调查报道，揭示了美国新保守主义者精心策划的RT电视台女主播高调离职背后的内幕，称他们选择RT电视台具有较强的针对性，根本目的就是发动新的“冷战”。RT电视台总编辑多次明确表示，作为一个俄罗斯人，她永远站在自己国家利益的一边。同时，RT电视台将新闻报道内容锁定为“当地新闻”，成功地避免了西方社会对其新闻道德和标准的怀疑。美国学者分析指出，RT电视台学会了使用西方媒体报道俄罗斯的方式报道美国，打破了西方媒体对此类新闻事件的信息垄断，受到了那些已经厌烦了西方媒体腔调的受众的欢迎，而这一受众群体往往具有自己的思考与判断能力，并具有一定的影响力，属于“意见领袖”。RT的报道内容主要提供了对政治性主题和立场的批判性观点，还涉及对西方媒体和政治体制的挑战，而西方媒体和政治体制长期以来一直支持信息垄断，试图污蔑、无视或淹没反对者的意见。西方政府和媒体定期发布有关RT电视台频道的新闻材料，指责RT电视台的新闻报道内容和评论与客观事实不符。结果，每当西方主流媒体对RT电视台群起而攻之时，总会有一些独立的声音来支持RT电视台。在许多国家，RT电视台频道及其信息资源的受众群体的快速增长已经对西方媒体国际传播力和影响力构成了威胁，因此其必然会引起西方国家媒体和政府的反应。RT电视台始终不遗余力扩大在国际社会的影响力，力争成为俄罗斯在国际社会表达意见的窗口，RT电视台在国际社会的影响力越大，受到西方国家政府的批评和指责就越多。

在欧洲国家，尤其是在英国，RT电视台也面临着同样的压力。英国政府试图干预其后台新闻编辑政策，但是，鉴于目前RT电视台节目的市场欢迎度，西方国家试图制止或制造传播信息的障碍的做法可能收效甚微。同时，西方国家还使用了经济制裁手段对RT电视台的经营活动进行干预。2016年RT电视台分支机构在伦敦国家威斯敏斯特银行的账户被关闭，该银行隶属于苏格兰皇家银行（RBS），与英国政府关系密切。俄罗斯外交部称此行动为与英国政府达成一致的一项行动，旨在削弱使英国官方机构不舒服的新闻机构。俄罗斯政府极力抗议，并要求英国当局澄清情况。同时，英国《泰晤士报》在同一期中发表了七篇内容涉及克里姆林宫、针对福吉·阿尔比恩的“秘密宣传战争”的文章和笔记，俄罗斯媒体（卫星频道和RT电视台）再次遭到批评。同时，在国外工作的俄罗斯记者处在地方当局的不断压力下，由于种种原因对他们的骚扰也在不断增加。2016年4月底，卫星频道土耳其代理商的网站在土耳其被封锁，其总编辑克里莫夫（T. Kerimov）被剥夺了居留许可，并被禁止进入该国。同年3月，拉脱维亚当局封锁了卫星频道代理办公室，并宣布关闭了zone.lv域中的资源。同样在3月，瑞典国家安全局发表声明，指责俄罗斯进行了“心理战争”，其中强调了RT电视台和卫星频道的特殊作用。RT电视台总编辑西蒙尼扬在谈到RT电视台记者的工作情况时表示，由于RT电视台使用不同的语言进行广播，所以RT电视台有很多外国员工在工作。他们在西方国家或被召唤到大使馆接受讯问，或受到威胁、被捕甚至被驱逐出境。这些手段从很久以前就开始使用，还会一直持续。记者是一项工作，当一个人去做这项工作时，他知道自己必须做什么。记者对此并不陌生。

随着俄罗斯与西方国家之间紧张关系的加剧，西方政府和媒体越来越多地指责俄罗斯媒体RT电视台在进行“宣传”。与此同时西方媒体则被认为是“客观真实的”。在西方政府和媒体看来，它们正在从事真正的“公共关系”“战略沟通”和“公共外交”，而俄罗斯媒体则在通过媒体进行“宣传”和“传播谎言”。通过调查俄罗斯媒体参与“干涉2016年美国总统选举”行为，美国情报部门在其报告中称俄罗斯媒体为“克里姆林宫的阴谋”，是外国势力“干涉美国大选”的主要工具。

尽管受到西方国家的强大压力，以及对电视台员工的各种威胁，RT电视台仍成功地坚持表达俄罗斯对世界的看法，传递俄罗斯的声音并正在快速发展。在社交媒体中，RT电视台在油管的访问者数量不断增加，同时，RT电视台还被纳入联合国内部信息来源网络，所有这些都引起了西方政府的反感。西方政府无法忍受这样一个事实：作为主要面向国际受众的媒体，俄罗斯RT电视台已经在很多国家赢得了众多观众。这种情况引起西方国家和媒体的关注和警惕。RT电视台的总编辑表示："美国政府将我们视为危险，因为我们向观众确切展示了他们想看的东西的另一面景象。观众已经厌倦了西方主流媒体的眼光，我们为他们提供了替代方案。"[①] RT电视台的报道风格及其与西方政府和媒体的众多视角和观点的冲突使我们认识到，这种对抗体现了西方国家和发展中国家及新兴经济体国家的"软实力"与价值体系的冲突，而且预示着国际传播格局发生了重大变化，未来一段时间虽然西方媒体依旧掌控着国际传播市场信息流主动权，但是同时也出现了不同的声音。

俄罗斯媒体的国际影响力越来越受到西方的关注，西方过去曾经是该领域的垄断者，它仅仅通过西方叙事或话语来影响世界，但这样的时代已经过去了。西方媒体体系以外的其他媒体的出现，也从另一个角度向受众展现了世界的不同层面，这使西方国家感到困惑和不安。西方国家和媒体一直谴责俄罗斯媒体的"宣传"功效，证明俄罗斯媒体报道的"不真实性"和"不专业性"，但是俄罗斯媒体的影响力还在继续扩大。俄罗斯与西方之间冲突的升级，在媒体国际传播领域也得到了验证。美国国家情报总监克拉珀2016年2月在美国参议院的讲话中，并不否认华盛顿与莫斯科之间的关系会恢复到与冷战时期相似的水平。

鉴于俄罗斯与以美国为代表的西方在意识形态领域斗争的长期性和结构性特点，双方在国际传播领域的竞争不断"白热化"。尤其是伴随着阿桑奇领导的维基解密行动、"棱镜门"事件，以及世界各地出现的反美运动和美国国内的"占领华尔街"运动，美国在国际社会所塑造的价值观体系和意识形态遇到重大挑战。2014年7月，美国众议院通过建立国际传播署取代美国的广播理事会的法案，以加强美国的"对外宣传"。众议院外交事务委员会主

① Главред RT: Власти США опасаются нас, потому что мы показываем именно то, что хотят з рители, RT, 26 февраля 2015.

席罗伊斯称，2014年乌克兰危机期间的种种迹象表明，对抗俄罗斯“无休止的宣传战”是何等重要。“在这场宣传战中，我们最好的武器是美国广播理事会，但是它无用了”，“当政治强人、暴君和恐怖分子加班加点发动信息战时，掌控美国对外宣传工作的广播理事会却每月才开一次会”。[①] 与此相对应的是，俄罗斯也逐年大幅提高了对外宣机构的资助力度。在2015—2017年度预算中，RT电视台2015年的拨款为153.8亿卢布，比2014年增加29.5%，而今日俄罗斯国际通讯社2015年的拨款为64.8亿卢布，比2014年增加142.3%[②]。

2016年美国大选期间俄罗斯是否采用了黑客和大众传媒国际传播等方式干预美国选举所引发的争论，进一步加剧了俄美之间在意识形态领域的斗争。美国时任总统奥巴马在同年12月23日签署了《波特曼-墨菲反宣传法》。依据该法案，一个由国务院领导，国防部、国际开发署、广播理事会以及情报机关等部门联合参与的新部门——全球接触中心在美国成立，对外国“政治宣传和谣言”进行反制和曝光是其职能。并且，该中心拨款8000万美元建立基金会向非政府组织、民间社团、私营部门、媒体、智库和政府外专家提供资助，提升这些机构“识别和分析外国宣传与信息造假”技术。该法案声称，当前外国政府，包括俄罗斯和中国，使用“虚假信息和其他宣传手段”，破坏美国及其盟国和伙伴的国家安全目标。特别是俄罗斯，已经实施先进的和大规模的虚假信息战，试图损害美国及其盟国利益。[③] 因此，美国政府应该拟定一个综合性战略，对虚假信息和宣传予以反制，维持美国在战略传播中的全球领导力。

种种迹象表明，随着信息科学技术的不断发展进步，当前国际舆论博弈已经进入了新的发展阶段。首先，互联网所带来的信息革命以及信息技术的发展带来传播技术的革新，打破国与国的界限，使信息得以以全新的方式传播。新媒体拥有传统媒体望尘莫及的渗透能力。特别是自媒体和社交媒体出

---

① 许华：《从乌克兰危机看俄罗斯的国际传播力——兼议国际政治博弈中的传播之争》，《俄罗斯学刊》2015年第3期。

② *Нина Куриленко, Роман Баданин, Дарья Луганская*, Россия создаст новый интернет-проект для пропаганды за границей, РБК, 5 ноября 2014г. / URL: http://daily.rbc.ru/ins/technology_and_media/05/11/20 14/54592396cbb20f2381c3e089.

③ “A Bill: To Counter Foreign Disinformation and Propaganda, and for Other Purposes,” May 10, 2016, https://www.congress.gov/bill/114th-congress/house-bill/5181/text?format=txt.

现后，主流媒体的垄断地位被打破。接收何种信息，大众可以自由地选择。从另一个角度来看，任何一个外国的“宣传工作者”都可以自由地去任何国家的网站上注册，然后“外宣”就开始了。读者往往无法知道此人的任何背景。这样“于无声处”的“渗透”难以估量传播效果。其次，在国际舆论舞台上，国际舆论场和国际传播格局发生变化，以美国为首的西方国家控制的国际舆论场和国际传播格局已经被打破，美国已无法垄断国际舆论的信息流。国际社会将会掀起新一轮的宣传战、舆论战，新的渗透活动也有可能产生，“和平演变”的动作甚至不会被排除。以美国为首的西方国家不会放弃在国际传播格局中的话语权优势，这场没有硝烟的斗争本质是一场国际舆论战。

由此可见，以“媒体国际传播能力”为代表的“软实力”已经成为当今世界国际政治博弈的一个重要手段。在国际政治格局中，一个强大有效的国际传播体系是一个国家“软实力”的重要体现。借媒体之力设置国际议程，引导国际舆论导向，从符合本国利益的角度阐述和解释事件，为本国的政治行为赋予合法性，赢取国内外舆论的理解和支持，正是国际传播作为国家“软实力”的重要表现。什么样的国际传播算是成功的？我们可能无法对其进行简单的判断。国际传播与国际政治一样，国家利益至上是其核心原则。虽然新闻界一直把客观和公正作为一种职业准则，但事实证明这终究只是一种职业理想。尤其在国际新闻报道中，当面对国家利益冲突时，各国的国际传播都会有意识地考虑本国主流意识形态和国家利益的要求。

第四章　新媒体时代我国面临的国际传播格局现状和机遇

第一节　当前我国面临的国际传播格局现状

一、当前我国面临的国际传播格局

在当前的国际传播格局中，“西强东弱”的传播模式已成为困扰我国国际传播的一大难题。这其中既有政治、经济、军事、意识形态等综合国力因素的原因，也包括东西方之间长期存在的文化偏见以及传播方式和理念的差异等原因。同时，中西方媒体在国际传播领域的竞争也是当今世界国际斗争的重要表现形式之一。随着世界一体化和国际格局多元化趋势的发展，中国需要更多地了解世界，世界也需要客观地了解中国。西方发达国家借助信息传播技术优势，逐步垄断了全球信息传播的产业链，并且这种趋势愈演愈烈。很多欠发达地区和发展中国家由于丧失全球传播体系的中心地位和主导权，来自这些国家和地区的信息都需要经过层层过滤和审查，才有机会传播到目标地区和国际社会。西方发达国家借助自身的先进技术和垄断优势，根据本国利益控制了国际新闻信息的内容和流向，建立了符合本国利益和发展要求的世界新闻传播秩序。到目前为止，国际信息传播仍有一条比较明显的主流路径，西方国家在国际传播格局中的主导地位没有得到根本改变。西方国家对国际传播内容的控制能力仍然很强，只是在信息传播的方式和渠道上出现了一些新的变化。因此，当前的国际传播格局是一种复杂的国际信息传播模式。各国的国际交往活动正在形成一种国家、社会组织和个人相结合的交往形式，但多元主体的形式并没有改变国家在国际交往中的主导地位。各国也在寻找不同的传播方式，力求利用多种渠道在国际传播格局中体现国家意愿。

在当前国际传播格局中，中国已经成为一支重要力量，但是与中国巨大的市场和产业规模相比，中国距离国际传播强国的目标还有很大差距。同时，中国的信息传播技术以及国际传播方式、技巧等各方面与国际一流媒体还有一定的差距，特别是在当前日益复杂的国际格局中，要想赢得国际话语权，不仅要有强大的经济实力、科技实力、军事实力等“硬实力”，还要有强大的“软实力”。我们要增强忧患意识，加快提高国际传播能力和水平，在国际话语权竞争中占据制高点，抢占主动权。我国尚未建立起一套为世界所公认的独立话语体系，我国的媒体传播格局和体系还不成熟，还没有具有世界级影响力的媒体和具有世界影响力的传播平台。更为重要的是，把持着国际话语权体系的西方主流媒体，出于各种利益和目的，仍然对我国持有偏见和误解。近年来，随着经济持续快速发展，中国在国际社会产生了巨大影响，世界开始更多地关注中国，“硬实力”的发展促进了我国对“软实力”崛起的需要。我们要向世界说明中国，让世界了解中国，进一步增强我国在国际社会的吸引力和影响力，提升我国的国际地位，维护我国的国家利益。这就需要我们进一步提升我国媒体的国际传播能力和水平，建设与我国国际地位相适应的国际传播体系，让世界听到中国的声音，看到中国的发展，进而提升我国在世界上的影响力。

信息科学技术的快速发展带来了传播技术和方式的根本性变革，传统的传播方式和媒体空间面临严峻挑战和威胁。以互联网技术和移动通信为代表的新型媒体和传播平台的出现，正在给国际传播格局带来深刻变革，新兴媒体和社交媒体正在成为国际传播格局中的重要力量。网络技术、数字技术、移动通信技术等新媒体技术催生了多种新媒体传播形态，以网络媒体和社交媒体为代表的国际传播新业态，已经超越国界，打破了以国家为单位的传播樊篱和限制，加快了信息的传递和国际传播格局的变革。新兴媒体和传播技术彻底改变了传统媒体对国际传播的界定，改变了全球信息传播生态链和全球传播格局。我们要面对这样一个全新的传播环境：传统媒体和受众的单一传播模式，已经由于新型传播技术和手段的出现变为互动的、多对多的传播模式；传统的固定时间、渠道的线性传播已经被不受时间和空间限制的多元化传播方式所取代；传播内容也从单一的文本、图片、音频、视频形式转变为多媒体形式。各国媒体都在积极适应新的传播趋势，打造多媒体平台，制作多元化内容。充分利用多种传播渠道进行传播，已是大势所趋，国际传播已经进入一个新的时代。与之相适应的，新媒体环境下的国际传播理论也在酝酿新一轮的重构，以解释全球范围内发生的新的传播现象，归纳出具有普遍意义的传播规律。新媒体时代的到来，使传播方式多元化，大大提高了信息传播的速度和频率，这也使得信息爆炸成为新时代全人类共同面临的问题。在海量的信息中，任何一个接收者都更难从传播者那里直接获得信息，也更难分辨真假，舆论的传播和防范也更加困难。此外，在新媒体时代，信息传播高度依赖于新兴的传播和互联网技术，要想高效、快速、最大限度地进行国际信息传播，就必须依靠先进的信息和网络技术。因此，大数据、人工智能、云计算等新兴信息技术的发展直接影响着一个国家国际传播能力的强弱。新媒体时代信息传播的国家界限被逐步淡化，信息共享程度大大提升。但是，由于文化的差异和价值的多元化，在未来的国际传播格局中，信息安全将受到严峻的挑战。同时，新媒体时代国际交流的开放性和多元化，也为国家和公民的信息安全以及公民的话语权带来巨大威胁。为了防止敌对势力和分裂势力的侵蚀，提高网络信息安全，保护公民隐私，维护国家信息安全，也已经成为各国媒体和网络管理的重点。

随着新兴媒体的出现，传统媒体受到了巨大冲击。尤其是在互联网和社交媒体的冲击下，传统的纸质媒体迅速衰落，世界上许多老牌报刊相继倒闭或者停刊。然而，脸书、照片墙、推特等新兴社交媒体平台在短时间内却聚集了大量国际用户，成为大家交流的重要平台和渠道。许多传统媒体也逐步开始利用新型传播技术和手段，创新传播方式，扩大自身的传播范围，将传统媒体与新媒体传播方式相结合，最大限度地扩大其影响力。面对新兴媒体，世界各地的外国宣传媒体都感受到了压力。虽然移动互联网和社交媒体并没有从根本上改变国际传播的力量平衡，但却改变了国际传播的力量比例。参与国际交流的力量更加多元化，影响因素更加多样化。2018年是全球互联网发展具有里程碑意义的一年。据国际电信联盟（ITU）估计，全球互联网用户比例首次超过50%。用户超过1亿的网站和应用程序大量出现。一些大型网络平台的活跃用户数量已经超过了中国的总人口数。例如，脸书拥有22亿活跃用户，油管拥有18亿活跃用户。我国部分移动应用和社交平台的海外活跃用户数已经超过1亿。无论是从用户数量和对用户的理解上，还是从技术水平和资本规模来看，传统媒体与新兴媒体相比都不具备优势。

新媒体时代的到来，对国际传播格局产生了深刻的影响。受众接受信息的方式也从看电视、听广播、看报纸变成了看手机。并且有些优质内容，经过一次传播以后，在受众之间又进行了二次甚至多次传播，极大地提高了传播效率和范围。而新媒体时代的技术手段使媒体能够“刻画”受众，并根据受众的地域、年龄、兴趣等进行更精准的传播。新媒体的点对点传播形式，不仅打破了西方传统媒体的信息垄断，而且也建立了渠道与内容之间的产业结构关系。信息结构化是在开放的社会环境中完成的，点状接受者决定了信息被结构化后以何种方式呈现出来，传统媒体的结构功能和渠道影响力急剧下降，这为突破西方媒体的话语垄断创造了有利条件。

当前，世界各国政府高度重视加强各自国家的国际传播能力建设，充分利用传统媒体和各种新媒体，在国际社会传递自己的声音，积极传递政治价值观，塑造国家形象，扩大在国际社会的影响力。近年来，随着国际地位和综合国力的不断提高，虽然中国在国际传播格局中话语地位还没有达到完全的改变，但经过不断努力，目前国际舆论格局已经出现松动，中国在国际话语权竞争方面遇到了一个机遇期。抓住机遇，就会有重大突破。虽然目前的国际舆论格局仍然是“西强东弱”，但是随着国际格局多元化时代的到来，国际传播的格局将有所松动。

第一，随着新兴市场国家的崛起和世界多极化格局的出现，“西强东弱”的国际传播格局已经逐渐开始松动。一方面，商业化氛围浓厚的西方媒体开始大幅减少国际新闻的报道数量，追求刺激性新闻报道和负面新闻，以便吸引大众的眼球。这使得西方媒体降低了感知世界的能力，随之而来的是媒体公信力和国际竞争力的下降。另一方面，随着RT电视台、半岛电视台等新兴国际媒体的出现，西方媒体开始惊呼“非英语新闻的兴起”。[①] 半岛电视台卫星频道是一个独立的阿拉伯语频道，从1996年11月开始每天播出6小时的节目。在接下来的几年里，它每天24小时播送全球新闻和报道，几乎覆盖了世界的每一个角落。在半岛电视台的手册中写道，阿拉伯的电视节目变得不再相同，原因来自半岛电视台。[②] 半岛电视台以其强大的国际影响力被誉为“阿

① 刘笑盈：《再论一流媒体与中国的话语权时代》，《现代传播》2010年第2期。

② 李希光、周敏：《非西方媒体如何在全球化时代营造自己的品牌——半岛电视台案例分析》，《新闻实践》2003年第9期。

拉伯国家的CNN”。从1999年2月起，半岛新闻电视台实现了24小时播出新闻节目的目标。现在不仅在阿拉伯世界，在美国、欧洲，阿拉伯人民或关心阿拉伯世界的人都可以通过卫星看到这个“阿拉伯国家的CNN”。无独有偶，成立于2005年的俄罗斯RT电视台，经过短短十几年的发展，也在国际传播格局中占据了一席之地，发出了与西方媒体报道完全不同的声音。以半岛电视台和RT电视台为代表的非西方国家媒体的崛起，打破了西方媒体长期以来对国际传播格局的垄断，同时也打破了西方媒体垄断的国际话语权。

第二，近年来，随着中国经济的快速发展和综合国力的不断提升，中国在国际社会影响力不断扩大，全世界的目光都聚焦到了中国的身上，中国成为世界舆论关注的焦点，2009年世界媒体峰会上各国的共同心声——“感叹中国潜力、盼合作谋共存”生动体现了这一点。传播力决定影响力，影响力决定话语权。当今时代，谁拥有先进的传播手段和强大的传播能力，谁的价值观能够被广泛传播，谁就能控制话语权。随着中国经济的快速增长和国际地位的迅速提高，在世界上的传播力和影响力逐步增强，中国的国际传播能力在国家整体外交战略中的作用日益突显，全世界都在关注中国，这对中国来说既是机遇也是挑战。在世界的聚光灯下，所有的成就和不足都将被突显和放大。这就要求我们善于抓住历史机遇，利用当前有利的国际环境，不断提升我国在国际社会的话语权。正是因为有了世界关注的目光，我们才有了在国际舞台上展示自我、表现自我的机会，这也是当前形势下，我国在国际传播格局和国际话语权竞争中取胜的关键所在。

纵观多年来西方媒体对我国关注和报道的主题，大部分是涉及政治方面的负面报道，直到今天这种局面也没有得到根本改变。但是，进入21世纪以来，随着我国国际地位的不断提升，以及国际交往的不断加强，经济、贸易、环保、能源、文化等各领域对中国的关注逐步增多，这也为中国在国际社会发声提供了更多机会和条件。随着国际问题的增多，中国在国际社会发言的机会大大增加，中国的思想、观点和文化正日益为世界所认可和接受，这也为中国国际话语权的提升提供了良好的机遇。但我们也不难发现，许多国际问题的主导权仍然掌握在西方少数发达国家手中，中国在一些国际议程的设置上仍然处于被动地位。我们只有努力扭转这一被动局面，努力在国际社会议程设置中发挥更大作用，才能从根本上推动中国国际话语权现状的真正改变。

第三，随着信息科学技术的快速发展，以网络媒体和社交媒体为代表的新兴媒体正在深刻改变着人类的信息传播方式和国际传播格局。随着人们生活水平的不断提高和信息通信技术的不断发展，手机已经突破了身份和阶级的限制，成为人们日常生活中必不可少的一部分。以手机为视听终端设备的网络媒体和社交媒体早已融入人们的日常生活中，并发挥着不可替代的作用。在传统媒体行业中，媒体的传播内容一般都经过专业的媒体工作人员加工和制作以后，再进行传播。但是，在当前国际传播环境下，每个人都既是传播主体，同时也是客体，受众本身就是信息的生产者和传播者，相比传统媒体时代，受众具有更高的参与度和影响力。同时，传统媒体的传播渠道通常是单向的，受众只能被动接受，不能给予反馈。新兴媒体则具有多渠道、全方位、互动式传播的特点，颠覆了传统媒体单向传播的方式。例如，在移动互联网用户、手机杂志、手机视频、二维码等应用中，用户不仅可以“消费”这些内容，比如浏览、观看，还可以与这些内容互动，如进行评论、点击查看等。不仅如此，通过手机还可以实时转发信息，手机报、电子杂志等一些文件可以不受限制地转发给他人。由此可见，手机、互联网等传播工具的传播效率远高于传统媒体。以互联网为代表的“信息高速公路”每天不断为现代人提供大量的信息。互联网的开放性、便捷性和交互性使人们能够随时获取大量的信息并参与其中。移动媒体的出现，将现代人推向了一个更加多样化和便捷的环境。移动媒体的出现给现代人带来了一个全新的世界，从那时起互联网就被放进了人们的口袋。这是一个信息高速运行和更新的时代，也给我国对外交流带来了巨大的机遇和挑战。根据手机媒体的视听特点和内容要求，积极制作不同长度、不同风格的视听产品，把握草根传播的广泛性、即时性和针对性，将成为一种有效的传播途径。提高传播效率有助于加强对公民的引导和教育，提高公民的素质，同时促进国际传播的进步和国际话语权的竞争。

新媒体的出现和发展，彻底改变了国际传播的格局，深刻影响了各国媒体的发展和变革。我们要及时掌握和运用新媒体技术和手段，充分利用多种传播渠道和方式，在国际社会发出中国声音，展现中国形象。在新旧媒体并存发展的时期，随着新媒体的不断发展壮大，我国的国际传播工作也要与时俱进，积极运用新媒体技术手段，多渠道开展新形式的国际传播，为国际传播格局的变革和发展作出自身的贡献。

二、当前国际传播格局的发展趋势

在全球国际传播的竞争和博弈当中，美国凭借自身的各种先天优势，占据主导地位，掌握了国际舆论格局的主动权。然而，随着信息通信技术的创新发展，美国的主导地位受到了严峻的挑战。曾经主导世界传播格局的美国有线电视新闻网、英国广播公司等传统大国媒体都面临着严峻的挑战，非西方国家媒体中国之声、RT电视台、半岛电视台等一些新兴媒体正在奋起直追，瓜分世界传播格局的份额。但是，其仍然难以从根本上改变国际社会信息传播的不平衡格局。当前，世界互联网的控制权仍然由美国掌握，它控制着技术、资本和文化。美国掌握着互联网的先进技术、网络信息流的控制权，牢牢把握着世界互联网行业的主动权，进而掌握着全球互联网的控制权。

随着媒体传播方式的变革和传播技术的发展，新媒体传播方式和业态的出现为国际传播格局的改变提供了可能。由于网络媒体、社交媒体等新兴媒体的出现，国际传播格局出现了新的变化。首先，新媒体的出现，增加了国际社会信息传播方式和手段的多样性，既增加了国际传播产业链中的信息量，也大大丰富了国际传播格局中信息传播的手段和方法。传统大众传媒在信息制造方面相对单一，长期以来形成了固定的信息生产传播模式。新媒体的出现，在一定程度上改变了信息生产传播模式。各种新媒体的服务内容与传统媒体相比发生了很大的变化。新媒体除了快速、及时、大规模地传播新闻和各种信息外，它还提供更广泛、更多样化的内容和服务，如影视、体育、娱乐节目、游戏、通信、电话、短信、文件、图片、数据、音像资料等。博客、微博、论坛、电子商务、社交媒体等的出现，也极大地丰富了信息传播的渠道和方式。随着信息技术的不断发展，互联网和社交媒体已经成为国际社会广大受众交流信息和意见的重要平台。以脸书、推特为代表的国际化社交媒体平台，在世界许多重大突发事件中发挥了重要作用。在这些事件中，当报纸、电视、广播等传统新闻媒体由于某些客观原因无法正常、及时地传播新闻时，人们往往通过社交媒体平台及时迅速发布实时新闻信息，甚至提供第一手的现场信息，为人们了解事情的真相争取了宝贵的时间。其次，通过互联网和社交媒体平台，人们可以突破地域、时空的限制，突破国家间国际传播的信息壁垒，使信息在全球范围内传播得更广、更深、更快。传统媒体，无论是报纸、广播还是电视，在国际传播格局中都有一定的局限性，其发行和接受受地域和时空的限制和影响比较大。互联网和新媒体的出现，打破了传统意义上的国界限制，使用互联网和新媒体平台的受众可以在互联网上自由地浏览、检索、下载和转发信息，并对互联网上的人和信息快速作出回应和互动。这些技术和平台的应用打破了传统媒体的地域局限性，使信息传播能够跨越时空，超越现实的地域管理界线，实现全球范围的直播，使人类“地球村”的梦想成为现实。最后，互联网和新媒体平台的出现，改变了国际格局中的传播主体和受众群体。传播主体多元化，既有传统的大众传媒，也有新兴的信息服务提供者，既有政府机关，企业，教育、科学、文化、卫生等机构，也有普通公众。在新媒体环境下的国际传播格局中，互联网和移动通信设备已经成为国家传播的重要平台和工具，各种传播主体和客体自觉或不自觉地通过各种平台传播和交流着各种信息，并逐渐成为国际传播格局中的重要支柱。互联网连接着世界上所有的国家和地区，任何人只要具备接入互联网的条件，都可以摆脱相对封闭的区域信息环境，进入一个开放、无边界的信息空间。事实上，由国家控制的官方媒体进行传统意义上的国际传播，声音单一，传播范围有限，只能体现国家的官方形象。随着互联网和新媒体的发展和普及，普通大众已经加入国际传播和国家形象塑造当中。在当前国际传播格局中，具有官方背景的信息难以被国际受众接受和信任。而新媒体承载着整个社会形象，包括经济、政治、文化等各个方面，更容易被国际受众接受。

新媒体的出现，给国际传播市场带来了重大变化。一是打破了传统媒体对信息流通市场的垄断，出现了海量信息的传播格局；二是随着媒体运营成本的增加，新媒体增加了数字信息的进入壁垒，导致数字信息应用中出现了数字鸿沟；三是新媒体前所未有的社会渗透能力和新媒体带来的数字鸿沟，使国际传播中形成的话语霸权空前强大。媒介的发展本身就是一个过程，媒介的发展离不开外部环境的变化。媒介的外部环境与媒介自身的发展是一种相互建构的关系。当今世界各国都在努力改进媒体技术，加强其在国际传播中的应用。在新媒体蓬勃发展的今天，国际传播日益呈现出新的趋势。

人们通过电脑和手机接入互联网，在平等的基础上制作、构建、上传、合并、重构内容，进行沟通和交流，从而发展出参与和融合的文化。用户的新闻消费方式正日益向社会化和视频化转变。技术可以建设文化，文化可以同时影响技术的发展。因此，把握新媒体未来的发展方向，对于预见国际传播和全球文化的发展趋势具有重要意义。基于当今科技发展和热点领域，未来新媒体的发展趋势将基本集中在以下几个方面。

第一，社交媒体等新媒体成为大众传播信息的主流平台。

随着互联网和信息通信技术的快速发展，社交媒体逐步成为人们日常生活中信息传播的主流平台，并渗透到社会生活的各个领域。人们通过各种社交媒体平台建立了一整套国际传播的大众网络体系。脸书、推特、微信等社交媒体作为大众自我传播的媒介，将人们连接成一个电子虚拟社区。人们发出的每一条信息都在这里传播，它被其他人以不可思议的方式转化，并继续传播。这个虚拟的电子社区已经从本地扩展到全球。另一方面，脸书和推特已经成为年轻人上网时间最长的地方。可以清楚地看到，在美国，社交媒体已经成为年轻人信息来源渠道的主流渠道。

第二，应用新媒体平台的人本传播将更受欢迎。

随着新媒体的兴起以及随后商业模式和信息模式的变化，信息生产者可以根据不同受众的需求生产和传播不同的信息传播内容。Web2.0媒体最具影响力的变化是在此基础上用户生成内容和信息转发，以及由此衍生出的人际媒体。当更多的人为因素加入新媒体中，其信息传播形式也会呈现出自我提升和裂变式传播。简单地说，它的传播路径比传统媒体更加透明，公众可以在传播过程中发挥组织作用。用户在转发过程中的评论往往比原始信息更有价值，因此信息的内容可能会逐渐增加。同时，基于新媒体的传播，信息的传播很难完全阻断，其传播速度极快，受众范围也非常广。在新媒体快速发展的今天，受众的广泛参与为国际传播模式的改变注入了强大的动力。

第三，手机、移动互联网会成为未来新媒体发展的重点方向之一。

随着科学技术的不断进步，手机作为移动互联网媒体最重要的载体，极大地满足了各级移动用户的需求，并不断渗透到人们生活的方方面面，塑造了新的生活方式。作为未来新媒体领域日益增长的热点，移动互联网在国际传播和国家形象建设方面将发挥越来越重要的作用。

第四，媒体融合或成为未来国际传播领域新的生长点。

随着媒体融合的不断进步和发展，未来的国际传播和国家形象塑造也可以依托各种新媒体平台进行，在未来全媒体传播环境中展现出更强的竞争力和影响力。无论是新旧媒体的融合，还是新媒体与新媒体的融合，都将成为未来国际传播领域新的增长点和立足点。

媒体是社会的信息源，是国际交流的重要手段。随着通信技术，特别是数字和网络技术的飞速发展，国际通信业获得了巨大的发展机遇。新媒体速度快、互动性强等优势，使新媒体成为政府影响舆论、树立国家形象的重要工具。新媒体在一定程度上改变了当前的国际传播格局，新媒体的加入使国际传播生态和秩序得以重构。人们重新利用社交网络和电子传播媒介构建自己的身份，给整个社会带来了潜在的改变。全球化不是当今生活的附属品，它改变了我们的生活环境和生活方式。

在全球化时代，随着信息科学技术的不断进步和发展，信息在全球范围内的快速传播已经成为媒体国际传播发展的必然趋势。信息的快速传播，逐渐弱化了个体生活的差异，全世界开始共享同样的生活方式和生活体验。全球化和技术创新正在加速这种一体化的趋势，世界逐渐连成一体。媒体国际传播格局的快速化与全球化的进程本质上相辅相成。二者相互促进，协调发展，形成了一个全球化的环境。原先存在于不同文化和地区之间的物理空间和思想文化方面的鸿沟，也在新媒体的影响下开始发生变化。

第二节　西方国家和媒体在国际传播格局中的优势和特点

西方国家由于其发达的综合国力长期以来在国际社会中占据优势地位，维护了西方媒体主导的国际传播秩序，而西方媒体强大的国际传播力，又直接或间接地加强了其国力。

一、西方媒体在国际传播格局中的优势

国际传播战略是一个国家为了维护国家利益，提升国际影响力而设计出的一整套针对其他国家和地区受众的传播计划。西方国家媒体经过长期的积累和发展，在国际传播格局中已经具备了优势地位，主要原因如下。

（一）全球意识与战略眼光

第一是全球意识。纵观具有国际影响力的西方媒体，它们普遍具有较强的国际格局和全球视野，并坚持国内和国外市场并举的传播理念和规划。这种国际格局和全球视野一方面是国家战略发展的需要；另一方面也是西方国家媒体进行全球扩展，建立国际传播网络和体系，控制国际话语权和主导权的根本遵循和战略前提。例如，英国广播公司成立之初提出的发展战略目标之一就是“把世界带到英国，把英国带到世界”，这充分体现了其全球意识和战略眼光。美国之音也以多种语言同时向世界各地广播，传播美国文化和信息，以实现美国的全球国家战略。与美国之音相比，美国有线电视新闻网虽然商业氛围相对较为浓厚，但其全球战略意识也在其日常运作中展现得淋漓尽致。从创办之初它就主张创办全天候新闻电视台，为全世界受众及时、快速地播报发生在世界各地的新闻和事件。西方媒体的报道相对具有全球化视野和优势，即使一些新闻事件与本国政府没有太大的直接利害关系，但是只要其对世界政治经济或国际环境有影响，它们也会予以及时关注和报道。

第二是战略眼光。西方媒体善于对事关全球的重大问题进行长期的、前瞻性的报道，并且善于找到受众关注的焦点。对于国际化媒体来说，在复杂的国际政治、经济和社会环境中，争取和掌控国际话语主动权，扩大在国际社会的影响力，必须有明确的国际传播战略和实施计划。纵观世界级国际传媒集团，其在发展过程中都有明确的国际传播战略。

（二）成熟的策划力与营销力

“在信息和媒体技术飞速发展的国际传播环境中，全媒体融合已成为必然，‘融合新闻’已从新理念、新目标转变为国际新闻报道与策划的常态。”[①] 西方主流媒体积极应用新媒体传播技术，对原有媒体组织结构和流程进行重组，积极适应新媒体技术传播环境下的国际传播，使主流新闻媒体在新形势下的国际传播环境中掌握了更多的话语权和主动权。西方媒体在媒体融合方面进行了许多前沿性和实验性的尝试和探索。比如美国的有线电视新闻网和脸书在iReport网站上合作，福克斯新闻频道和聚友网（MySpace）在uReport

① 刘肖：《国际传播力：评估指标构建与传播效力提升路径分析》，《江淮论坛》2017年第4期。

网站上合作，策划公民新闻的媒介整合报告。[①] 此外，西方媒体还创新采编流程，将审稿纳入编辑流程，创新新闻生产方式，重构背包记者、流动记者等报道范式。西方主流媒体不仅善于设计和策划具体的新闻呈现方式，而且在媒体的推广营销、内部管理、形象策划等方面都有一套相对成熟的机制。为了适应新媒体环境下的国际传播格局，法国国家电视台自2009年起专门成立了新媒体技术研究部门，对整个行业的技术创新进行研究，对集团公司内部的业务进行评估和指导。以迪斯尼、时代华纳等为代表的大型媒体集团都有成熟的营销模式，能够调动各种力量，及时快速地对新闻产品和媒体进行全面、立体的宣传策划。早在20世纪，美国媒体就已经开始面对不同的受众人群，制作不同的新闻产品。比如美国著名的《时代周刊》，每期全球发行60个不同的版本，以适应不同的国家和地区不同受众群体的不同需求。

（三）权威性与公信力

媒体的权威性和公信力是指“新闻媒体具有的一种被社会公众所信赖的内在力量，是传播媒介所具有的能够赢得受众信任的各种专业品质与能力的总和，是受众基于自身体验所形成的对媒体的信誉度和影响力的一种判断和评价”。[②]

在大多数发展中国家的国际传播学研究视角中，西方媒体的权威性和公信力并未得到充分肯定。但是在现实中，西方国家主流媒体经过历史的沉淀和积累，虽然权威性和公信力开始受到质疑，但是凭借其综合实力依然在国际传播格局中占据了重要的位置，成为国际社会主要信息源。西方媒体公信力之所以得以树立，不仅因为其成熟的全球信息源网络，能够帮助其快速、大量收集和传播各种信息，还因为其善于对国际问题的背景进行挖掘并进行深层次详细的分析报道，赢得了国际受众的信任和支持。

（四）强大的舆论引导力与组织动员力

传播者运用信息传播手段，对公众意见进行定向的影响和塑造，对舆论运行过程进行协调与平衡，最终形成主导性的综合性舆论的能力，即舆论引导力。[③] 长期以来，西方媒体借助其强大的综合实力，一直控制着国际舆论的

① 刘肖：《国际传播力：评估指标构建与传播效力提升路径分析》，《江淮论坛》2017年第4期。

② 郑保卫：《公信力的客观评估标准》，《新闻与写作》2008年第10期。

③ 刘肖、董子铭：《舆论引导力的学理解读》，《当代传播》2012年第3期。

形成和导向。西方媒体通过其成熟的全球网络，娴熟的报道技巧和方法，对国际问题和新闻事件进行快速、全面、深入、有针对性的分析报道，快速吸引了国际受众的广泛关注，使受众能够从不同的视角，根据信息的提示和自身的视角关注和参与国际事务，从而逐步加强或者改变受众对这一问题的看法和态度，进而影响受众的认知，影响国际舆论环境，影响国际关系进程。西方国家善于很好地利用媒体优势，进行议程设置，从而为实现自身的战略利益营造良好的国际舆论环境。纵观众多历史事件，每当西方国家准备在国际社会采取某种行动或者推行某种政策时，它们事先在国际社会都会营造一种有利的舆论环境，说服民众。“新媒体时代，西方媒体更是可以通过其在互联网技术和传播手段上的优势，强势介入国际社会的议程设置，影响国际社会的关注点，使国际舆论朝着有利于维护西方国家利益和霸权的方向发展。”①

在国际新闻报道中，与本国关系不大的国际事件和国际问题的变化很少能引起他国民众的持续关注。但是一旦涉及本国国家利益，广大民众的声音就会在媒体上被迅速放大。西方媒体具有挑衅性、情绪化的报道方法和手段已经非常成熟。西方媒体善于通过传播信息，有效地影响国际受众的情绪和观点。在动员公众之后，西方媒体通常继续关注能够加强组织动员力的事件报道，对干扰弱化动员的信息和新闻关注较少，甚至忽视。

（五）价值观传播与文化渗透

二战结束以后，世界文化和价值观主流一直被西方国家和媒体所控制。西方国家仍然控制着全球电影、电视节目、流行音乐和书籍的制作和大型传媒集团。截至20世纪末，世界基本形成了以美国为首的西方国家主导的全球信息传播体系。美国媒体的新闻信息传播量约占世界信息总量的90%。有线电视新闻网、英国广播公司等西方发达国家媒体发布的信息量是世界其他国家发布信息总量的100倍之多。全球75%的电视节目和60%的广播节目的生产和制作都被西方国家媒体和企业控制着，美国的电影总产量约占世界电影产量的6%—7%，但是放映量却占据了世界电影放映时间的一半以上，全球互联网的主导权也被美国政府牢牢把控着。西方世界的价值观和文化时刻在

① 王庚年:《国际舆论传播新格局研究》，中国国际广播出版社，2013，第46页。

以不同的方式传播到世界各个角落。

二、美国国家战略传播体系

美国国防科学委员会2004年9月发布的《战略传播报告》首次提出了美国国家战略传播体系的组织和结构，即奥巴马政府2010年公布的《国家战略传播构架》中所描述的国家战略传播体系。其中，“公共外交”由美国国务院负责，主要指美国政府对世界其他国家人民进行的国际传播和与他们的文化教育交流活动。它还包括由美国政府指导或资助的非政府组织针对外国人民进行的活动。其主要目的是宣传美国的外交政策和价值观，增强其他国家民众对美国社会制度、历史、文化和外交政策的认识和了解，赢得他们的认同和支持，营造有利于美国的国际舆论环境，影响外国政府对美国的外交政策和方向，从而维护美国的国家利益、安全和全球霸权主导地位。“公共事务”是美国国务院和国防部主导的，用来影响美国媒体和公众的一种传播活动。由于公共事务与公共外交的对象不同，导致了其目的、资源配置和组织方式的差异。然而，两者使用的工具和方法具有相似性，它们的受众都包括外国和当地公众。在全球化快速发展的今天，两者之间的差异已逐渐失去意义。“国际广播”由美国广播理事会监督，主要包括五大广播网络：美国之音、自由欧洲电台/自由电台、自由亚洲电台、马蒂广播电视台和中东广播网。它们是由政府资助的，通过调频、短波、电视和互联网将节目传播到世界各地。它的任务是“通知、联系，以支持自由和民主”。“信息作战/心理战”是美国军方和情报机构夺取信息控制权、瓦解敌方战斗精神的作战方式，包括电子战在内的领先的秘密通信活动，计算机网络战、心理战、信息战等，旨在影响外国政府、机构、组织和个人，以实现军事和国家安全的目标。美国进行国际战略传播的根本目的是通过信息的传播，实现对国内外受众对特定战略事项的认知操控，影响他国的官方认知和评估，从而影响他国政策，使他国作出有利于美国利益的官方决策，从而实现美国的战略目标。

1950年7月美国国家安全委员会制定的《国家心理战计划》（NSC74）将宣传分为三类：白色宣传（公开表明信息来源）、黑色宣传（故意隐瞒信息的真实来源）和灰色宣传（未说明信息来源）。时至今日，美国在实施战略沟通的过程中，仍沿用上述基本的宣传模式。通过精心设计的公开和隐蔽动作，其沟通行为往往能产生较强的穿透力和扩散力，取得“润物细无声”的效果。

一是白色宣传。白色宣传是指美国政府通过公开活动进行的宣传，包括美国政府的官方公开声明、美国政府的公共外交、美国官方资助的教育文化交流以及美国国际开发署的援助和培训项目等。白色宣传最显著的特点就是它的开放性，沟通者不会隐藏自己的身份，也不会隐瞒自己的观点。在2014年乌克兰危机中，以美国为代表的西方国家一致公开把矛头指向亚努科维奇政府和俄罗斯总统普京。2013年12月5日，美国国际开发署控制的国际选举制度基金会在其官方网站上发表了一份调查报告，公布了自己对乌克兰政治、经济等相关领域的调查结果，声称乌克兰有87%的民众对国内经济形势不满意，79%的人对当时国内政局不满意。报告表面看来客观中立，实际上完全是对亚努科维奇政府的否认和攻击。美国国际开发署还赞助和运营了乌克兰的“乌克兰媒体项目”，制作了1500多个电视节目和电台特别节目，培训了3700名乌克兰媒体专业人员，并制造了大量对亚努科维奇和俄罗斯政府乌克兰媒体人的仇恨。在西方媒体上，充斥着关于俄罗斯、中国和朝鲜等国家的各种负面新闻。俄罗斯总统普京被描绘成一个“独裁者”，西方媒体从个人财富、家庭生活到政界、商界朋友圈，极力诋毁其声誉和形象。

二是黑色宣传。黑色宣传是秘密进行的一种宣传活动。美国中情局、国防部等机构开展的宣传活动大多属于这一类，包括秘密控制国内外媒体，通过收买国外专家学者等进行渗透和宣传活动。

美国中央情报局操纵各种所谓的私人资金进行黑色宣传。以亚洲基金会为例。基金会的宗旨是促进东方学术发展和公益事业发展。事实上，中央情报局经常通过这个基金会的官员和成员向许多亚洲国家的学者提供信息。中情局一直重视图书出版在意识形态渗透中的重要作用。根据美国教会委员会1976年的一份报告，中情局的秘密图书出版计划要求出版图书不要顾及商业利益，而是要出于行动的需要，倡导并资助当地国家或国际组织的图书出版或发行。如果公开联系可行，可以直接资助作者的方式鼓励外国不知名作家撰写政治类书籍，要不然就通过文学经纪人或出版商间接赞助这些内容。黑色宣传通常是隐蔽的，具有很强的欺骗性，发布者往往伪装成权威媒体组织，其发布的信息往往是捏造或伪造的，但是受众由于很难意识到自己接触到的信息是虚假的、伪造的，受到黑色宣传信息的影响而毫无抵抗力，因此黑色宣传又被称为“有意造假或虚假的宣传”。

三是灰色宣传。介于黑白宣传之间的“灰色宣传”，是指一个组织或个人受到某个官员或某个特定组织的秘密操纵和支持，以自由、灵活的方式进行的符合官方或特定组织立场的舆论传播。从宣传主体的角度看，灰色宣传主要是利用非官方的民间“意见领袖”及其“专业”“身份”的潜在影响，引导受众接受符合宣传意图的观点和主张。从宣传对象的角度看，它注重运用受众有选择性的注意、理解和记忆。因为在西方国家，人们一直有“与政治不合作”的传统心态，因此，通过非官方资源“借口说话”可以成为提高宣传公信力和有效性的重要途径。从宣传手段和方法上看，主要是通过过滤来源、控制流量、设置议程，或者利用艺术性方式，使宣传成为影响受众认知框架的“看不见的手”，使“不像宣传的宣传”达到预期目的。灰色宣传主要是以非政府组织或个人名义开展，通常不暴露宣传者，使受众无法确定宣传主体的身份。这种宣传方式主要有三个优点：一是避免了“宣传”的嫌疑，使受众容易接受；二是在不影响宣传者声誉的前提下，传播特殊内容；三是不暴露宣传者的真实目的，不说明新闻来源，起到试探的作用。例如美国经常支持一些国家的亲美媒体进行有利于美国的宣传活动。阿富汗和伊拉克战争结束后，当地就出现了大量的亲美报纸、杂志、电台和电视台，其中许多是由美国国防部和国际开发署资助的。

第三节　美俄国际传播博弈对我国的影响及启示

一、美俄国际传播博弈对我国的影响

美俄之间国际传播博弈日趋激烈，尤其是在俄罗斯传媒力量在国际社会影响力的扩大，对以美英等西方国家传统媒体在国际社会的新闻信息垄断地位带来了挑战之后。随着中国经济的快速发展，国际地位的不断提升，媒体国际传播能力的不断提高，中国媒体的国际传播能力也逐步成为西方政府和媒体关注的焦点。研究RT电视台与西方媒体竞争的过程可以发现，RT电视台、中国国际电视台、半岛电视台等新兴国家媒体被共同视作西方政府和主流媒体的竞争对手。2017年年底，美国特朗普政府通过的第一份国家安全战略报告直接将中国与俄罗斯共同列为国家发展的对手而非伙伴。随着美中关

系的竞争不断加剧，2020年2月18日，美国官方将新华社、《中国日报》美国发行公司、中国国际电视台、中国国际广播电台、《人民日报海外版》美国总代理（海天发展有限公司）5家中国媒体驻美机构列为“外国使团”。作为反制措施，中国政府于3月18日对等要求美国之音、《纽约时报》、《华尔街日报》、《时代周刊》、《华盛顿邮报》5家美国媒体驻华机构向我国外交部新闻司申报在中国境内所有工作人员、财务、经营、所拥有不动产信息等书面材料。同年6月22日，美国政府再次宣布将中国中央电视台、《人民日报》、《环球时报》和中国新闻社4家中国媒体列为“外国使团”。作为对美国上述行动的反制措施，中国政府宣布，要求美国联合通讯社、美国国际合众社、美国哥伦比亚广播公司、美国全国公共广播电台7日内向中国政府申报在中国境内所有工作人员、财务、经营、所拥有不动产信息等书面材料。中方上述措施完全是被迫对美方无理打压中国媒体驻美机构进行的必要对等反制措施。上述种种迹象表明，美方的有关做法基于冷战思维和意识形态偏见，充分暴露其自我标榜的“新闻自由”的虚伪性，另外也反映出美国对我们的敌对心态和打压态势从未停止。

（一）对我国进行公共外交活动

美国《反宣传法案》明确要求设立基金会，用于定向支持智库、非政府组织、媒体组织、政府外部专家、私营部门和民间社团开展反宣传研究，其本质是为对外公共外交活动提供专项资金支持，以提升美国形象。事实上，美国是公共外交最早的起源地。1965年默罗公共外交研究中心成立之时，美国外交官埃德蒙·格里恩就首次提出了“公共外交”（Public Diplomacy）一词。格里恩认为，公共外交就是通过传媒、电影等信息中介影响目标国人民的态度，从而影响其政策的外交方式。1983年，美国政府发布了《与国家安全相关的公共外交管理》，赋予公共外交支持国家安全的职能。“1989年，美国公共外交咨询委员会前主席埃德温·富尔勒提出，公共外交是通过向其他国家的公众解释美国的政策，向其提供美国社会和文化的信息，协助他们体验美国人民丰富的生活，为美国政府决策者提供境外舆论的咨询。”[①] 2000年，美国官方重新定义了公共外交，称公共外交是指通过国际交流、信息媒体、民

① 靳敏：《美国公共外交机构的演变历史》，《黑龙江史志》2015年第5期。

意调查和支持非政府组织加深对公众的了解并对其产生影响，加强美国政府和民众与国外人民的交流，缓解国外对美国的误解，改善他国眼中的美国形象。因此，美国从不回避设立相关机构以开展公共外交活动。由此看出，我国相关部门和人员要时刻提高警惕，保持清醒头脑，准确分辨相关机构和人员的动机和背景，积极应对国外相关机构和个人对我国进行的公共外交活动。

（二）对我国进行宣传战

根据美国《反宣传法案》成立的美国全球接触中心的主要职能之一就是对外国进行政治宣传以及对外国宣传进行反制和曝光，并且矛头直指中俄两国。所谓反制和曝光就是对敌对人物和势力的行为进行有效的回击和公开揭露。无论是反制还是曝光，都是冷战时期美苏两国常用的手段。美国新出台的《反宣传法案》未来可能会启动配套的宣传活动，对敌对国家进行一系列宣传和渗透活动，这应引起我国相关部门高度重视。分析RT电视台在美国的遭遇，其中“政府资助”“代表俄罗斯政府”等身份性质是其受攻击的最主要借口。中国的对外传播媒体无一例外都是国家所有，都是以传播中国声音、讲好中国故事为主旋律。中国主要对外传播媒体都在推特、谷歌（含油管）和脸书上开设账户，进行推广。因此，中国对外传播媒体在美未来可能会像俄罗斯媒体一样受到限制。

（三）对我国进行渗透行动

美国《反宣传法案》中除了提到要对敌对国家进行政治宣传活动以外，还支持美国非政府组织对相关国家进行渗透活动。虽然自中美关系正常化以来，两国各领域交往和合作频繁，两国关系有了大幅度提升，但是我们也要充分认识到，美国对我们的防范和打压从未间断和停止过，尤其是在意识形态领域的渗透活动一直在持续。当前，随着中国综合国力的大幅度提升，中国在国际社会影响力的逐步扩大，中美双方的竞争进一步加剧，西方媒体在国际社会对我国的歪曲、污蔑、丑化的报道进一步加剧。这些现象都充分说明外国势力对我国的渗透和敌对活动从未停止，只是这些活动的表现形式和手段更加隐蔽。未来在中美交流的过程中，美方有可能通过更加秘密和成熟的工具和手段，对我国进行渗透和和平演变。

二、进一步提升我国国际传播能力

党的十八大以来，以习近平同志为核心的党中央高度重视我国的外宣工作，作出了重要指示，为我国新形势下开展外宣工作指明了道路和前进的方向。习近平总书记强调，要加强国际传播能力建设，精心构建对外话语体系，增强对外话语的创造力、感召力、公信力，讲好中国故事，传播好中国声音，阐释好中国特色。2016年2月19日，在党的新闻舆论工作座谈会上，习近平总书记系统阐述了对外传播话语体系建设的任务、战略、方法、手段和责任主体，强调外宣工作要遵循新闻传播规律，创新方法手段，加强国际传播能力建设，增强国际话语权。2021年5月31日，习近平总书记在主持中共中央政治局第三十次集体学习时强调，讲好中国故事，传播好中国声音，展示真实、立体、全面的中国，是加强我国国际传播能力建设的重要任务。要注重把握好基调，既开放自信也谦逊谦和，努力塑造可信、可爱、可敬的中国形象。习近平总书记的重要讲话，为进一步做好国际传播工作、全面提升国际传播效能指明了方向，提供了根本遵循。

国际传播能力建设的主要内容有三个方面：一是要提升对外话语的能力。话语是对外传播的内容表现形式，是决定传播效果的核心内容。二是要注重话语体系的建设，提升话语表达的完整性、系统性和逻辑性。三是提出建设对外话语体系的要求，把对外话语体系与内部话语体系区分开来。对外话语体系有其独特的规律和特定的受众群体，是一个需要专门探究并努力建设的新领域。建立适合形势发展需要的对外传播话语体系，是对外宣传工作的一个重要方面。

（一）提升战略高度，积极构建中国国家战略传播体系

若要达到扩大国际话语权，增强国际传播能力以及着力讲好中国故事的目的，就必须从战略高度进行顶层设计和布局，建立一套全方位、立体式的国家战略传播体系。中国国家战略传播体系是应对国际传播新格局新形势作出的系统化制度化设计，涉及目标使命、运行机制、系统构成、传播内容、传播策略、效果评估等诸多方面，这些方面相辅相成，构成一个有机整体。

党的十八大以来，党中央从战略高度进一步强调对外传播工作的重要性，积极创新对外传播的工作思路和管理体制，取得了明显成效。但是，当前我

国对外传播还存在力量比较分散，部门分割比较严重，各机构之间协调不足的问题，缺乏一个从国家战略层面对对外传播工作进行统一领导、全面规划、协调实施、合力推进的战略传播体制和工作机制。战略传播是一个系统工程，为有效整合传播资源，我们有必要强化统筹协调思想，突出传播体系建设，加强部门协作，实现协同传播。我们应进一步完善对外传播的运行机制，将传统的对外宣传升级为国家国际战略传播。战略传播作为顶层设计之下的一种专业性传播，特别注重传播过程的系统性、整体性和协同性。当前，国际传播的主体和要素已经超出传统媒体和传统认知的范畴，呈现出多样化的态势。在这种情况下，国际传播效果的优劣已经不再由单一主体决定，而是由多元主体形成的合力决定。即便是在同一个主体内部，也存在着子系统和要素之间的协调问题，比如，具有相同或相近职能的政府部门之间的协调，具有相同或相近职能的媒体之间的协调，等等。而系统内部以及多元主体之间合力的形成，也就是国际传播能力的共建，就不是单一主体力所能及的了，需要上升到国家战略层面进行统筹考虑。① "纵观美国国家战略传播体系，其最大的特点就是'整合传播'，汇集了国家最重要的传播资源，通过建立一系列跨部门协调联动机制，使传播行动更加高效，其体系作战的思想和协同传播的模式值得我们借鉴。"② 同时，战略传播要求政府各相关部门口径一致，精心策划活动，这就需要一个跨部门的协调机制，以便在关键问题上及时沟通，打破部门利益，消除传统壁垒，实现各传播机构和要素的联合。

国家战略传播体系建设的落脚点在于"体系"二字。建设中国国家战略传播体系，是我国对外传播体制机制改革的重大举措，需要一个权威、高效的机构总揽全局，集中领导，协调各方，形成合力。应当把外宣工作上升到国家战略层面，建立由中央统一协调领导的国家战略传播领导小组，负责战略传播的总体设计、统筹协调、整体推进和督促落实。在组成部门和成员方面，应包括外宣、外交、国防、国安、商务、文化、旅游、民族宗教、统一战线、港澳台侨、大型企业以及中央主要新闻媒体单位负责人，在涉及国家重大政策、议题与举措的传播事务上，建立多部委对外宣传工作联席会议机

① 王眉：《从战略层面为我国国际传播建言献策》，《对外传播》2015年第3期。

② 赵良英、徐晓林：《加快构建中国国家战略公共传播体系》，《中国行政管理》2016年第9期。

制，及时沟通协调，整合传播力量，统一对外口径，明确分工合作，以增强对外传播的影响力和有效性。

面对越来越复杂的国际传播格局，我们可以借鉴美国政府的经验和做法，搭建“政府主导、媒体先行、全方位配合”的国际战略传播架构，形成联动机制，加强协调配合。对于常规对外传播，推动政府部门、媒体、智库、企业开展常态化联络，形成协调机制，定期共享资源、对接诉求，做到国际传播的相互配合，形成全方位的国际传播战略机制。

（二）集中优势力量，打造具有世界影响力的传媒航母

在传播主体上，要集中优势力量，打造具有世界影响力的传媒航母。当今世界，传播媒介对于西方国家维护在国际社会的话语霸权起到了关键作用。因此，增强中国的国际传播能力，首先要打造中国自己的具有国际影响力的传媒航母，保证让我们的声音及时、准确地传播到国际社会的各个角落。建设国际一流媒体，需要从国家层面进行整体规划和布局，在人力、物力、财力方面给予大力支持并进行资源整合，以及在政策方面给予优先保障。要整合传统的采编流程和业务链条，整合广播、电视、报刊、网站、社交媒体等多种传播业态，形成合力。随着新兴媒体的不断涌现和发展，要着力推动传统媒体和新兴媒体融合发展，建设好、利用好新媒体资源和平台，使之成为传播主流舆论的重要渠道；着力打造一批形态多样、手段先进、具有竞争力的新型主流媒体，进一步提升传播力、公信力和影响力。在我国综合国力不断增强和国际地位不断提升的形势下，我们要集中优势资源，打造与我国国际地位相适应的国际传媒航母，全方位提升我国的对外传播能力，让世界听到中国的声音，维护我国的国际声誉，提升我国的国际影响力。

（三）面对不同受众，传播差异化产品内容

在传播内容上，要立足于国际化传媒的战略高度，根据不同地区的受众需求，生产符合国际受众习惯的传播内容。我国国际传播的首要任务就是讲好中国故事，传递好中国声音。当务之急是加大中国信息的供给，特别是把中国新闻、中国故事传播到世界各个角落，让大家了解真正的中国，对中国有一个客观的看法和认识，在国际传播中探寻中国发展与全球发展的连接点、中国人民利益与世界各国人民利益的共鸣点。同时，做好多语种翻译，使其他国家媒体在想要报道中国信息的时候可以轻易找到、直接援引，再通过他

国媒体二次传播，实现借筒传声、借嘴说话，从而由中国掌控自己的信息定义权。

1. 遵循国际传播规律，生产符合国际受众习惯的产品

随着全球化的不断发展和我国国力的增强，我国参与国际事务的能力不断加强，而提升我国国际传播能力是提高我国国际话语权，提升我国国际地位和影响力的必然要求。

（1）建立外宣报道负面清单管理制度

第一，在对外传播的过程中，我国主流媒体擅长正面报道，有时会刻意回避负面新闻，无法满足国际受众的需求，宣传味道浓厚。建立负面清单管理制度是解决对外传播过程中模式单一的有效途径。这要求在对外传播过程中，让媒体清楚和了解哪些事件可以报道，哪些红线不能碰，这不仅有助于主流媒体在对外传播过程中遵守国家法律法规，而且有利于提升和完善媒体在对外传播过程中的自主性，更好地遵循传播规律，提高主流媒体的对外传播效果，提升我国媒体的国际影响力。

第二，在对外传播过程中，尽量避免“以我为主”的报道风格，要让国际受众感觉到媒体报道内容的全面、客观和公正。对外传播的最终目的是在全面、客观、中立地向国际社会传递新闻信息的同时，影响国际舆论。因此，我国对外传播话语体系不应被“以自我为中心”所限制，眼界不能只局限于中国的事项，也不应只从中国的角度出发，更应该有全球视野，站在国际社会全局的高度，在大量报道中国和发达资本主义国家的同时，还应大量增加对其他发展中国家和地区报道的比例。

（2）改变观念与方法，从对外宣传迈向国际传播

在对外传播过程中，我国一直以来更多偏向宣传与教化，而不是沟通与交流。受地方传统新闻观念和国家政策法规的影响，“以往我国一些新闻媒体的对外传播往往说教内容多，宣传腔重，其主要表现为程式化的内容多，人情味的东西少；抽象的表述多，具体的细节少；空洞的言论多，生动的事例少；枯燥的数字多，鲜活的事物少”，[①] 提高我国对外传播影响力的首要任务是改变传统传播观念。要使我国的对外传播体系发挥真正的作用，就需要遵

① 崔一浩：《试论国家形象的建构与提升措施》，《青年时代》2016年第20期。

循传播基础规律，把对外宣传的观念转变为对外传播的观念，真正地理解对外传播的规律并加以运用。随着和平与发展成为世界主题，形势变化导致对外传播工作的标准不能单单遵循“内外有别”原则。除“内外有别”外，我们还需要增加“外外有别”原则。何为“外外有别”？“外外有别”指不能照搬照抄其他国家在对外传播过程中的现行做法。相反，我们应该根据本国国情，在对外传播规律和现有国际认知规范体系的基础上，建立自己的对外传播话语体系，在对外传播过程中，切实把国际传播规律与我国国情相结合，真正提升对外传播效果和我国在国际社会的话语权。

（3）构建融通中外的国际传播话语体系，让世界了解真正的中国

让世界了解真正的中国是外宣事业面临的重要职责和使命。对于一个正在崛起且具有越来越大的国际影响力的大国来说，构建自己的国际话语传播体系是一项重要的历史使命和任务。让国际社会真正了解中国，打造中国“影响力”和“亲和力”要求我们要逐步建立融通中外的话语体系。

一是注重话语与表达方式的转换。汉语书面语的句式表达往往注意修辞、声律，强调句式的工整，内容抽象、凝练，特别是政治性较强的报道，更是“具有‘骈俪化’的特点，行文简短，句式整齐，一般‘重章复唱’，词语的意义差异微妙，是一种独特的政治话语体系”。虽然“这种话语体系文字优美、内容精练，朗朗上口，便于记诵”，“但在外国受众看来，这种表述不知所云，缺乏实质性内容，没有说服力”，缺乏让人印象深刻的细节表述。因此，改进文风，转换并自觉用西方人易于理解、认可的话语表达方式，实现“中国立场国际表达”，是让世界读懂中国、认识中国的重要一步。[①]

二是打造中华文化的“魅力人格体”。作为具体生动的形象，国家领导人、历史文化名人、民族英雄与艺术体育明星等公众人物比空洞的概念和口号更能体现一个国家的文化理念和价值观。在对外传播中，我国要不断发掘具有国际影响力的公众人物，以实现民族形象、文化与观念的拟人化表述。

三是通过讲故事的方式表达中国价值。习近平总书记指出，讲故事是国际传播的最佳方式。用讲故事的方式开展国际传播工作，同西方社会的表达

① 马维康：《为何中国缺乏国际话语权——试从国际话语体系角度分析》，《理论观察》2016年第4期。

方式接近，更易于为西方受众和国际社会接受。要讲好中国故事，就要创新对外话语表达方式，研究国外受众的习惯和特点，采用融通中外的方式和语言，把我们想讲的和国外受众想听的结合起来，使我们的故事更易于被国外受众接受。美国好莱坞大片中常常展现出“个人英雄主义、能力越强责任越大”的美国价值观。美国故事是弘扬美国主旋律的经典范例，其微妙的传播效果常常通过轻松幽默的娱乐形式得到加强。“塑造国家形象的效果、传播价值理念的力度、增进文化认同的质量，直接取决于我们讲故事的能力和水平，取决于我们选择什么样的故事载体、采取什么样的讲故事方式。”① 与严肃的政治、军事话题相比，日常生活中遇到的一些话题更具故事性和戏剧效果，更能够激发观众好奇心，更能跨越国籍、种族、语言和政治信仰等障碍与隔阂，实现中国的表达并传播中国价值观。在传播内容生产上，我们要全面提高讲故事的能力，注重叙事内容的表达。叙事能力是提升国际传播效果的重要环节。作为一个发展中国家，中国通过改革开放融入国际体系，走和平发展道路，成为正在崛起的发展中大国。中国故事本身就强烈吸引着世界，我们需要深入探讨这个主题，在围绕中国式现代化分享中国故事的同时，营造良好的国际形象。讲好中国故事，要以小事件透视大时代，以小人物折射大变化，以小故事揭示大梦想。在报道内容上，要擅长用客观的、不加粉饰的具体案例以及生动具体的中国普通人的生活案例，讲述小人物的命运、普通人的境遇。让故事“自己说话”，就会收到不一样的传播效果。例如李子柒短视频传播的成功实践，就是讲好中国故事和传播中国传统文化的成功案例。

2. 重视国际突发事件报道，以危机报道为抓手加强国际影响力

西方媒体长期以来在国际传播格局中占据霸权地位，要打破这一格局，中国必须站在各种角度向国际社会发出自己的声音。在国际传播过程中，以报道重大国际事件为突破口，打破西方媒体对国际传播领域话语权和信息权的垄断，逐步赢得国际受众的信任，逐步占领国际传播市场，符合当前形势下我国面临的国际传播局面。重大国际政治军事事件既应是媒体报道的重点领域，也是一家国际媒体崛起的重要机遇和标志。及时性是危机传播的关键，占领国际舆论和信息传播制高点的第一条件就是做第一个发布信息的媒体，

① 杨振武:《把握对外传播的时代新要求》,《人民日报》2015年7月1日，第7版。

尤其是对具有国际政治意义的突发事件的报道。中国主流媒体应争取第一时间制作事件的首段文字、首幅画面、首部视频，并在第一时间发出，以先发制人的方式设定并构造国际舆论的议程和内容。同时，要对事件进行广角度、多层次、全方位的报道，做到充分全面、真实准确，使受众没有盲点和疑惑，真正了解和明白真相。对于国际政治危机事件，播报时应立足于自身价值观的传播，从国家利益出发，并着眼于危机事件的有效解决。

（四）精心策划研究，创新表达方式

在传播策略上，要精心策划，精准传播。讲好中国故事，就是用中国的理论解读中国的实践，还要用中国的实践升华中国的理论，把中国的思想和主张讲得更为清楚响亮。这是中国在日渐走向世界舞台中心、国家信心增强的新形势下加强对外宣传的新战略。“对外话语是一个国家面向世界的自我陈述。如果没有自己的话语，即使是做对的事情，也会被看作是做错的。如果没有自己的话语，就会在国际风浪面前缺乏定力和担当，就难以捍卫我国的核心利益；如果没有自己的话语，就无法回应国际国内的各种挑战，容易被外来话语忽悠而功亏一篑，前功尽弃。”[①] 国际传播工作的一个现实是，我们的对外传播话语体系结构还没有完全建立起来。我们必须有自己的理论体系，构建自己的话语权，让具有中国特色的表达方式为国际社会熟知。结合我国国际传播工作的实际情况，可以从以下几个方面进行创新和实践。

1. 集中优势资源，突破重点地区

在制定对外传播战略的过程中，要对传播内容、传播渠道和目标对象等进行精心选择，将有限的国际传播资源优先用于能最有效地影响国际舆论的地方，最大限度地提升国际传播的效率和效果。一方面，应准确把握国际形势，精准区分传播对象，根据不同国家的实际需求制定传播策略，确定传播内容。对于美国，考虑到其对我国的不友好态度和遏制举措，应将传播重点放在开展有理有力有节的舆论斗争上，参考2019年中国国际电视台（CGTN）刘欣与福克斯主播翠西直播辩论的成功经验，通过主流渠道及时明辨是非、驳斥谣言。同时，增强风险防范意识，深入研究当地法律法规，制

① 文建：《把握国际话语权，有效传播中国声音——习近平外宣工作思路理念探析》，《中国记者》2016年第4期。

定应急预案，提升抗打击能力。对于法国、德国、意大利等老牌西方资本主义国家，要更讲究传播策略，以软性传播为主，尽量避免因制度之争、主义之论引发反感抵触，防止其产生意识形态入侵的担忧。对于“一带一路”共建国家和其他友好国家，可多讲利益共同体、情感共鸣点，介绍社会主义制度优势和我国经济建设发展成就，提供政策解读和服务资讯，进一步深化和扩大朋友圈。另一方面，积极推动国际传播资源力量向重点国家、重点地区集中，打造海外阵地，形成辐射效应。近年来，我国媒体国际传播布局存在力量分散的问题，总结报告中的数字上去了，但占用了实际有用渠道的资源资金，传播效果却下来了。现有的资源力量显然不足以做到覆盖全球、面面俱到，需要转变思路，调整力量配备，集中优势资源瞄准国际舆论策源地和战略支点国家，重点投入，以点带面，提升实效。[①]

2. 精心设计，互动传播

国际传播的主要任务之一就是针对目标受众精心设计传播内容和传播活动，这就要求我们充分了解受众需求，尊重传播规律，精心设计传播方案，灵活运用传播技巧，做到精准传播、“对症下药”，从而实现传播效果的最大化。尤其是在当前新型国际传播格局中，互联网和社交媒体舆论场具有鲜明的个性化、去中心化和互动性特征，在此情况下，我们要更加注重双向传播和互动传播，重视公众的互动和信息反馈，寻求与关键受众建立长期联系。

3. 内外一体，协同传播

“‘内外一体’是指从国家战略的高度出发，遵循新闻传播和媒体发展的普遍规律，将国内传播和国际传播作为一个有机整体统筹运营，形成协同效应，实现协调发展。”[②]“内外有别”是指对内与对外传播在目的、对象、语言、内容和方法等方面均存在不同之处，应区别对待。长期以来，“内外有别”原则在我国对外传播实践中发挥过并仍在发挥着重要作用。但不可否认的是，如今传媒技术飞速发展，传播环境也发生着深刻的变革，“内外有别”的局限性也随此发展趋势而变得日益突显。在当前环境下，我国对外传播既要从技巧和方法上注重“内外有别”，更要从战略和策略上注重“内外一体”。

① 田晓：《关于调整优化国际传播工作的思考》，《对外传播》2020年第9期。

② 唐润华：《中国媒体如何提升国际传播能力》，《中国科学报》2014年7月25日，第6版。

首先，对内与对外传播是一个不可截然分开的整体。新媒体技术的发展，使国际传播已经打破了传统的时空限制，突破了国家间的限制。互联网和社交网络的发展改变了传统传播技术和传播方式的边界。以大数据技术为例，互联网上出现的大量信息模糊了先前国家形象传播中内部和外部传播之间的界限，因此传播过程不再是“中心—终端”的单向或双向传输过程。相反，它似乎是一个分散的过程，传播路径更加复杂，四处散开，导致传统“内外有别”的传播边界逐渐消失。在全球传播的时代，中国对外宣传不再是外国人了解中国的唯一信息来源。我们的主流媒体发布的国内新闻报道也可以在互联网上传播到世界各地。因此，内宣与外宣应该是互补的，一体的。我国媒体要在国际传播格局中占领一席之地，必须改变一些传统的传播方法和手段，打造适应国际受众的国际传播内容，占领国际传播市场。

其次，国内传播和对外传播都要遵循新闻传播普遍规律。对内传播和对外传播虽然在传播目的、受众等方面有所区别，但既然都是新闻信息传播，就应该遵循新闻传播的普遍规律和基本准则。无论目标是什么，受众是谁，新闻的传播必须是真实的、准确的、全面的和客观的。在这方面，管理部门和媒体机构都需要更加解放思想，改变思维方式和传播思想。

最后，对内传播与对外传播必须相互作用，产生协同效应。既然对内与对外传播是一个不可分割的有机整体，就要加强配合协作、联动互动，形成协同效应。一方面，各自要“把自己的事情做好”，根据新闻传播规律改进报道，不断提高竞争力和影响力。另一方面，在传播时，必须充分考虑当今全球传播和网络一体化的特点，提高对外传播意识，扩大国际视野，提高报道的感染力和吸引力。外部传播还可以充分利用内部传播资源，进一步扩大报道的范围和深度。双方可以建立协调机制，共享信息，共同规划和加强合作。

4. 创新表达，融通中外

建立对外话语体系的重要一点是中国和外国的融合。这一阐述接近国际社会目前的现实，并提出了一个全新的概念，帮助提高外部宣传工作的有效性。两极格局结束之后，世界更加多元多样，多种文明多种潮流在交锋交流中共存。如何超越历史传统、思想文化、意识形态、社会制度等障碍，在不同文明之间架起沟通的桥梁，把中国人的话说给外国人听，而且让外国人听得懂、愿意听？必须在融通中外上下功夫。[①] 我们要把我们的表达方式与国外受众的习惯和接收方式相结合，把我们想要讲述的中国故事与国际社会希望听到和看到的中国人民对美好生活的梦想联系起来。中外的融合不仅是为了迎合外国观众，更是为了更好地传播中国的道路、制度、思想和文化，让外国观众愿意了解并接受中国的观点和方式。

习近平总书记在2013年8月19日召开的全国宣传思想工作会议上强调，要精心做好对外宣传工作，创新对外宣传方式，着力打造融通中外的新概念新范畴新表述，讲好中国故事，传播好中国声音。融通中外，一方面是指我们的新概念新范畴新表述要符合中国国情，有鲜明的中国特色；另一方面要使其对接国外习惯的话语体系、表达方式，让国际社会更易于理解和接受。对外传播具有跨国界、跨文化、跨语言的特征，必须尊重国际传播规律，讲究传播方式，注重传播技巧。近年来，我国对外传播媒体的规模大幅度扩大，但从传播概念、技能和话语系统的角度来看，现实与实际需求之间仍然存在很大差距。“有理说不出”“说了传不开”“传开叫不响”的问题仍然存在。开展对外传播，不是我们关起门来说了算。由于社会制度、文化背景和意识形态的不同，国内外话语体系存在一定差异，如果总是满足于直接翻译、照搬照抄，就会陷入“自说自话、鸡同鸭讲”的困境。新形势下，创新对外传播话语体系，不仅要让国外受众“听得见”，“听得清”，更要让他们“愿意听”，“听得懂”，“听得进”。在信息全球化的时代，任何能打动人的故事都可以有更多的观众，可以被更好地传播。讲好中国故事的基础是对外话语体系的创新。我们需要深入研究外国受众的阅读习惯和心理，努力寻找中外利益交汇点、话语共同点和情感共鸣点。

5. 借船出海、本土运作

外国媒体是我们开展国际传播可以借助的一支重要力量。鉴于当前中国媒体的国际传播影响力仍然不足，可以考虑“借船出海”，通过与西方主流媒体和目标对象国本土媒体开展合作，淡化国际受众的心理隔阂，进一步扩大我国对外传播的广度和深度。一方面，我们要善于借助国际主流媒体传播中

---

① 文建:《把握国际话语权，有效传播中国声音——习近平外宣工作思路理念探析》,《中国记者》2016年第4期。

国声音。近年来，中国领导人利用出国访问等重大外事活动契机，在当地主流媒体发表署名文章，产生了很好的反响，在这方面作出了表率。这些文章或突显外交理念、力促战略合作，或突出贸易往来、促进经济合作，或传播中国文化、讲述交往故事，娓娓道来，展现了领导人的个人魅力，更彰显了“和平、发展、合作、共赢”的主题。这些文章的一个共同特点是语言朴实，经常使用富有特色的俗语或者诗句，通俗亲民，深入人心。海外署名文章是领导人公共外交的重要形式，领导人以更加平民化的语言陈述中国理念，有利于拉近与外国民众的距离，更好地宣示中方主张，塑造国家形象。领导人在国际媒体上发表的署名文章，作者身份是权威的，文章内容是清晰的、准确的，难以望文生义。它不仅满足了外国人对中国理解的需求，而且吸引了国际社会的注意，在国际社会对中国的舆论设置了议程。国际主流媒体的公信力和影响力，也可以有效弥补中国媒体对外宣传的不足。另一方面，要充分利用新媒体传播平台，发挥新媒体互动传播的影响力。移动互联网时代，以社交媒体为代表的网络新媒体在国际传播中的优势日益突显，越来越受到各国政府和各类组织的重视。推特、脸书等主流社交媒体，已成为各国政要与团体机构“向世界发出声音”的重要平台。借助社交网络平台开展对外传播的各国媒体更是数不胜数。

此外，积极推动国际媒体在目标国家的本土化也是提高国际传播效率的有效方式。所谓的国际媒体本地化指的是利用当地或用户区域的特定环境来实行符合受众习惯的内容生产、传播和操作。纵观新闻集团、有线电视新闻网、RT等国际一流媒体，本土化运营都是其成功走向全球的有效途径。我们国家的主流媒体可以适当地向关键目标国家的新闻机构提供更独立的工作空间和工作权限，这有助于建立我国媒体国际化的对外传播机制。一方面，我们要实施全球战略，扩大范围，扩大业务领域；另一方面，以管理团队的本土化操作来吸引当地精英，以使得编辑部在目标国家取得进展。简单地说，就是采用符合对象地区法律和政策的方式进行公司化运作。在这方面，我们可以借鉴国际化传播集团的成功模式，将文化内容产品化，从对象国受众角度出发，进行大众传播、分众传播、人际传播的细分，通过有效的市场宣推和营销渠道分发产品，既实现传播需要，也创造商业价值。[①] 例如，无论是美洲、欧洲还是亚洲，新闻公司都已从节目制作到管理，从编辑到记者，从语言到媒体风格实现本土化。它还与目标国家媒体合作，或共同参与内容开发和制作，或利用目标国家的媒体组织作为平台建立战略联盟，并将其作为打进目标市场的平台和纽带。新闻公司在管理方面也能很好地与目标国家的当地公司合作，并坚持利用当地人才来管理当地市场。有线电视新闻网国际频道则根据不同的国际传播受众和目标，提供了不同版本的节目，如欧洲版本、拉丁美洲版本、美国版本、亚太版本等。其中，亚太地区的出版物分别由13个国家或地区组织，包括澳大利亚、中国香港、中国台湾和泰国。从2013年起，有线电视新闻网还与泰国新闻网等媒体合作，通过参与管理、人才培训等方式，实现节目制作方式和管理模式的输出。RT电视台从编辑团队到内容制作都注重本土化。早在开播之初，其300余名雇员中就有近三分之一为外籍人士。该台在报道全球新闻事件时，尽量使用当地记者，镜头中少有俄罗斯面孔出现，无形中消除了与国际受众的隔阂与距离感。在其美国频道，99%以上的美国国内新闻都是由具有美国国籍的本土记者播报的。它甚至不惜重金聘请世界各国的名主播、名编辑和名制作人加盟。例如，2013年5月RT电视台邀请有线电视新闻网前著名主持人拉里·金主持一档新的脱口秀节目。这些措施都在很大程度上提高了当地受众对媒体的接受程度。

6. 加强国际受众差别化研究，增强传播针对性，提升国际传播效果

为了改善我国主流媒体的对外传播效果，提升我国的国际影响力，必须加强对国际传播受众的细化分析和研究，要根据国际受众的群体差异、文化差异、地区和国家差异，进行有针对性的本土化传播，设置与国际受众的兴趣爱好和接受习惯密切相关的传播主题，最终使我国对外传播取得国际受众乐于接受的传播效果。国际传播的信息是否满足了受众的需求，是否遵循了受众获取信息的习惯，对传播效应的实现有直接影响。在传播受众上，应瞄准关键受众，影响“有影响的人”。

观众的差异直接影响交流的效率。为了提高沟通的相关性和交流效率，通常需要对目标受众进行深入研究，并要求传播“因人而异”。大数据时代的

① 田晓：《关于调整优化国际传播工作的思考》，《对外传播》2020年第9期。

到来为对国际受众的大规模和深入研究提供了技术。对于西方发达国家和新兴经济体来说，互联网早已融入了人们生活的方方面面。可以说，这些国家和地区进入了媒体生存社会，人们在互联网上制造了大量的数据，这些数据记录了他们的言行与思想。通过对全球数据收集、整合、清理和修正，在获得高可靠性数据后，可使用智能数据分析技术、云计算技术等，对国际受众进行精确而微妙的研究分析，从而进行更有效的对外传播。

（五）抢占技术高地，打造全媒体传播平台

在传播技术上，要树立互联网思维，抢占技术高地，打造全媒体传播平台。当今世界，随着互联网和信息科学技术的快速发展，互联网时代已经到来，互联网极大地改变了人们日常生活方式和思维方式。互联网将对人类各个方面的发展产生不可估量的影响。在新媒体技术下，信息的多样化和复杂性对打破西方媒体的垄断至关重要。在新媒体领域，中国和西方基本站在同一起跑线上，这就为中国媒体掌握国际舆论主动权提供了难得的机遇。因此，我们在加强媒体国际传播能力的同时，要进一步加强媒体融合的推进，投入更多的精力抓住新媒体的应用和开发，使之成为增强媒体国际传播能力建设的有效抓手。尤其是在当前形势下，必须学习新媒体技术知识，了解新媒体和移动终端的发展趋势，采用开放、互动、多样化的交流方式。要促进城市化、本土化和平台建设，强化分层设计、定向直接供应、因地制宜并精准推送。全媒体时代已经到来。在这个时代，主流媒体尤其需要在国际舞台上充分利用最新的技术手段，将自身的理念传播到所有媒体，让全世界都能听到中国的想法。

1. 自觉培养“互联网+”思维

在信息科学技术不断进步和发展的时代，要充分利用互联网时代的技术优势，促进互联网技术在中国对外传播过程中的作用，更新传统的传播方法和观念，树立“互联网+”思维。对于传统主流媒体来说，观念的更新是极其困难的，这不仅是利益问题，也是一次思想革新。在新媒体发展过程中互联网技术发挥了极大作用，一方面，其使媒体从传统走向现代，推动了传统媒体的转型升级；另一方面，新媒体兴起与传统媒体转型反过来也对互联网技术提出了更高的要求，推动了互联网技术的发展和进步。习近平总书记在乌镇视察“互联网之光”博览会时指出，“互联网是20世纪最伟大的发明之一，给人们的生产生活带来巨大变化，对很多领域的创新发展起到很强带动作用”。传统媒体要树立“互联网+”思维，做好对外传播需要注意以下两点。

其一，我们必须放弃传统思维和观念的束缚，积极适应新技术环境下国际传播格局的新形势新要求。当今社会，随着信息传播技术的不断发展和进步，任何人都可以借助手中的手机、平板电脑以及大量应用程序在第一时间内获取或发布信息。在新媒体技术面前，传统媒体显得非常脆弱与被动。传统媒体与互联网技术的融合，在一定程度上是信息技术发展的必然趋势，也是互联网时代国际传播格局变革的必然要求。尤其是传统主流媒体更需要积极应对和适应互联网时代带来的挑战，积极适应新形势新变化，开创国际传播新格局。

其二，自觉树立“互联网+”思维。21世纪是大数据的时代，要树立“互联网+”思维，也就是树立大数据思维。国际商用机器公司（IBM）将大数据界定为多样性、大量、快速、真实，即多样化的数据来源和格式，庞大的数据储备，快速的数据爬取、加工和提取，以及真实的数据分析和呈现。[①] 大数据不仅将对人类生活的各个领域产生广泛影响，也将对人类的传播事业产生革命性的影响。不论是时代发展的需要，还是传统媒体按照传播规律的自身创新、发展更新都要求我们树立“互联网+”思维，以促进更好的交流。通过大数据算法与分析，媒体可精准把握社会不同群体的个性偏好，采取相应的传播策略。可以说，“互联网+”模式和大数据的应用是传播工作理念的最新发展。技术对内容的革命是颠覆性的，不注重传播形式和用户体验的内容很难被人接受，走入人心。随着第五代移动互联网技术和物联网的发展普及，要想抓住未来国际传播的主动权，就要抓住国际传播工具移动化、视频化的传媒发展趋势。李子柒田园生活视频在境外社交媒体爆火、歌曲《一剪梅》被国外网友录制短视频传唱等，都证明了这一点。下一步，国际传播应早着手，多引导，统筹网上网下传播资源，除媒体、智库、企业外，还应调动自媒体和商业媒体传播力量，鼓励生产更多移动化视频精品，连接大屏小屏传播载体，多层次对外展示国家形象。[②]

① 刘小青：《从〈雪崩〉看大数据背景下新闻生产的变革》，《青年记者》2013年第36期。
② 田晓：《关于调整优化国际传播工作的思考》，《对外传播》2020年第9期。

2. 提高全媒体融合传播能力

全媒体融合是指利用互联网技术，将传统的文字、图片和新媒体音频、视频、动画与数字模型相结合，进行综合传播。实践证明，全媒体融合技术的应用是传播领域的一次深刻的技术革命，这种传播技术和手段的融合将彻底改变传统传播方式和传播格局。全媒体融合不仅是传播理念的创新，更是一场传播技术领域的革命。在对外传播过程中，要进一步提升媒体的全媒体融合能力，加大对全媒体融合技术研发力度，加快相关基础设施建设和完善。加大对全媒体融合的政策和资金的支持，将全媒体融合建设纳入国家中长期发展规划。

3. 科学利用网络和社交媒体的民间力量

在信息通信技术高速发展的时代，要提升中国对外传播的影响力，既要充分调动主流媒体在对外传播过程中作为主力军的主体作用，也要充分鼓励中国庞大的网络群众在国际政治舞台上的力量和影响力。中国网民蕴藏着巨大的国际影响力，要鼓励和科学利用这股强大的民间传播力量，为中国的国际传播事业添砖加瓦。

中国互联网网络信息中心发布的数据显示，截至2019年6月，中国网民规模达8.54亿，互联网普及率为61.2%，较2018年年底提升1.6%。我国手机网民规模达8.47亿，网民中使用手机上网人群提升至99.2%，网民手机上网比例在高基数基础上进一步攀升。庞大的网民数量不仅对中国的经济、政治和社会发展产生深远的影响，而且在中国的国际交流过程中也发挥着不容忽视的作用。中国网民在国际传播中具有巨大的潜力。中国主流媒体由于其官方地位和政治色彩，在国际传播中往往处于被动地位。主流媒体的声音往往被认为代表了政府的声音。在国际传播过程中，可以发挥广大网民的集体智慧和力量，多渠道发声，及时制止和纠正不利于中国国家形象和国家利益的声音。中国网民具有强烈的爱国热情和民族意识，在维护国家领土和主权完整、实现民族伟大复兴方面具有强烈的主人翁意识。在遵守对外传播规律的前提下，科学合理地利用民间力量，引导国人发出理性的声音，积极拓展和激活中国对外传播的多元主体，使他们敢于在国际传播格局中发表自己的观点，这样的方式更具有说服力，更易于为国外受众接受。

（六）产学研相结合，打造复合型传媒人才队伍

在人才队伍建设方面，打造一支信得过、靠得住、经得起考验的复合型传媒人才队伍无论是对国家战略传播体系的建设还是国际化传媒航母的建设，都至关重要。复合型新型传播人才是关键。全媒体融合的真正成功运用，最终是人起作用的结果。因此，在对外传播中，我国必须将技术建设与相关专业人才培养相结合，同时强调全媒体传播的融合。要加强高校及相关机构新媒体专业的建设和支持，加大相关专业人才培养规模和力度，提高专业人才的综合素质，培养具有从事全媒体综合报道相关工作专业技术能力的人才。

总之，对外传播要坚守以维护国家利益为出发点和立足点的中国立场和国际表达。但在做具体工作时不能“自说自话”，要精心构建融通中外的话语体系，把我们想讲的和国外受众想听的结合起来，运用国外受众“乐于接受的方式、易于理解的语言”，更好地传播中国的声音，更好地向世界说明中国、努力争取国际话语权。面对当前“西强我弱”的国际传播格局，我国主流媒体不仅要在我国现有的传播体系中注重对外传播观念的转变，还要积极遵循国际传播规律和国际受众认知特点，也要努力在对外传播过程中提升自己的业务水平，在遵循传播基本规律的前提下，创新与优化对外传播的内容、方法和形式，努力改善不均衡的国际传播格局，形成现代、高效、合规的国际传播体系，增强我国主流媒体的国际话语权。

参考文献

一、中文文献

（一）书籍

毕研韬、王金岭:《战略传播纲要》，国家行政学院出版社、中央编译出版社，2011。

陈正良:《软实力发展战略视阈下的中国国际话语权研究》，人民出版社，2017。

亚·尼·扎苏尔斯基:《俄罗斯大众传媒》，张俊翔、贾乐蓉译，南京大学出版社，2015。

郭可:《国际传播学导论》，复旦大学出版社，2004 。

黄春平:《西方传媒内容监管机制的历史考察》，社会科学文献出版社，2012。

哈罗德:《社会传播的结构与功能》，何道宽译，中国传媒大学出版社，2013。

姜加林、于运全主编《构建现代国际传播体系》，外文出版社，2011。

雷蒙德·威廉斯:《文化与社会》，吴松江、张文定译，北京大学出版社，1991。

李希光、周庆安编《软力量与全球传播》，清华大学出版社，2005。

李希光、赵心树:《媒体的力量》，南方日报出版社，2002。

李兴:《亚欧中心地带：俄美欧博弈与中国战略研究》，北京师范大学出版社，2013。

刘继南、周积华、段鹏等:《国际传播与国家形象——国际关系的新视角》，北京广播学院出版社，2002。

刘肖、董子铭:《媒体的权利和权力的媒体——西方媒体在国际政治中的角色与作用》，中国社会科学出版社，2017。

冷淞等:《新形势下媒体国际传播与话语权竞争》，中国社会科学出版社，2016。

汉斯·摩根索:《国家间政治：为了权力与和平的斗争》，李晖、孙芳译，海南出版社，2008。

沃尔特·李普曼:《公众舆论》，阎克文、江红译，世纪出版集团、上海人民出版社，2006。

《普京文集（2002—2008）》，张树华等译，中国社会科学出版社，2008。

任贤良:《中国崛起之舆论战》，人民日报出版社，2020。

托伊恩·A.梵·迪克:《作为话语的新闻》，曾庆香译，华夏出版社，2003。

吴飞等:《国际传播的理论、现状和发展趋势研究》，经济科学出版社，2016。

吴飞主编《国际传播系列案例分析》，浙江大学出版社，2013。

许华:《俄罗斯软实力研究》，中国社会科学出版社，2017。

中国国际广播电台:《俄罗斯媒体格局与融合发展：以今日俄罗斯为例》，世界知识出版社，2016。

约瑟夫·奈:《软力量：世界政坛成功之道》，吴晓辉、钱程译，东方出版社，2004。

约瑟夫·奈:《硬权力与软权力》，门洪华译，北京大学出版社，2005。

约瑟夫·奈:《软实力》，马娟娟译，中信出版社，2013。

约瑟夫·奈:《美国霸权的困惑：为什么美国不能独断专行》，郑志国等译，世界知识出版社，2002。

张国庆:《媒体话语权：美国媒体如何影响世界》，中国人民大学出版社，2012。

张国庆:《话语权，美国为什么总是赢得主动》，江苏人民出版社，2011。

郑涵、金冠军:《当代西方传媒制度》，上海交通大学出版社，2008。

朱振明:《理解国际传播：问题、视角和阐释》，中国广播电视出版社，2013。

（二）学术论文和报告

A. 克里科维奇、Y. 韦伯、郜洁:《美国行为的根源——以美国对俄政策为例》,《俄罗斯研究》2016年第2期。

安启念:《今日俄罗斯哲学与俄罗斯的社会变革》,《俄罗斯研究》2005年第3期。

毕洪业:《乌克兰政局动荡背后的俄美利益博弈》,《俄罗斯中亚东欧研究》2008年第1期。

陈春彦:《今日俄罗斯重塑国家形象的传播战略研究》,《对外传播》2019年第2期。

陈春彦:《西方对今日俄罗斯的议程设置及其警示》,《新闻界》2015年第13期。

陈春彦:《美俄“媒体战”升级与影响——从“通俄门”调查说起》,《对外传播》2018年第2期。

陈秀超:《框架理论视野下国际政治冲突报道研究》，硕士学位论文，中国青年政治学院，2016。

常江、徐帅、李峰:《今日俄罗斯的新闻生产策略及启示》,《中国记者》2015年第4期。

程曼丽:《如何进入国际传播的主阵地——以“今日俄罗斯（RT）”电视台为例》,《新闻与写作》2013年第6期。

程曼丽:《普京：收复舆论阵地重塑政府形象———从普京当选新一届总统回顾其曾经的媒体管理策略》,《新闻与写作》2012年第4期。

程可凡:《透视美俄在中东的争夺》,《现代国际关系》2018年第4期。

陈怡:《俄罗斯外宣媒体国际传播的困境与突破》,《中国记者》2016年第7期。

陈怡:《世界传媒业国际传播的新趋势》,《中国记者》2011年第12期。

陈怡:《解密俄罗斯卫星通讯社》,《中国记者》2015年第3期。

陈绚、张劲林:《美国反宣传法案与自媒体虚假新闻标记研究》,《国际新闻界》2017年第1期。

陈欢云:《乌克兰危机的演变及其影响》，博士学位论文，北京外国语大学，2017。

陈雪飞、吕蕙伊:《“竞争型自我呈现”的政治修辞——新媒体时代的国际话语权建构》,《中央社会主义学院学报》2020年第5期。

陈晖:《叙利亚内战背后的美俄博弈》,《唯实》2018年第9期。

崔玉军:《近年来海外中国软实力研究述评》,《国外社会科学》2016年第5期。

储殷、黄日涵:《“一带一路”视阈下国家形象构建的巧实力探析》,《新疆师范大学学报》(哲学社会科学版)2016年第2期。

丑则静、李青:《“锐实力”是对中国的歪曲解读》,《人民周刊》2019年第11期。

董漫远:《叙利亚乱局：博弈新态势与前景》,《国际问题研究》2018年第5期。

戴晓琦:《叙利亚问题大国博弈图景及其展望》,《阿拉伯研究论丛》2016年第1期。

戴安妮:《从国家战略传播视角研究美俄媒体对叙利亚内战的报道》，硕士学位论文，中国青年政治学院，2017。

多拉(Anna Bykadorova):《中俄公共外交：文化与软实力》，硕士学位论文，吉林大学，2014。

丁原洪:《美俄症结仍难解》,《解放日报》2016年第6期。

范文彬:《奥巴马政府“巧实力”下的中美关系》,《企业导报》2011年第11期。

冯潇:《叙利亚化武危机中的美俄角力》，硕士学位论文，上海外国语大学，2020。

冯倩:《新兴大国如何提升对外传播力——今日俄罗斯的发展与启示》,《电视指南》2018年第7期。

冯超:《信息化时代网络舆论与社会情绪共振机制研究——以乌克兰事件为例》,《商丘职业技术学院学报》2015年第3期。

高海波:《拉斯韦尔5W模式探源》,《国际新闻界》2008年第10期。

郭小春:《媒介尺度论：媒介全球化背景下的地理尺度与中国国际传播战略》，博士学位论文，浙江大学，2017。

郭艺博:《制度变迁视角下的锐实力观察》,《世纪桥》2018年第7期。

何良:《文化软实力视角下的中国国际话语权构建》,《中共南京市委党校学报》2020年第1期。

何平、夏茜:《软实力、虚实力与中国的外交传统》,《历史教学》2015年第4期。

何萍:《抗疫的硬实力与软实力:一种观察视角》,《湖北社会科学》2020年第6期。

韩笑鹏:《对中国国家软实力评估及提升路径研究》,《未来与发展》2020年第2期。

韩雪:《"一带一路"倡议的软实力资源分析》,《现代商贸工业》2019年第33期。

韩克敌:《叙利亚危机:俄罗斯的目标、策略和结果》,《战略决策研究》2016年第6期。

贺宇:《浅谈俄媒国际话语权提升的原因与借鉴意义》,《新闻研究导刊》2015年第9期。

黄鹂:《今日俄罗斯成功原因及启示》,《对外传播》2014年第8期。

黄登学:《新"冷战":臆想抑或是现实?——乌克兰危机背景下的俄美博弈透视》,《东北亚论坛》2015年第3期。

黄福灿、郑少翀:《美俄在叙利亚危机中的博弈策略分析——基于"重复囚徒困境"的视角》,《北华大学学报》(社会科学版)2017年第3期。

侯富中:《叙利亚问题上美俄的大国博弈分析》,《学理论》2018年第1期。

胡文涛、吴茜:《"锐实力论"与西方对华舆论新炒作及其应对》,《对外传播》2019年第3期。

胡晓剑:《美国〈波特曼–墨菲反宣传法案〉解读》,《国际研究参考》2017年第7期。

胡钰、沈沁怡:《从"锐实力"概念演变看国际传播中的话语权与话语创新》,《中国记者》2018年第4期。

贾乐蓉:《今日俄罗斯国际新闻通讯社名称与结构探析》,《对外传播》2018年第2期。

贾乐蓉:《从RT电视频道的成功看俄罗斯的对外传播部署》,《对外传播》

2014年第7期。

贾渊培、宋琼:《西方对俄罗斯舆论战方式及其应对策略研究》,《新闻研究导刊》2020年第22期。

靳冠辉:《叙利亚战乱中的美俄关系研究》,硕士学位论文,吉林大学,2018。

金衡山:《美国文化特征与“软实力”表现》,《四川大学学报》(哲学社会科学版)2020年第3期。

荆学民、施惠玲:《政治与传播的视界融合:政治传播研究五个基本理论问题辨析》,《现代传播》2009年第4期。

姜小凌、张昆:《政治传播视阈下俄罗斯媒体对国际话语权的架构——以乌克兰危机中俄美的话语博弈为例》,《新闻爱好者》2016年第5期。

况腊生:《从东古塔战役管窥俄美在叙利亚战争中的博弈》,《军事文摘》2018年第6期。

肯·莱顿-布朗、茹东燕:《全球化背景下软实力概念及内容的新发展——以北美地区海外华人的文化“软效应”为例》,《文化软实力》2019年第1期。

李滢嫣:《多语种电视频道在俄罗斯公共外交中的作用——以今日俄罗斯电视台为例》,《东南传播》2013年第7期。

李晨:《美国“巧实力”的立足之基》,《国防科技工业》2011年第8期。

李承霖:《今日俄罗斯地区冲突报道策略及启示》,《青年记者》2016年第10期。

李宏:《新媒体时代跨文化传播研究——以今日俄罗斯为例》,《传媒》2017年第6期。

李笃武:《从乌克兰政局演变看俄美政治博弈》,《俄罗斯研究》2005年第4期。

李光、李绍先:《叙利亚局势新发展及各方博弈》,《现代国际关系》2019年第11期。

李昊:《软实力提升中国国际话语权探析》,《西部学刊》2020年第22期。

李连鹏:《普京第三任期内俄美外交关系研究》,硕士学位论文,黑龙江大学,2019。

李可宝:《从今日俄罗斯看俄罗斯媒体国际传播策略》,《学术交流研究》2019年第8期。

李庆四:《美俄关系的现状、发展趋势及其影响》,《当代世界》2018年第3期。

李萌萌、张之峰:《"一带一路"战略视阈下中国"软实力"与"巧实力"提升策略研究》,《长江丛刊》2017年第27期。

李大鹏:《美俄在叙利亚"斗而不破"的局面还能持续吗》,《中国青年报》2017年第11期。

李志玲:《以文化软实力争取国际话语权》,《西部学刊》2020年第12期。

刘畅:《软实力、文化软实力及我国文化软实力建设》,《企业导报》2015年第14期。

刘国柱:《"锐实力"论与美国对华战略环境的转变》,《社会科学文摘》2019年第7期。

刘晓音:《俄罗斯软实力发展和国家形象的提升》,《社会科学》2015年第2期。

刘莹、关海庭:《新时期俄罗斯外交转型中的软实力政策调整》,《东北亚论坛》2015年第1期。

刘莹:《叙利亚危机中的中美俄竞合关系》,《国际论坛》2019年第4期。

刘佳星:《从议程设置理论看美国媒体的国际传播》,《电视指南》2017年第9期。

刘珂珂:《新闻传播巧实力探析》,《科技信息》2012年第3期。

刘文科:《政治权力运作中的政治修辞》,《学习与探索》2008年第4期。

刘栩君:《俄乌媒体中的政治隐喻对比研究》,硕士学位论文,北京第二外国语学院,2016。

刘新伟:《全面建成小康社会的文化软实力意蕴》,《大连干部学刊》2020年第11期。

刘壮:《提高国家文化软实力的四个着力点》,《重庆日报》2020年12月17日,第9版。

林克勤:《语言力:中国媒体走出去的一种巧实力》,《学术界》2020年第4期。

龙小农、贾乐蓉:《国际传播与国家发展：中俄大众传媒发展学术研讨会综述》,《现代传播（中国传媒大学学报）》2014年第12期。

陆佳怡:《媒体外交视野下的国际争端：以美俄媒体对叙利亚化武事件的媒介化协商为例》,《国际新闻界》2016年第10期。

吕景胜:《美国〈反外国宣传法〉带给我们什么启示》,《世界社会主义研究》2017年第6期。

吕明辉:《以习近平文艺思想为指导，着力提高国家文化软实力》,《艺术教育》2019年第10期。

凌娜、吴非:《今日俄罗斯的理想媒体实践》,《对外传播》2013年第9期。

梁益畅:《人民日报：媒体融合国家队展示“服务”硬科技、巧实力》,《中国记者》2020年第10期。

马峰、C.鲁德恩科:《美俄在乌克兰危机演化中的博弈机制分析》,《西伯利亚研究》2017年第1期。

马丽:《境外新闻媒体关于中国“锐实力”的报道分析》,《国际论坛》2019年第6期。

马强:《大国在中亚的“软实力”政策比较分析》,《俄罗斯学刊》2019年第6期。

马学清:《由化武危机看大国在叙利亚的竞争》,《学术探索》2018年第12期。

马荣升:《叙利亚乱局背后的代理人战争》,《中国国防报》2015年第22期。

马勇、李永健、陈修超:《国际政治冲突事件报道中主流媒体的报道框架》,《电视研究》2016年第6期。

马雪健、黄沛:《国际“舆论战”对地方舆论工作的启示》,《新闻前哨》2016年第1期。

美国务院:《俄“外国代理人法”比美相应法律严厉》,《中国新闻网》,2017年11月。

《美改革“宣传喉舌”对付中俄　或不顾事实打宣传战》,《环球时报》,2014年7月。

莫艳:《日本公共外交与国家软实力构建的启示》,《产业与科技论坛》2020年第16期。

聂书江:《试论美国〈反宣传法〉对我国的影响及应对策略》,《对外传播》2017年第3期。

聂黎、聂炳华:《“合作共赢”新型国际关系条件下提升国家文化软实力的再思考》,《东岳论丛》2016年第6期。

牛新春、杨成、樊吉社、张弘、董春岭、安刚:《俄美战略博弈,何以论输赢?》,《世界知识》2016年第11期。

钮松:《美俄中东政策:矛盾与合作》,《中国国防报》2017年第22期。

钮松:《当前美俄在叙利亚问题上的博弈与合作》,《长江论坛》2016年第6期。

蒲公英:《俄罗斯软实力政策研究》,博士学位论文,北京外国语大学,2016。

齐赟赟:《试论美俄在叙利亚问题上的国家利益及其博弈》,《阿拉伯研究论丛》2016年第2期。

《世界中的中国:人类学视角下的孔子学院、软实力和全球化》,《对外传播》2019年第7期。

《什么是国家的硬实力、软实力、巧实力?》,《理论导报》2011年第1期。

荣文汉:《今日俄罗斯成功经验的启示》,《华东理工大学学报》(社会科学版)2018年第4期。

宋志芹:《俄罗斯软实力外交:认知、优先方向、评价》,《西伯利亚研究》2015年第3期。

苏晓春:《今日俄罗斯最新发展趋势及启示》,《电视研究》2015年第6期。

史安斌、刘滢:《“三步走”推进国际传播力建设》,《人民日报》2014年5月19日。

史凯迪、常江:《“锐实力”话语的生成机制及其对中国对外传播的启示》,《新闻春秋》2019年第2期。

石适:《美俄角力叙利亚》,《时事(高中)》2016年第6期。

石之瑜、林广挺、汤名晖:《科学的国际“关系性”——天下、软实力与世界秩序》,《国际政治研究》2019年第3期。

陶文钊:《美俄在叙利亚的角逐》,《国际关系研究》2020年第5期。

唐秋实:《人类命运共同体思想下中国外交软实力的提升》,《现代交际》

2020年第21期。

唐彦林:《奥巴马政府“巧实力”外交政策评析》,《当代亚太》2010年第1期。

唐宇婕:《公共外交中的国际媒体角色——以今日俄罗斯的成功经验为例》,《新闻研究导刊》2017年第5期。

唐润华、蒋玉鼐:《今日俄罗斯YouTube账号对叙利亚、伊拉克战事报道框架分析》,《新闻与传播评论》2018年第1期。

王磊:《今日俄罗斯运营成功经验及其借鉴意义》,《今传媒》2014年第12期。

王国安:《创新国际传播机制的几点思考》,《传媒》2017年第1期。

王朋进:《突围的艺术:价值多元时代的机遇和挑战——今日俄罗斯电视台的经验对我们的启发》,《中国电视》2014年第1期。

王朋进:《国际一流电视媒体的硬实力、软实力与巧实力——以BBC、CNN等为例》,《中国电视》2011年第7期。

王波:《美国出台〈反宣传法〉意欲何为》,《世界知识》2017年第12期。

王莉丽:《中国应正面应对西方“锐实力”舆论遏制》,《公共外交季刊》2018年第1期。

王星龙:《边境反蚕食斗争舆论战的使用研究》,硕士学位论文,重庆大学,2014。

王晨星:《博弈亚欧中心地带　勾勒中国战略图景——评〈亚欧中心地带:俄美欧博弈与中国战略研究〉》,《俄罗斯学刊》2013年第5期。

王啸:《国际话语权与中国国际形象的塑造》,《国际关系学院学报》2010年第6期。

王斌:《俄美会不会在叙利亚擦枪走火?》,《中国国防报》2016年第4期。

王宪举:《俄罗斯撤军致中东利益博弈更趋复杂》,《学习时报》2016年3月28日,第2版。

王丹娜:《美国大选网络舆论战模式、应对与展望》,《中国信息安全》2019年第9期。

王谦:《春节文化的软实力价值及其发掘》,《文化软实力研究》2019年第5期。

王生、韩佶:《“锐实力”陷阱下当代中国外交的路径选择》,《岭南学刊》2019年第3期。

王文、刘玉书、关照宇、张婷婷:《论新时代中国软实力建设》,《中央社会主义学院学报》2020年第2期。

王玉鹏:《新时代中国特色社会主义文化软实力的构成及其实践生成》,《社会科学家》2019年第6期。

吴旭:《RT:俄罗斯“新闻信息战”中的新王牌》,《对外传播》2014年第7期。

吴非、胡逢瑛:《扑朔迷离的乌克兰国家未来发展方向——对克里米亚危机的国际舆情分析报告》,《人民论坛·学术前沿》2014年第3期。

吴非、胡逢瑛:《俄罗斯的公共外交与文化软实力战略》,《人民论坛·学术前沿》2015年第24期。

吴非:《俄罗斯媒体外宣:寡头媒体的调整及延伸》,《人民论坛·学术前沿》2019年第6期。

吴立斌:《中国媒体的国际传播及影响力研究》,博士学位论文,中共中央党校,2011。

魏明革:《从俄格冲突看西方媒体的舆论战》,《声屏世界》2009年第2期。

汪嘉波:《俄罗斯舆论探讨重建海外军事基地》,《光明日报》2016年10月22日。

汪嘉波:《普京为何高调从叙利亚撤军?》,《光明日报》2016年3月15日。

汪嘉波:《俄美关系是否柳暗花明》,《光明日报》2016年2月25日。

徐梅:《今日俄罗斯的国际传播策略及启示》,《传媒》2017年第16期。

徐鸣、王峰、王立英、刘润璞、黄友义:《世界新格局下的中国作为——试论硬实力、软实力和巧实力》,《新远见》2011年第7期。

徐光裕:《俄、美、叙博弈:俄式太极胜了美式少林》,《中国航天报》2013年第3期。

谢新洲、陈春彦:《新型媒体与国家软实力战略——今日俄罗斯(RT)的发展与启示》,《智库理论与实践》2016年第1期。

许华:《今日俄罗斯因何异军突起?》,《对外传播》2014年第8期。

许华:《从乌克兰危机看俄罗斯的国际传播力——兼议国际政治博弈中的

传播之争》,《俄罗斯学刊》2015年第3期。

许华:《战外之战：乌克兰危机中的国际传播博弈》,《中国社会科学报》2015年第723期。

许华:《普京为俄罗斯重夺大国话语权》,《环球时报》2014年3月24日。

岳汉景:《美俄入叙军事打击“伊斯兰国”——法律依据差异及其背后的话语权之争》,《国际观察》2017年第2期。

姚全:《美俄在叙利亚危机中的懦夫博弈论析——兼论中国的战略选择方案》,《世界经济与政治论坛》2018年第5期。

闫欢欢:《今日俄罗斯重塑国家形象的经验与启示》,《青年记者》2020年第33期。

阎际发、王海军、姜玲:《“软实力”转化成了“硬支撑”》,《共产党员》(河北)2020年第24期。

闫伟:《美俄博弈下的叙利亚问题及其前景》,《国际论坛》2020年第4期。

严骁骁:《应对“中国锐实力说”：文化外交视角下中国的软实力运用与国际形象塑造》,《中南大学学报》(社会科学版)2020年第5期。

杨威、张一苇:《凝聚与吸引：中国梦助推软实力的两种方式》,《文化软实力研究》2020年第2期。

杨宇杰:《叙利亚上空的美俄博弈》,《时事报告》2016年第11期。

杨宁、谷漩:《叙利亚距和平还有多远?》,《人民日报海外版》2016年第7期。

杨青:《21世纪初俄罗斯的媒体外交与国家形象塑造》,《新闻学论集》第28辑。

约瑟夫·奈:《巧实力必须回答五个问题》,《全球化》2012年第4期。

约瑟夫·奈:《巧实力：权力的未来》,《中国经济周刊》2012年第11期。

袁岳:《提升国际媒体关注度要靠巧实力》,《IT时代周刊》2011年第15期。

《中共中央印发〈深化党和国家机构改革方案〉》,《人民日报》2018年3月21日。

张丽丽:《军队新闻队伍舆论战角色定位的探索》,《新闻研究导刊》2015年第21期。

张武恒:《武警驻疆部队反恐舆论战问题及对策研究》，硕士学位论文，国防科学技术大学，2010。

张丹萍:《俄罗斯舆论的对华认知及主要关切》,《世界知识》2019年第16期。

张瑗敏:《新媒体“冷战”渐成“热战”》,《军事文摘》2019年第6期。

张建:《大国博弈背景下的俄罗斯中东政策》,《和平与发展》2020年第3期。

张超:《国际传播中的话语争夺策略——以俄罗斯RT电视台为例》,《传媒》2014年第13期。

张国祚、Б. О. 科莫茨基、W. 哈拉比:《软实力及国际关系和社会主义问题》,《文化软实力》2016年第2期。

张竞方:《国际政治中的软实力因素研究》,《新西部》2020年第1期。

张涛:《论巧实力与权力的内在逻辑》,《湖北函授大学学报》2018年第16期。

张淑阳:《约瑟夫·奈“软实力”理论的现实架构》,《当代经济》2019年第11期。

张浩:《普京的外宣利器——俄罗斯RT电视台的外宣经验及启示》,《新闻战线》2017年第6期。

张在杰:《把软实力打造成“硬支撑”》,《东方烟草报》2020年12月1日，第1版。

张鸷远、于禄娟、顾会芹:《“锐实力”背后的美式思维逻辑及其对策》,《哈尔滨市委党校学报》2019年第1期。

郑东超:《“巧实力与中美关系”国际研讨会综述》,《现代国际关系》2011年第12期。

郑若麟:《俄罗斯正在赢得新的“媒体冷战”?》,《新民周刊》2015年第13期。

朱宁宁:《乌克兰政局动荡中俄对乌舆论战谋略运用探析》,《军事记者》2014年第5期。

朱虹:《如何加强国际传播能力建设——以今日俄罗斯为例》,《新闻研究导刊》2015年第10期。

朱智宾、蒋玉鼐:《今日俄罗斯YouTube报道策略及启示》,《中国记者》2018年第4期。

赵晓航:《今日俄罗斯在国际冲突事件中的对外话语战略——以乌克兰事件中的舆论应对为例》,《河北大学学报》(哲学社会科学版)2016年第4期。

赵鸿燕、李金慧:《政治修辞:媒体外交的传播智慧———基于言语行为理论的框架分析》,《国际新闻界》2010年第3期。

周东辰、唐子清:《中国新时代提升“软实力”作用之探析》,《内蒙古师范大学学报》(哲学社会科学版)2019年第2期。

周方银:《以巧实力延续美国霸权——评约瑟夫·奈〈权力的未来〉》,《国际经济评论》2012年第1期。

周烈:《叙利亚危机中的大国博弈》,《阿拉伯研究论丛》2016年第1期。

周明、李泽:《俄罗斯军事干预叙利亚危机的情感动机》,《国际安全研究》2016年第5期。

章波:《美俄在叙利亚问题上的新博弈》,《当代世界》2016年第11期。

展江:《普京治下俄罗斯国家与媒体关系探析》,《南京社会科学》2009年第4期。

钟龙彪:《“巧实力”战略与奥巴马新外交》,《现代国际关系》2009年第5期。

郑羽:《当前国际热点的快速转换与中俄美三国的政策互动》,《俄罗斯东欧中亚研究》2016年第4期。

二、俄语文献

(一)书籍

Бударев А.В., *Роль «мягкой силы» во внешней политики России: диссертация кадд*, Полит.наук, 23.00.04 - М.: ДА МИД РФ, 2014.

Василенко И.А., *Имидж России: концепция национального и территориального брендинга*, М.: Экономика, 2014.

Добреньков В.И., Агапов П.В., *Война и безопасность России в XXI веке*, М.: Академический проект, 2011.

Карякин В.В. *Геополитика третьей волны: трансформация мира в эпоху Постмодерна*, М.: Иг “Гранцица”, 2013.

Красина О.В., *«Мягкая сила» как Теоретическая конструкция и властная технология современной мировой политики»*, М.: Изд-СГУ, 2011.

Махонина С.Я., *История русской журналистики начала XX века,* М.: Флинта: Наука, 2004.

Паршин П., *Проблематика «мягкой силы» во внешней политике России,* М.: МГИМО-Университет, 2013.

Погорелый Ю.А., *Информационное агентство: стиль оперативных сообщений*, М.: Аспект Пресс, 2005.

Смирнов А.И.(под общ.ред.)., *Глобальная безопасность в цифровую эпоху: стратагемы для России*, М.: ВНИИ геосистем, 2014.

Смирнов А.И., Кохтюлина И.Н. *Глобальная безопасность и “мягкая сила 2.0”: вызовы и возможности для России*, М.: ВНИИ геосистем, 2012.

Смирнова Л.Н., *Предложения по улучшению образа России в Китае: рабочая тетрадь*, М.: Спецкнига, №16, 2014.

Филимонов Г.Ю., *«Мягкая сила» культурной дипломатии США*, М.: РУДН, 2010.

（二）论文和报告

Аванесова М.С., Наксера В., «‹Мягкая сила› во внешней политике России», *Грант Западночешского университета SGS-2016-030 «Политический порядок, легитимность политической власти и выработка дискурса: выбранные вопросы прикладной политической теории»,* 2016, С.7-12.

Агеева А.В., «Роль инструментов ‘мягкой силы’ во внешней политике России», *Власть*, Т. 26. № 4, 2018, С. 59-63.

Алкснис Ирина, «Пропаганда против новостей: почему западные СМИ теряют свои позиции», *Стопка газет*, 7 июля, 2020.

Астафьева О.Н., Козловцева Н.А., «Динамика социальных представлений о русском мире: Роль культурных событий как фактор изменений», *Вестник культуры и искусств,* № 4 (56), 2018, С. 31-40.

Ахмед К.С., «Влияние онлайн-технологий на формирование имиджа Ирака в российском медиапространстве», *Глобальный научный потенциал,* № 4, 2015, С. 54-61.

Балабанов К.В., Трофименко Н.В., «Информационный ресурс современной дипломатии», *Евразийская интеграция: экономика, право, политика,* № 16, 2014, С. 135-139.

Богатова А.А., «‹Мягкая сила› в формировании и продвижении образа российской федерации за рубежом», *Наука и общество*, № 1 (20), 2015, С. 54-59.

Бонь Т.Н, «Что означает термин ‹мягкая сила›. Как повысить иммунитет школьников к манипуляциям и пропаганде (на примере то ‹интернет-журналистика›)», В книге *Актуальные проблемы обеспечения информационно-психологической безопасности личности, сборник тезисов докладов I Всероссийской научно-практической конференции*, Севастопольский государственный университет, 2018, С. 39-44.

Браун Д., «Антибрендинг России в Американских медиа», *Международные процессы*, Т. 16. № 2 (53), 2018, С. 91-121.

Боришполец К.П., «Русский язык в центрально-азиатском регионе», *Вестник МГИМО-Университет*, №2(35), 2014, С. 63-69.

Будаев Э.В., Тихонов В.В., «Зооморфные метафоры как инструмент концептуализации сирийского конфликта в СМИ России и США», *Политическая лингвистика*, 2016.

Бурыкин И.А., «Информационное сопровождение социальных конфликтов в средствах массовой информации (на примере сирийского конфликта)», *Коммуникология: электронный научный журнал,*, Vol. 4, №2, 2019, С. 90-97.

Василенко И.А., «Роль технологий ‹мягкой силы› в формировании имиджевой стратегии России», *Контуры глобальных трансформаций: политика, экономика, право,* 2015, С. 28-34.

Василенко С.А., Аляутдинова Д.Ф., «Особенности информационного сопровождения операции российских ВКС в Сирии мировыми СМИ», *Азимут научных исследований: экономика и управление*, 2017.

Васильева А. С., Дроздов Д. А., Колбая В.Г., Федосова С.Н., Зайчикова И.В., Маликов А.И., Коврига В.В., «Исследование свойств различных марок PE-RT второго типа», *Пластические массы*, Vol.5-6, 2017, С.19-22.

Васина И.И., «Факторы ‹вмешательства› России в президентские выборы США в 2017 году», *Архонт*, 2018.

Велиева Н., «Освещение сирийского военного конфликта в российских СМИ (на примере изданий ‹Газета. Ру› и ‹Российская газета›)», *Современные научные исследования и разработки*, 2017.

Володенков С.В., «Информационно-коммуникационная революция и ее влияние на современный политический процесс», *Политическая экспертиза: ПОЛИТЭКС*, Vol. 7,. №4, 2011, С. 159-167.

Гашин В.С., «Прочность китайской “мягкой силы”», *Проблема Дальнего Востока*, №6, 2009, С. 34-44.

Горбатова Н.В., Малькевич А.А., «Современные СМИ как инструмент политической социализации молодежи», *Управленческое консультирование*, №5 (77),2015,С. 52-62.

Гранатова Ю.В., «Презентация образов Путина и Медведева на телеканале ‹Russia Today›», *Вестник Пермского университета. Серия: Политология*, №3,2010, С. 82-91.

Давыдов Ю.П., «Понятие ‹жестокой› и ‹мягкой› силы в теории международных отношений», *Журнал Международные процессы*, №1, 2004, С. 69-80.

Дадыдов Ю.П., «‹Жестка› и ‹Мягкая› сила в международных отношениях», *Экономика. Политика.Культура,* №1, 2007, С. 15.

Далевская Н.М., «Институционализация международной власти как средство эффективной коммуникации мирового политико-экономического пространства», *Экономический вестник Донбасса,* № 3 (33), 2013, С. 24-27.

Десяев Д.Г., «Военная операция в Сирии: специфика освещения в зарубежных СМИ». *Россия в XXI веке: факторы и механизмы устойчивого развития*, 2016.

Десяев Д.Г., «Политика противостояния в СМИ: Россия и США», *Огарёв-Online*, №7 (72), 2016, С. 4.

Джума А.М., «Сравнительный анализ освещения сирийского конфликта в российских и западных СМИ», *Свободная мысль*, 2020.

Долгов Б.В., «‹Мягкая› и ‹жесткая› сила Европы на Ближнем и среднем Востоке», *Актуальные проблемы Европы*, №3, 2014, С. 7-14.

Егошин В.Н., «Гражданская война в Ливии и Сирии как объект геополитического информационного противостояния Российских и Американских СМИ», *Социально-экономическая география*, 2017.

Енина Л.В., Ильина О.В., Каблуков Е.В., Чепкина Э.В., «Практики политической идентификации Россиян под влиянием медиаконцепта ‹информационная война›», *Политическая лингвистика,* № 4 (64), 2017, С. 96-107.

Журавлев Ф. Б., «Отношение к телеканалу Russia Today в странах запада в условиях новой холодной войны», *Межкультурная коммуникация и СМИ*, 2018.

Звягина Д.А., «Культурное влияние как компонент ‹мягкой силы›», *Исторические, философские, политические и юридические науки, культурология и искусствоведение. Вопросы теории и практики.*, № 11-2 (25), 2012, С. 94-98.

Зевелёв И.А., Троицкий М.А., «Сила и влияние в американо-российский отношениях. Семиотический анализ, Очерки текущей политики. Выпуск 2.» *Научно-образовательный форум по международным отношениям*, №2, 2006, С. 72-94.

Зубов В.В., «Освещение ‹Дела Магнитского›: анализ восприятия российской повестки через призму информационной войны», *Гуманитарные науки. Вестник Финансового университета*, Vol. 10, №1, 2020, С. 21-27.

Инь Ж., «Взаимосвязь между понятиями ‹Мягкая сила›, ‹Страновой Бренд› и ‹Имидж страны в политической коммуникации›», *Научные исследования: от теории к практике*, № 2-1 (8), 2016, С. 23-26.

Инь Ж., Ху Ц., «Установление повестки дня газетой ‹MOSCOW TIMES› в контексте внешней политики России (на примере освещения военной операции России в Сирии)», *Власть*, Т. 26, № 4, 2018, С. 143-147.

Исраелян Е.В., Соколов В.И., «‹Мягкая сила› как основа внешней политики державы ‹среднего ранга›», *Вестник международных организаций*, Т.9. №2, 2014, С. 72-94.

Кабанова, И.Н., Колобова, И.С., «Сирийский конфликт: специфика освещения в англоязычных СМИ», *Теория и практика иностранного языка в высшей школе*, №.14, 2018, С. 103-107.

Кадырова Ш. Н., «Информационная война в период Южноосетинского конфликта. Противостояние СМИ России и Запада», *Вестник Российского университета дружбы народов. Серия: Литературоведение, журналистика*, №3, 2010, С. 56-68.

Казанцев А.А., Меркушев В.Н., «Россия и постсоветское пространство: перспективы использования ‹мягкой силы›», *Полис (Политические исследования)*, №2, 2008, С. 122-135.

Казун А.Д., Казун А.П., «И не друг, и не враг: Дональд Трамп в российских СМИ», *Полис: Политические исследования*, 2019.

Карасин Г.Б., «Интервью статс-секретаря - заместителя Министра иностранных дел России», *Свободная мысль*, №12, 2010.

Кондукторова Е.И., Усачев С.В., «Россия и США: Роль конституирующего другого», *Внешнеполитические интересы России: история и современность*, 2020, С. 84-88.

Корнеева В.А., «Актуализация спортивного дискурса ‹Мягкой силы› в условиях эскалации политического напряжения», *Дискурс-Пи.*, №3-4 (28-29), 2017, С. 269-275.

Корнеев В. А., «Проблема восприятия телеканала Russia Today в ФРГ и его перспективы на немецком медиарынке», *Век информации (сетевое издание)*, Vol. 3, №. 2(7), 2019, С. 31-40.

Королев В.А., Кудрявцева С.С., «‹Мягкая сила› современной Японии: опыт и направления развития», *Вестник международных организаций*, Т.9. №2, 2014, С. 190-208.

Косачев К.И., «Вступительное слово», *Вестник международных организаций*, Т9, №2. 2014, С. 7-9.

Косачев К.И., «Кто навязывает России комплекс международной неполноценности?», Статья на *Svop.Ru.*, 3 февраля 2014.

Косачев К.И., «Мягкая сила и жесткая сила - не сумма, но произведение», *Индекс безопасности*, Т.19, №4, 2013, С. 11-18.

Косачев К.И., «Не рыбу, фудочку», *Россия в глобальной политике*, №4, 2012.

Косачев К.И., «Определиться с тем, что представляет собой сегодняшняя Россия, где её место в мире», *Индекс Безопасности*, №4(87), 2008, С. 11-20.

Косачев К.И., «Приоритеты внешней политики и мягкая сила России», *Выступление на Заседании международного клуба Триалог,* 15 октября 2013г.

Косачев К.И., «Россия и содействие международному развитию», *Международная жизнь,* 2014, С. 12-20.

Косачев К.И. «Что такое ‹мягкая сила›», *Российская газета*, 14 марта 2012.

Кошкин П.Г., «Тематика новой холодной войны в повестке российских и американских СМИ в 2019 году», *Международные отношения и общество*, №4, 2019, С. 49-53.

Кошкин П.Г., «Эволюция образа России в редакционных колонках ‹Нью-Йорк таймс› (2010-2017)». *Вестник РГГУ. Серия: Политология. История. Международные отношения*, 2018.

Кравец И.А., «Президентские выборы в США 2016 года по материалам российской прессы», *Огарёв-Online,* 2017.

Кузина С.И., Асрян Т.Ю., «СМИ как инструмент ‹мягкой силы› в процессах формирования политического имиджа российского государства», *Дневник АШПИ*, № 33, 2017, С. 143-147.

Кулачкова Е.Д., «Американские СМИ как инструмент и фактор ‹Мягкой силы›: Освещение вопроса о наличии ОМП в Ираке (сентябрь 2001 -март 2003гг.)», *Дневник АШПИ*, № 34, 2018, С. 214-219.

Кулдышева Э.И., «Выборы в США и публичная дипломатия России», *Азимут научных исследований: экономика и управление*, 2018.

Кутейба А., «Особенности отражения сирийского военного противоборства в медиа Сирии, России и стран Запада», *Вопросы национальных и федеративных отношений*, 2019, №.10(55), С. 1745-1757.

Лавров С.В., «Внешнеполитическая философия России», *Международная жизнь*, №3, 2013, С. 1-8.

Лавров С.В., «Выступление и ответы на вопросы Министра иностранных дел России, председателя Попечительского совета Фонда поддержки публичной дипломатии имени А.М. Горчакова Сергея Лаврова в рамках ‹правительственного часа› в Совете Федерации Федерального Собрания Российской Федерации», Москва, 18 декабря 2013 года.

Лавров С.В., «Глобальной политике нужны открытость и демократия», 2007, https://iz.ru/news/324084.

Лавров С.В., «Интервью Министра иностранных дел России, С.В. Лаврова по тематике отношений с зарубежными русскоязычными общинами», опубликованное в *Российской газете. РГ*, 30 октября, 2008.

Лебедева М.М., «‹Мягкая сила›: понятие и подходы», *Вестник МГИМО-Университета*, 2017, С. 212-223.

Лебедева М.М., «‹Мягкая сила› в отношении Центральной Азии: участники и их действия», *Вестник МГИМО-Университета*, 2014, С. 47-55.

Лебедева М.М., Харкевич М.В., «‹Мягкая сила› России в развитии интеграционных процессов на евразийском пространстве», *Вестник МГИМО-Университет,* №2(35), 2014, С. 47-56.

Левина О.М., «Современная трансляция международного иноязычного образования: Проблема ‹мягкой силы› в призме адвисивных речевых актов», ответственные редакторы Т.А. Барановская, Е.Н. Соловова, в сборнике: *Коммуникация в современном поликультурном мире: культура, образование, политика Ежегодный сборник научных трудов*, 2018. С. 182-186.

Леонова О. Г., «Мягкая сила - ресурс внешней политики государства», *Научно-аналитический журнал Обозреватель – Observer*, № 4. 2013, С. 27-40.

Лэпин С., «Президентские выборы в США: ‹Мягкая сила› или политическое шоу?», *Вопросы национальных и федеративных отношений*,. № 1 (36), 2017, С. 197-202.

Маклис А., «Возрождение Российской ‹Мягкой Силы›», *Ойкумена. Регионоведческие исследования,* № 2 (17), 2011, С. 175-184.

Максимова А.Д., «Образ России после президентских выборов 2016 г. в США» «(на материале Американских СМИ)», *Россия и мировые тенденции развития*, 2019.

Маринович А.Н, «Особенности освещения Сирийского конфликта общественно-политическими медиа России и США», *Уральское востоковедение*, 2018(8), С. 158-168.

Мартыненко Е.В., «Характер информационной войны между Россией и США в Сирии», *Общество: политика, экономика, право*, 2016.

Махмуд А.Х., «‹Мягкая сила› Российской федерации в XXI веке», *Вестник молодых ученых-международников*, № 2 (4), 2018, С. 117-125.

Мансурова В.Д., «Медийные стратегии ‹мягкой силы›: ‹...И дым отечества нам сладок и приятен›?», *Журналистский ежегодник,* № 4, 2015, С. 12-15.

Медведева Я.В., «Гражданская война в Сирии в зеркале российских и французских информационных агентств», *Труды молодых ученых Алтайского государственного университета,* 2014, С. 231-233.

Мефодьева С.А., Инь Ж., «Практики китайских и российских СМИ в распространении ‹Мягкой силы› государств (на примере их освещения в CCTV NEWS и RT)», *Власть*. Т. 27. № 1, 2019, С. 196-200.

Мещерякова В.Г., «Информационная война, развернутая в иностранных

СМИ против России на примере ‹участия› РФ в хакерских атаках во время выборов президента США в 2016 году», *Национальные интересы: приоритеты и безопасность*, 2018.

Мещеряков И.В., «Современные технологии информационной политики на примере освещения сирийского военного конфликта российскими СМИ», *Наука Красноярья*, 2016.

Минасян Н., «Концепция ‹мягкой силы› в контексте теорий международных отношений», *Информационно-аналитический журнал 21-й век*, № 3 (44), 2017, С. 90-94.

Митяева Ю. А., «Телеканал ‹Russia Today› и специфика информационного противостояния в социальных сетях и блогах», *Дневник Алтайской школы политических исследований*, № 28, 2012, С. 117-122.

Михаил Гуткин, Сергей Гусев, «Есть ли у России ‹мягкая сила›», http://www.golos-ameriki.ru/content/russia-soft-power/2969349.html, 2016.

Михневич С.В., «Панда на службе Дракона: основные направления и механизмы политики ‹мягкой силы› Китая», *Вестник международных организаций,* Т.9. №2, 2014, С. 95-125.

Мокрецова Л.А., Бойко Е.Н., «Некоторые аспекты исследования проблемы формирования у студентов деловой культуры международного общения средствами интернет-коммуникации», *Мир науки, культуры, образования*, № 5 (42), 2013, С. 92-94.

Мохаммад И.Н., «Военно-политические отношения России и Сирии глазами зарубежных СМИ», *Вестник Московского государственного областного университета. серия: история и политические науки,* № 4, 2014, С.74-79.

Муротова Ю.Д., «СМИ как инструмент информационной войны в Сирийском конфликте», *Национальная безопасность и стратегическое планирование*, 2017, № 3(19), С. 61-67.

Наумов Александр Олегович, «‹Мягкая сила› и внешнеполитический имидж Российской Федерации», http://www.perspektivy.info/rus/gos/magkaja_

sila_i_vneshnepoliticheskij_imidzh_rossijskoj_federacii_2015-03-30.htm,2016.

Наумов А. О., «Мягкая сила и цветные революции», *Российский журнал правовых исследований*, № 1., 2016, С. 73–86.

Небренчин С.М., «Информационный характер современной ‹мягкой силы›: Российская национальная информационная система», сборник материалов Международной научно-практической конференции, в сборнике: *Стратегия «мягкой силы» в контексте информационных войн*, Московский государственный лингвистический университет, 2017, С. 201-220.

Никитина Ю.А., «Российский подход к продвижению ‹мягкой силы› в сфере внешней политики», *Вестник МГИМО-Университет*, №2(35), 2014, С. 30-37.

Новоселов С. В., «Российская модель и инструменты ‹мягкой силы›», *Журнал Каспийский регион: политика, экономика, культура,* №3 (56), 2018, С. 90-94.

Новоселов С. В., «Основные приоритеты национальной системы ‹мягкой силы›», *Научный журнал Дискурс-Пи*, 2017, С.73-79.

Новоселов С.В., «Инструменты стратегий непрямых действий и ‹мягкой силы› в отношении России», Каспийский регион: политика, экономика, культура, № 3 (52), 2017, С. 142-150.

Новоселова О.В., «Масс-медиа и массовые коммуникации: статус научных и учебных дисциплин», международный научный коллоквиум, *Мир лингвистики и коммуникации: электронный научный журнал,* № 32, 2013, С. 115-117.

Озюменко В. И., «Манипуляция общественным сознанием в средствах массовой информации как угроза национальной безопасности», В. Ю. Меликян, В. А. Трофимова et al., *Язык, культура и «мягкая сила». Сборник научных трудов*, 2018, С. 28-34.

Осколова, Т.Л., «Сирийская война 2014–2019: дискурс англоязычных СМИ», *Дискурс-Пи*, 2020.

Панова Е.П., «Сила привлекательности: использование ‹мягкой власти› в мировой политике», *Вестник МГИМО-Университет*, №4(13), 2010, С. 91-96.

Паршин П.Б., «Два понимания ‹мягкой силы›: предпосылки, корреляты и следствия», *Вестник МГИМО-Университета*, 2014, С. 14-21.

Парубочая Е.Ф., Пискунов Н.В., «Общественная дипломатия как инструмент реализации российской ‹мягкой силы›», *Вестник Волгоградского государственного университета. Серия 4: История. Регионоведение. Международные отношения,* 2018, С.197-207.

Паршин П.Б., «Проблематика ‹мягкой силы› во внешней политике России», *Аналитические доклады МГИМО*, выпуск 1(36), 2013.

Пащенко И.Ю. «К вопросу о ‹влиянии› России на выборы в США: медийный паттерн в американской журналистике», *Вестник современных исследований*, 2020.

Перфильева Н.В., Жикулина К.П., «Феномен ‹Маша и медведь› в российских и зарубежных средствах массовой информации», *Вопросы теории и практики журналистики*, Т. 8. № 1, 2019, С. 164-178.

Петросян С.Ф., «Место и роль национальной культуры в процессе осуществления международных имиджевых коммуникаций страны», *Система ценностей современного общества,* №23. 2012, С. 251-258.

Пименов Н.П., «Концепты новых форм политической коммуникации в современной России», *Известия Иркутского государственного университета, Серия: Политология. Религиоведение,* Т. 11, 2015, С. 105-111.

Погорельская С.В., «Мягкая сила Германии: политические фонды», *Актуальные проблемы Европы*, №3, 2014, С. 97-135.

Попова А. Н., «Деятельность RT по формированию образа России за рубежом», *Череповецкие научные чтения-2017*, 2018, С. 110-112.

Путин.В.В., «Россия и меняющийся мир», *Московские новости*, 27 февраля, 2012.

Романова Г.Н., «Транспортные коммуникации дальнего востока России в системе международных региональных связей», *Таможенная политика России на Дальнем Востоке*, № 3 (44), 2008, С. 88-98.

Россия сегодня, «СМИ G7 и Китая о России в период пандемии», 2020.

Русакова О.Ф., «Концепт ‹мягкой› силы в современной политической философии», *Научный ежегодник ИФП Уральского отделения РАН*, 2010, С. 173-192.

Рябова Т.Б., Рябов Д.О., «Семейные и религиозные ценности как ресурс ‹мягкой силы› России: Дискуссии в современных российских и западных СМИ», *Женщина в российском обществе*, № 3 (84), 2017, С. 17-32.

Сафонкина Е.А., «Турция как новый автор политики ‹мягкой силы›», *Вестник международных организаций*, Т.9. №2, 2014, С. 145-166.

Сароян Р.А. Панорама, «СМИ как инструмент ‹мягкой силы›»,... Т. 27, 2017, С. 63-70.

Смирнов Н.А., «Информационная война в Сирии», *Вестник МГИМО Университета*, 2015.

Соловьева Е. А., Чекменев Д. С., «Проблемы и тенденции дискурса информационного телеканала RT как элемента системы российского внешнеполитического вещания», *Наука и образование: хозяйство и экономика; предпринимательство; право и управление*, Vol.99, № 8, 2018, С. 141-146.

Соломатин А. Н., «Формирование имиджа России средствами телеканала ‘RT’ в условиях информационных войн», *Вестник Череповецкого государственного университета*, №. 1 (54), 2014, С. 56-59.

Соломатин А. Н., «Дтношение к телеканалу Russia Today в странах запада в условиях новой холодной войны», *Вестник электронных и печатных СМИ*, №.1(25), 2017, С. 53-71.

Соломатин А. Н., «Коммуникативные стратегии формирования международного имиджа России (на примере телеканала RT-Rusaia Today)», автореферат дис. кандидата филологических наук, Акад. Медиаиндустрии, Москва, 2014.

Соломатин А. Н., «Коммуникативные стратегии телеканала RT (Russia Today)», *Вестник электронных и печатных СМИ*, №. 22, 2014, С. 60-76.

Соломатин А. Н., «Телеканал RT в условиях информационного

противостояния», *Вестник электронных и печатных СМИ*, №. 1 (24), 2016, С. 40-58.

Стренадюк Н. Е., «Особенности переводческих трансформаций медиатекста телевизионной сети ‹Russia Today›», *Достижения вузовской науки 2019*, 2019, С.110-115.

Сурков В.Ю., «Национализация будущего», *Сборник статей: Суверенная демократия. От идеи к доктрине*, издательство Европа, 2006, С. 38.

Тагворян М.П., «Использование ‹мягкой силы› в развитии внешнеполитических инициатив англоговорящих стран на примере США и Великобритании», *Азимут научных исследований: экономика и управление*, Т. 7. № 3 (24), 2018, С. 388-391.

Тепляшина А.Н., «Государственная поддержка региональных СМИ как фактор ‹мягкой силы› в контроле над медиадискурсом», *Стратегические коммуникации в бизнесе и политике*, № 4, 2018, С. 305-311.

Технический отдел компании ООО «Эго Инжиниринг», «Инновационный материал PE-RT для производства полимерных труб ОГВ», *Сантехника, Отопление, Кондиционирование*, Vol.149, №.5, 2014, С. 26-27.

Тилов Т.К., «Внешняя политика XXI века: СМИ как инструмент мягкой силы», *Актуальные проблемы гуманитарных и естественных наук,* № 9, 2014, С. 399-401.

Тимофеев Александр, «Информационные войны: на пятую и шестую колонны рассчитайсь», *Российское информационное агентство и интернет-издание*, 16 сентября, 2014.

Ткачев М.М., «Об оценках вмешательства России в Американские выборы», *Современная наука и инновации*, 2019, №.2 (26), С. 226-231.

Толоконникова А. В., «Особенности программирования ‹первого канала›», *Медиаскоп*, №.2, 2008, С. 18.

Томбу Д.В., «Образ врага как инструмент ‹Мягкая сила›», *Международный научно-исследовательский журнал*, № 6-1 (60), 2017, С. 77-79.

Третьяков Виталий, «Информационная война - тоже война», *Стопка газет*, 2 марта, 2020.

Тупицына И. Н., Мириманов Д. А, «Социокультурная миссия телеканала Russia Today», *Ученые записки Российского государственного социального университета*, №. 2 (58), 2008, С. 85-92.

Турова О. А., «Особенности интернационализации телекомпании Russia Today», *Научный альманах*, 2017.

Уразаева Н. Р., Морозов Е. А., «Концептуализация образа России в немецких СМИ: перемены к лучшему?», *Мировая политика*, №3, 2017, С. 141-154.

Фельдман П.Я., «Концептуализация понятия ‹электоральное вмешательство› в эпоху ‹гибридных войн›», *Известия Тульского государственного университета. Гуманитарные науки*, 2018.

Филимонов Г.Ю., «Актуальные вопросы формирования стратегии ‹мягкой силы› во внешней политике Российской Федерации.», *Научный журнал Международные отношения,* № 4. 2013, С. 443-451.

Филимонов Г.Ю., «Неофициальная внешняя культурная политика как компонент ‹мягкой силы› США», *США-Канада: экономика, политика, культура*, №4. 2007, С. 69-82.

Фоминых А.В., «Проецирование ‹мягкой силы›: публичная дипломатия США и России в постсоветской центральной Азии», *Центральная Азия и Кавказ*, Т.13, 2010, С. 73-86.

Хатанзейский К.К., «Коммуникативные технологии и ‹мягкая сила› в современной геополитике», сборник материалов Международной научной конференции, в сборнике: *Четвертая промышленная революция: Реалии и современные вызовы*, X Юбилейные Санкт-петербургские социологические чтения, 2018. С. 482-484.

Цатурян С.А., «Общественная дипломатия США в новом информационном столетии», *США и Канада: экономика, политика, культура*, 2010, С. 105-115.

Цветкова Н.А., «Оценка эффективности международной образовательной политики СССР и США в годы ‹холодной войны›», Чубарьяна А.О. и Рубла Б.А., *200 лет российско-американских отношений: наука и образование*, 2007.

Чекменёва Т.Г., Прибытков А.А., «Россия в сфере информационного противоборства: Проблемы и перспективы», ответственные редакторы: Бронниковой Ю.О., Мясниковой Л.В., Фирсовой, Т.Г., в сборнике: *Конфликты в современном мире: международное, государственное и межличностное измерение Материалы V Международной научной конференции*, Ученый совет факультета психолого-педагогического и специального образования Саратовского национального исследовательского государственного университета имени Н.Г. Чернышевского, 2016, С. 218-223.

Чекменева К. А., «Russia Today: Поиски собственного лица», *Юность большой волги*, Бюджетное образовательное учреждение Чувашской Республики дополнительного образования «Центр молодежных инициатив» Министерства образования и молодежной политики Чувашской Республики (Чебоксары), 2018, С.366-368.

Чернышова Т.В., «Политическая коммуникация», международная научная конференция, ответственный редактор Пастухов А.Г., в сборнике: *Жанры и типы текста в научном и медийном дискурсе Межвузовский сборник научных трудов*, 2013. С. 296-297.

Шамугия И.Ш., «Стереотипы о России в медиасфере Великобритании и их влияние на межгосударственные отношения», *Международный студенческий научный вестник*, № 6, 2015, С. 106.

Шариков П., «Информационный суверенитет и вмешательство во внутренние дела в российско-американских отношениях», *Международные процессы*, 2018.

Швыдко В.Г., «‹Умная сила› на транс тихоокеанском пространстве безопасности и сотрудничества», *Мировая экономика и международные отношения*, №9, 2014, С.5-15.

Шевцов А.А., «Информационная стратегия РФ на примере военного конфликта в Сирии», *Коммуникология: электронный научный журнал*, 2018.

Шейхова Э. Ш., Ибрагимова П. А., «Особенности современных информационных программ на отечественном телевилении», Известия *Волгоградского государственного педагогического университета*, №.6 (129), 2018, С. 163-167.

Шелепов А.В., «Факторы успеха политики ‹мягкой силы› Великобритании», *Вестник международных организаций: Образование, наука, новая экономика.* Т.9. №2. 2014, С. 10-27.

Шестопал А.В., «‹Мягкая сила› России в Евразии», *Вестник МГИМО-Университет*, №2(35). 2014, С. 218-222.

Якоба И.А., «Деконструкция дискурсивной технологии власти», *Вестник Волгоградского государственного университета. Серия 2: Языкознание,* № 5 (29), 2015, С. 184-196.

（三）官方文件

Внешнеполитическая и дипломатическая деятельность Российской Федерации в 2013 году. Обзор МИД России. 2014.

Внешнеполитическая и дипломатическая деятельность Российской Федерации в 2014 году. Обзор МИД России. 2015.

Выступление Президента России В.В.Путина на совещании с послами и постоянными представителями Российской Федерации. 2006.

Выступление Президента России В.В.Путина на совещании с послами и постоянными представителями Российской Федерации. 2012.

Государственная Программа РФ «Внешнеполитическая деятельность», утвержденная распоряжением Правительства Российской Федерации от 20 марта 2014, №325-10.

Государственный доклад о состоянии культуры в Российской Федерации в 2014 году. 2015.

Доклад о результатах деятельности Россотрудничества по реализации возложенных на него полномочий за 2012. 2013.

Доклад о результатах и основных направлениях деятельности Министерства образования и науки Российской Федерации на 2014-2016 годы. 2013.

Доклад о результатах и основных направлениях деятельности Министерства культуры Российской Федерации за 2014 год и задачах на 2015 год. 2015.

Итоги III Всемирного форума иностранных выпускников Российских(советских) высших учебных заведений.

Концепция внешней политики Российской Федерации. 2000.

Концепция внешней политики Российской Федерации. 2008.

Концепция внешней политики Российской Федерации. 2013.

Концепция государственной политики Российской Федерации в сфере содействия международному развитию. 2014.

Концепция участия Российской Федерации содействии международному развитию. 2007.

Концепция федеральной целевой программы «Русский язык» на 2016-2020 годы. 2014.

О мерах по реализации внешнеполитического курса Российской Федерации. 2012.

Об итогах работы Министерства культуры Российской Федерации в 2013 году и задачах на 2014 год. 2014.

Об основных итогах деятельности Министерства иностранных дел Российской Федерации в 2014 году и задачах на среднесрочную перспективу. 2015.

Об основных итогах деятельности Министерства иностранных дел Российской Федерации в 2013 году и задачах на среднесрочную перспективу. 2014.

Основные направления политики Российской Федерации в сфере международного культурно-гуманитарного сотрудничества. 2010.

Основные направления работы МИД России по развитию культурных связей России с зарубежными странами. 2001.

Основные государственной культуры политики. 2014.

План деятельности Министерства иностранных дел Российской Федерации на период до 2018 года. 2013.

План мероприятий по активизации деятельности в сфере содействия международному развитию и гуманитарного сотрудничества на базе российских центров науки и культуры за рубежом на 2014-2016 годы. 2014.

Постановление Правительства Российской Федерации от 8 октября 2013 г. №891.

Программа работы с соотечественниками за рубежом на 2009-2011 годы. 2008.

Программа работы с соотечественниками за рубежом на 2012-2014 годы. 2011.

Программа работы с соотечественниками за рубежом на 2013-2014 годы. 2013.

Программа работы с соотечественниками за рубежом на 2015-2017 годы. 2014.

Программа работы с соотечественниками, проживающими за рубежом на 2012-2014 годы.

Проект государственной концепции поддержки Российской Федерации русского языка за рубежом. 2013.

Указ Президента Российской Федерации от 28 декабря 2013 г. № 964 «О внесении изменений в положение о порядке рассмотрения вопросов гражданства Российской Федерации», утвержденное указом Президента Российской Федерации от 14 ноября 2002 г. № 1325.

Указ Президента Российской Федерации от 6 июня 2011 г. № 705 «О дне русского языка».

Указ Президента Российской Федерации от 8 мая 2013 г. №476. Вопросы Федерального Агентства по делам содружества независимых государств, соотечественников, проживающих за рубежом, и по международному гуманитарному сотрудничеству.

Указ президента РФ «О мерах по реализации внешнеполитического курса Российской Федерации». 2012.

Федеральная целевая программа «Русский язык» на 2016-2020 годы. 2014.

Федеральный Закон «О некоммерческих организациях».

Федеральный закон 235-ф3 «О внесении изменений в Федеральный закон Об Общественной палате Российской Федерации».

Федеральный закон от 1 декабря 2014г. №384-ф3 (ред. от 28.11.2015) «О федеральном бюджете на 2015 год и на плановый период 2016 и 2017 годов».

Федеральный закон от 2 декабря 2103г. №349-ф3 (ред. от 26.12.2014) «О федеральном бюджете на 2014 год и на плановый период 2015 и 2016 годов».

Федеральный Закон Российской Федерации от 23 июля 2010 г.№179-ф3 «О внесении изменений в Федеральный закон» «О государственной политике Российской Федерации в отношении соотечественников за рубежом».

三、英语文献

（一）书籍

Oliver, Boyd-Barrett, *Western Mainstream Media and the Ukraine Crisis:A Study in Conflict Propaganda*, Taylor and Francis:2016.

Christ'l De Landtsheer, Russell F. Farnen, Daniel B. German, *E-political Socialization, the Press and Politics: The Media and Government in the USA*, Peter Lang AG, 2014.

Debek-Ostrowska, Boguslawa, Glowacki, Michal, *Comparative Media Systems: European and Global Perspectives*, Central European University Press, 2010.

Giovanna Dell'Orto, "American Journalism and International Relations," Cambridge University Press, March 2013.

（二）论文和报告

Adam Badawy, Emitio Ferrara, and Kristina Lerman, "Analyzing the Digital Traces of Political Manipulation" (IEEE/ACM International Conference on Advances in Social Networks Analysis and Mining, 2018).

Andrew Hoskins and Pavel Shchelin, "Information War in the Russian Media Ecology: The Case of the Panama Papers," *Continuum*, No.32(2), 2018, pp. 250-266.

American Security Project, "Russian Social Media Information Operations: How Russia Has Used Social Media to Influence US Politics," 2017.

Charles E. Ziegler, "International Dimensions of Electoral Processes: Russia, the USA, and the 2016 Elections," *International Politics*, 2018.

Danita Catherine Burke and Jon Rahbek-Clemmensen, "Debating the Arctic during the Ukraine Crisis—Comparing Arctic State Identities and Media Discourses in Canada and Norway," *The Polar Journal*, 2017.

Evgeniia (Jen) Sidorova, "Content Analysis of the Russian Press before and after the Ukraine Crisis: Russian-Canadian Relations in the Arctic: Hope for Better?" *Canadian Foreign Policy Journal*, 2019.

Godefroidt Amélie, Berbers Anna, and d'Haenens Leen, "What's in a Frame? A Comparative Content Analysis of American, British, French, and Russian News Articles," *International Communication Gazette*, Vol. 78, No. 8, 2016, pp. 777-801.

Greg Simons, "Putin's International Political Image," *Journal of Political Marketing*, 2019.

Hedwig De Smaele, "Mass Media and the Information Climate in Russia," *Europe-Asia Studies*, Vol. 59, No. 8, 2007.

Iryna Lazurkevych, "Neocolonial Subtext in Western Media Coverage of Ukrainian Crisis," *Social Communication*, 2015.

Ivan Kozachenko. "Fighting for the Soviet Union 2.0: Digital Nostalgia and National Belonging in the Context of the Ukrainian Crisis," *Communist and Post-Communist Studies*, 2019.

I. Khaldarova and M. Pantti, "Fake News: The Narrative Battle over the Ukrainian Conflict," *Journalism Practice*, No. 10(7), 2016, pp. 891–901.

James F. Hoge, "Media Pervasiveness," *Foreign Affairs*, Vol. 73, No. 4, 1994.

Katja Koikkalainen, "The Local and the International in Russia Business Journalism: Structures and Practices," *Europe-Asia Studies*, Vol.59, No.8, 2007.

Kitzberger Philip, "The International Political Economy of Communication: Media and Power in South America," *Journal of Latin American Studies,* Vol. 48, No.3, 2016, pp. 628-630.

Kohei Watanabe, "The Spread of the Kremlin's Narratives by a Western News Agency during the Ukraine Crisis," *The Journal of International Communication,* 2017.

Kristin Roth-ey and Larissa Zakharova, "Foreword: Communications and Media in the USSR and Eastern Europe," *Cahiers du Monde russe,* Vol. 56, 2015.

Lena Surzhko-Harned and Andrew J. Zahuranec, "Framing the Revolution: The Role of Social Media in Ukraine's Euromaidan Movement," *Nationalities Papers*, 2017.

Lodewijk Smoor, "Understanding the Narratives Explaining the Ukrainian Crisis: Identity Divisions and Complex Diversity in Ukraine," *Acta Universitatis Sapientiae, European and Regional Studies*, 2017.

Malin Østevik, "Media and the Ukraine Crisis: Hybrid Media Practices and Narratives of Conflict," *Nordisk Østforum*, 2017.

Nelson E, Orttung R, and Livshen A., "Measuring RT's Impact on YouTube," *Russian Analytical Digest*, 2015, pp. 2-8.

Nicolas Dreyer, "Genocide, Holodomor and Holocaust Discourse as Echo of Historical Injury and as Rhetorical Radicalization in the Russian-Ukrainian Conflict of 2013–18," *Journal of Genocide Research*, 2018.

Nicolai N, "Ukraine in Crisis," *European Politics and Society*, 2016.

Olga Lazitski, "Book Review: Media and the Ukraine Crisis: Hybrid Media Practices and Narratives of Conflict by Mervi Pantti," *Journalism & Mass Communication Quarterly*, 2019.

Oliver Boyd-Barrett, "Ukraine, Mainstream Media and Conflict Propaganda," *Journalism Studies*, 2017.

Patrick Savage, "Russian Social Media Information Operations: How Russia Has Used Social Media to Influence US Politics," ASP, 2017.

Ray Niekamp, "Book Review: Media and the Ukraine Crisis: Hybrid Media Practices and Narratives of Conflict," *Electronic News*, 2017.

Gary D. Rawnsley,"To Know Us Is to Love Us: Public Diplomacy and International Broadcasting in Contemporary Russia and China," *Politics*, 2015, Vol. 35, No.3-4.

Andrei G. Richter, "Legal Response to Propaganda Broadcasts Related to Crisis in and Around Ukraine, 2014–2015," *International Journal of Communication,* 2015.

Natalia Roman, Wayne Wanta, and Iulila Buniak, "Information Wars: Eastern Ukraine Military Conflict Coverage in the Russian, Ukrainian and US Newscasts," *International Communication Gazette*, 2017, pp.357-378.

"RT Launches Dedicated UK News Channel—RT UK," RT, http://RT.com/uk/200411-RT-uk-channel- launch /, 2014.

R. W. Orttung and E. Nelson, "Russia Today's Strategy and Effectiveness on YouTube," *Post-Soviet Affairs*, 2019.

Sarah Oates, "The Neo-Soviet Model of the Media," *Europe-Asia Studies*, Vol. 59, No. 8, 2007.

Sharyl N. Gross, "Russia and Countering Violent Extremism in the Internet and Social Media: Exploring Prospects for U.S.-Russia Cooperation Beyond the 'Reset'," *Journal of Strategic Security*, Vol. 6, No. 4, 2013.

Susanne Fengler and Marcus Kreutler, "The Ukraine Conflict and the European Media: A Comparative Study of Newspapers in 13 European Countries," *Journalism*, 2020.

S. Rpt, "Russian Active Measures Campaigns and Interference in the 2016 U.S. Election," pp.116-290.

Sam Robertshaw, "Why the EU Got the Ukrainian Crisis Wrong," *Global*

Affairs, 2015.

Timothy Thomas, "Russia's Information Warfare Strategy: Can the Nation Cope in Future Conflicts? " *The Journal of Slavic Military Studies*, Vol. 27, No. 1, 2014, pp. 101–130.

Nikolaus von Twickel, "Russia Today Counts Viewers with Controversy," *The Moscow Times,* 2010.

V. Inna, "The Value of Interaction for Russia, the USA and China Facing the Information Warfare," *International Journal of Cyber Warfare and Terrorism*, Vol. 3, No. 4, 2013, pp. 1–9.

Vladimir Ozyumenko, "Media Discourse in an Atmosphere of Information Warfare: From Manipulation to Aggression," *Russian Journal of Linguistics*, Vol. 21, No. 1, 2017, pp. 203-220.

Viljar Veebel and Raul Markus, "At the Dawn of a New Era of Sanctions: Russian-Ukrainian Crisis and Sanctions," *Orbis*, 2016.

Watanabe K., "The Spread of the Kremlin's Narratives by a Western News Agency during the Ukraine Crisis," *The Journal of International Communication*, 2017, pp. 138-158.

Shuang Xie and Oliver Boyd-Barrett, "External National TV News Networks' Way to America: Is the United States Losing the Global 'Information War'?" *International Journal of Communication*, 2015.

Yablokov I., "Conspiracy Theories as a Russian Public Diplomacy Tool: The Case of Russia Today(RT)", *Politics*, 2015, pp. 301-315.

Alexandr Y. Petukhov and Polina D. Ivlieva, "Psycholinguistic Analysis of Information Support of Ukrainian Crisis in German Mass Media." *Media Watch*, 2017.